国家社会科学基金抗日战争研究专项工程
“跨学科视域下细菌战罪行研究”（21KZD004）中期成果

UNIT 731
THE FALL OF MEDICINE

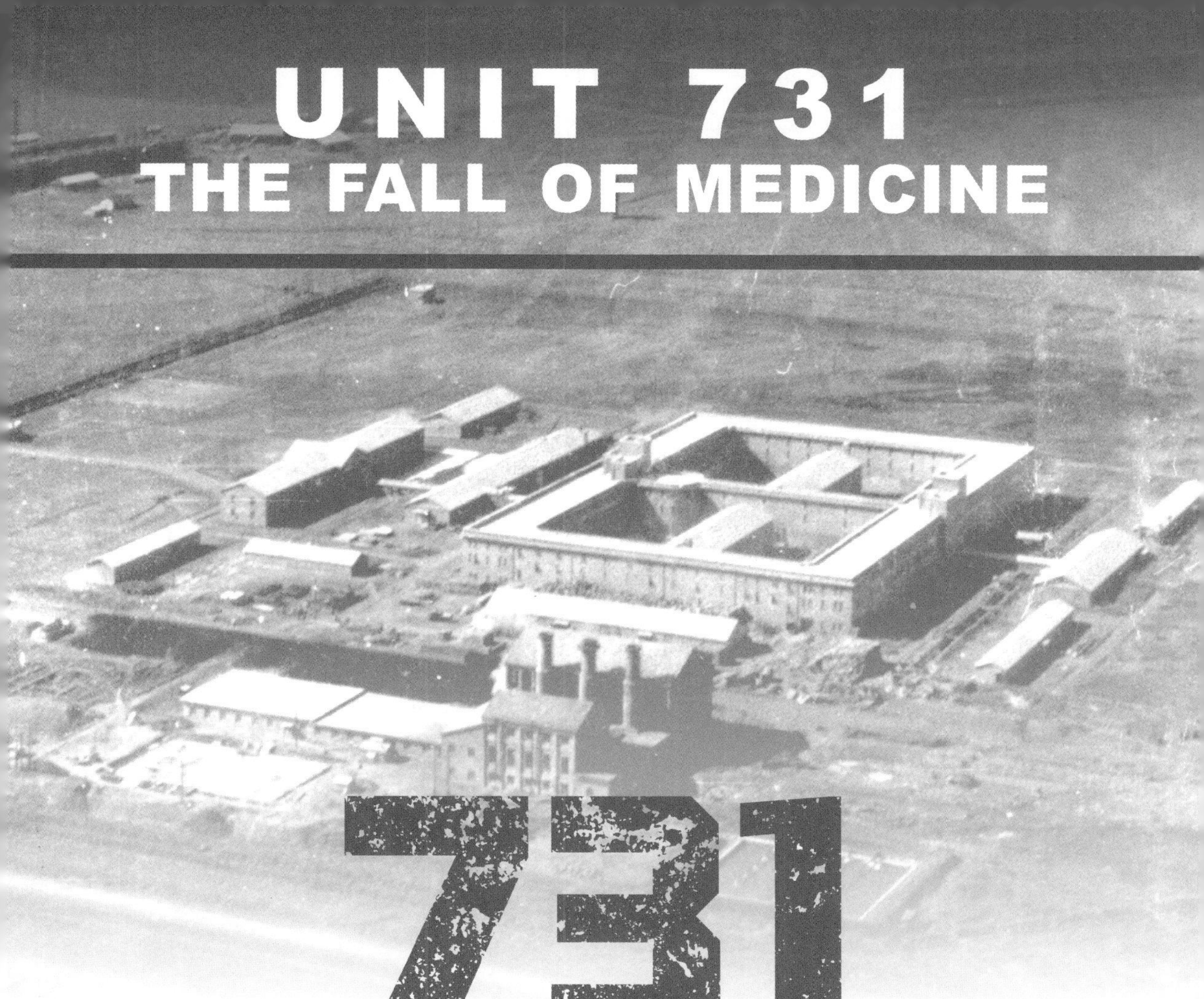

731
医学的沦陷

杨彦君 著

中華書局

图书在版编目(CIP)数据

731:医学的沦陷/杨彦君著. —北京:中华书局,2025.7
(2025.9重印). — ISBN 978-7-101-17282-9

Ⅰ. K265.606

中国国家版本馆CIP数据核字第20255512VV号

书　　名	731:医学的沦陷
著　　者	杨彦君
责任编辑	欧阳红
特邀编辑	吴冰清
装帧设计	刘　丽
责任印制	管　斌
出版发行	中华书局 (北京市丰台区太平桥西里38号　100073) http://www.zhbc.com.cn E-mail:zhbc@zhbc.com.cn
印　　刷	北京新华印刷有限公司
版　　次	2025年7月第1版 2025年9月第2次印刷
规　　格	开本/710×1000毫米　1/16 印张22　插页2　字数350千字
印　　数	3001-8000册
国际书号	ISBN 978-7-101-17282-9
定　　价	88.00元

目　录

0150

第一章 「九一八」事变后的医学动员

石井四郎的故事以及他带来的后果永远不会结束，我们走过千镜之屋看到一些重要的事实仍然有必要重申。那就是，石井四郎是一个恶魔。他从未因为自己犯下的罪行而受到审判，他在位于若松町的住所中一直活到了 67 岁，1959 年才因喉癌和痢疾死去，此时距离二战结束已经过去了 14 年。[1]

——美国法学教授肯尼斯 · L. 波特

1886 年 5 月，日本陆军省批准组建陆军军医学校，标志着日本陆军军事医学研究专门机构的正式设立。陆军军医学校成立之后，陆续设立军阵卫生学教室、化学兵器研究室和防疫部等，军事医学研究开始大规模应用于战地医疗。陆军军医学校曾组织动员卫生勤务队、伤者收容队和野战医院等“附属医疗”，相继参加中日甲午战争、八国联军侵华战争、日俄战争、第一次世界大战、“九一八”事变、“一·二八”事变和“七七”事变等一系列对外侵略战争。在上述战争中，陆军军医学校以减少军人伤亡和争取作战胜利为目标，不断对军事医学医疗设备展开实验、研究和制造，在手术器械、军服备品、医疗背囊、医用绷带、患者担架、手术帐篷、卫生飞机、卫生用船、卫生用车、防寒装备、食品供给、航空耐力、整形外科和士兵体能等方面进行系统研发和测试，不断强化军事医学研究的应用转化和协助战争功能。

一、陆军军医学校的战地医疗

1931 年“九一八”事变爆发之后，陆军军医学校便展开大规模内部动员，组织医疗派遣队前往中国东北战场，有军医、军属[2]、学生等 406 人参与其间，陆军军医学校校长一木仪一、小山宪佐、小泉亲彦等也直接参与战地医疗。陆军军医学校教官石井四郎、北野政次、羽山良雄、增田知贞、草味正夫、渡边廉、北条圆了、白川初太郎、池井贞夫等人也多次奔赴中国东北前线，积极参加侵华战争，这些人后来多成为七三一部队的主要成员。

在“九一八”事变之后的东北战场，陆军军医学校实际指导和协助了关东军的防疫和作战。为提高作战兵员的战斗力，减少传染病对关东军的困扰，陆军军医学校指导关东军制定《关东军传染病预防规程》[3]，明确规定作战部队预防传染病各事项，包括普及士兵生活卫生常识，军需物品的防疫处置，传染病区域的防护、隔离和消毒方法等。陆军军医学校还直接协助关东军作战部队执行传染病防治、战地诊疗、卫生防疫和检验检疫等作战任务，如向关东军提供大量预防接种剂和赤痢预防片等防疫药品，配备石井式滤水机和医疗器具等。

陆军军医学校还统计了关东军作战部队罹患传染病的人数和病型。“九一八”事变期间共有 1787 人感染赤痢、副伤寒等传染病，包括 213 名细菌携带者。其中赤痢患者 1072 人，副伤寒患者 263 人，流行性脑脊髓膜炎患者 215 人，伤寒患者 110 人，天花患者 57 人，猩红热患者 39 人，斑疹伤寒患者 17 人，霍乱患者 14 人。[4]这 1787 人中有 112 人因传染病死亡。“每天每千人中新增传染病患者数占比为 4%，死亡占比为 0.3%。”[5]从上述数据来看，“九一八”事变期间的传染病流行已经导致关东军大量非战斗减员，这必将引起关东军高层对战场防疫和现地医疗的特别关注，以“军事医学”为主要目标而设立的陆军军医学校也借机发挥关键作用。

此外，1932 年 1 月 28 日，侵华日军又挑起“一・二八”事变，也就是第一次淞沪抗战，陆军军医学校展开大规模医学动员，以诊疗部、防疫部、化学武器研究室为主，临时组建医疗派遣队前往上海。陆军军医学校防疫部主任梶塚隆二，军医少佐石井四郎，军医大尉羽山良雄、增田知贞、北条圆了等人都被派往上海前线，参加战地防疫和临时医疗。防疫部总计派出军医和雇员 112 人，在战地临时设置事务室、培养基制造室、预防接种液制造室、血清制造室、研究室、动物室等。[6]如陆军军医学校派出北条圆了在上海派遣军中组建防疫给水部队，隶属上海派遣军军医部，分设滤水班、运水班、检水班、消毒班等。正是利用这样的时机，石井四郎和羽山良雄等人积极投入战争的同时，还有计划地搜集上海派遣军发生霍乱流行的相关资料，并编成专题报告呈送陆军省和参谋本部，借以强调“第一线战斗部队补给净水的重要性”，为下一步争取军方高层认可、展开防疫作战寻找理由。

二、防疫研究室的设立

从“九一八”事变到“一·二八”事变，军事医学研究与战场实际应用的互动凸显出陆军军医学校在防疫、救护和补给方面的独特贡献。正是日军对战地医疗补给和军事医学应用的迫切需要，尤其是石井式无菌滤水机和细菌培养罐首次在战场上大规模应用，以及石井四郎、增田知贞、北条圆了等人的积极活动，促使日本军政高层进一步认识到军事医学对于作战部队的重要性，由此助推了防疫研究室组建和扩张的步伐。

1932 年 4 月，陆军军医学校在防疫部内紧急设立防疫研究室。防疫研究室初设于防疫部建筑地下一层，防疫部主任梶塚隆二军医中佐兼任防疫研究室主任。12 月 8 日，陆军省批准经费 208989 日元扩建防疫研究室[7]。1933 年 4 月，陆军军医学校从近卫骑兵联队获得约 1.65 万平方米的土地用于防疫研究室建设。10 月，独立的防疫研究室建成，开始从事霍乱、伤寒、鼻疽相关研究。新的防疫研究室为两层钢筋混凝土建筑，建筑面积为 1795 平方米，附属建筑动物舍 397 平方米，事务室 863 平方米，并设有变电室、机房、仓库等设施。[8]新的防疫研究室建成之后，梶塚隆二不再兼任研究室主任，改由石井四郎军医少佐任主任，主要成员有北川正隆、西村英二、渡边廉、北条圆了和白川初太郎，另有雇员、技工等 35 人。这些新组建的防疫研究室主要成员都曾直接参与“九一八”事变和“一·二八”事变期间的战地勤务。北川正隆、西村英二、渡边廉、北条圆了和白川初太郎为七三一部队正式组建之前的核心成员，随着日本对外侵略战争的推进，他们无一例外都成了细菌战的支持者、鼓吹者和实施者。如梶塚隆二后来任关东军军医部部长、军医中将，北川正隆任新加坡南方军防疫给水部首任部队长、军医少将，西村英二任北京甲第一八五五部队长、军医大佐，渡边廉任第十二防疫给水部部长、军医大佐，北条圆了任陆军军医学校军阵防疫学教研室军医大佐，白川初太郎任第二十九野战防疫给水部部长、军医大佐。

《陆军军医学校五十年史》还记载了防疫研究室设立的过程和目的：

防疫研究室作为与我国军队防疫作战业务相关的研究机关，新设于陆军军医学校内。这是由于昭和三年，作为海外研究员的陆军一等军医石井四郎在欧洲期间，考察了各国的形势，深感我国无此类设施，是国防上一大缺陷。昭和五年他结束欧美考察回国后向上级提出国防上存在这个缺陷，并陈述了迅速充实研究工作的必要性。尔后，他作为陆军军医学校教官，在指导学生的同时，利用余暇时间坚持不懈地反复进行实验研究。昭和七年，在小泉教官的大力支持下，得到了上级认可，并在军医学校内新设石井四郎为首的研究室……

随着基础防疫研究的进展，为使防疫能够实地应用，石井军医排除万难、挺身赴满，为建设防疫机关鞠躬尽瘁，随即该研究项目业绩得到提升，与内地关系密不可分。为满足驻满皇军各部队防疫作战要求，遂于昭和十一年新设防

◎ 图1—1　石井四郎（左二）在陆军军医学校防疫研究室前。[9]

疫机关。当然，该机关成为与内地防疫研究室遥相呼应的皇军防疫中枢，正在为完成驻屯地区防疫作战重要使命而迈进。[10]

据上文所载亦可判断：陆军军医学校承担着“防疫作战重要使命”，日本军政上层也开始积极推动“防疫作战”。正如1933年11月，校长小泉亲彦主导制定的《关于调查研究的永久策划》明确提出：“对细菌的特殊研究，为派遣满洲的防疫研究室职员从事的研究项目。”[11]北条圆了在战后撰写文章也曾提到：“当时我被任命于陆军军医学校，属于防疫研究室成员，负责细菌战方面的基础研究，细菌战是该研究室的使命。”[12]防疫研究室在组建半年之后得以大规模扩建并自立门户，由此亦可看出石井四郎的游说以及在战场上取得的防疫业绩，得到了陆军军医学校和日本军政高层的高度认可。如1933年3月10日，石井四郎利用陆军纪念日这个时机，大肆推广曾在东北战场发挥防疫作用的无菌滤水机。石井四郎发明的无菌滤水机，也因为在东北战场上取得的实效，在参谋本部的支持之下，得以作为军事装备开始配送给日军其他部队。

三、石井四郎的医学调查

石井四郎罪恶的一生几乎都与七三一部队紧密相连，无论是陆军军医学校防疫研究室的设立，七三一部队在哈尔滨的创建与扩张，还是争取统制派代表人物陆军省军务局长永田铁山、陆军军医学校校长小泉亲彦等人的支持，都离不开石井四郎的鼓吹、计划和“谋略”。在战时“军学共同”体系下，石井四郎不断招揽京都帝国大学、东京帝国大学等知名高校的医学人才，笼络日本知名院校毕业的博士生群体，秘密开展大规模的人体实验和细菌战研究。不难想象，作为京都帝国大学校长的荒木寅三郎，凭借其在医学界和教育界的裙带关系，一定给予了石井四郎梦寐以求的多方支持。日本军政高层如首相东条英机，陆军大臣荒木贞夫，中国派遣军总司令冈村宁次，关东军司令官梅津美治郎、山田乙三等人均在不同时期鼎力扶持石井四郎。这意味着，石井四郎的行为，以及七三一部队的建立扩张、人体实验和细菌战犯罪，皆是有组织、有计划、有预谋的国家行为，呈现战时体制下日本国策军事化的一个侧面。

（一）石井四郎其人

石井四郎，1892 年 6 月 25 日生于日本千叶县山武郡千代田村，1916—1920 年在京都帝国大学医学部学习，自此石井四郎走上医学之路，也为其日后创建七三一部队奠定了医学基础。1921 年 1 月 20 日—4 月 9 日，任近卫兵师第三步兵团见习军官、军医中尉。1922 年 8 月 1 日，调往东京第一陆军医院。1924 年 8 月 20 日，晋升为军医大尉。1924 年 4 月—1926 年 4 月，重新回到京都帝国大学学习，随后调任京都卫戍病院任职。1927 年 6 月 24 日，石井四郎凭其论文《关于革兰氏阳性双球菌的研究》获得医学博士学位。石井四郎于 1927 年在《日本微生物学会杂志》发表了《关于革兰氏阳性双球菌的研究：细菌学与生物学研究》《关于革兰氏阳性双球菌的研究：血清学研究》《关于革兰氏阳性双球菌的研究：毒性及病原性相关研究》，[13]三篇共长达 95 页的论文，论文的指导教师是清野谦次。石井四郎在校期间成绩优异，深得京都帝国大学校长荒木寅三郎的赏识，取得博士学位当年即与荒木寅三郎的女儿荒木清子成婚，也因此得以快速进入日本医学界、教育界的上流社会。1928 年 4 月—1930 年 4 月，石井四郎赴德国、法国等欧洲国家进行细菌战考察。对于这次海外考察，石井四郎在二战后向美军调查官汤普森讲述："我主要考察了埃及、希腊、土耳其、意大利、法国、瑞士、德国、澳大利亚、匈牙利、捷克斯洛伐克、比利时、荷兰、丹麦、瑞典、挪威、芬兰、波兰、苏联、美国、加拿大等国家。"[14]但据美国学者波特教授考证，石井四郎根本没有去过美国和加拿大，完全是石井四郎夸夸其谈并以此蒙蔽汤普森的伎俩。波特在他的书中写道："根据《美国信息自由法》有关文件的要求，美国陆军总部的确在 1991 年 7 月 11 日对此做出了回应，明确声明'石井从未到访过德特里克堡或者美国'。"[15]

◎ 图1—2 青年时期的石井四郎。

1929年10月17日，日本内阁授勋石井四郎从七位高等官七等，其当时为桦太厅中央试验所技师。1930年进入陆军军医学校任教官，这一身份伴随石井四郎始终。1932年，石井四郎晋升为军医少佐；11月21日，在陆军军医学校防疫研究室期间取得“细菌培养罐”发明专利。1933年12月27日，石井四郎取得“滤水器用应急停水装置”发明专利，石井式滤水器随后开始广泛应用于日本陆军。1935年8月1日，石井四郎晋升为军医中佐。1936年6月25日，为七三一部队的正式设立纪念日，这一天恰好是石井四郎44岁生日，这难道仅仅是一种巧合？也可能是石井四郎精心设计而又不可告人的诡计。1938年3月1日，晋升为军医大佐。1939年8月5日，被授予正六位勋四等功四级。1941年3月1日，晋升为军医少将。1942年8月1日，石井四郎调任中国派遣军第一军，任军医部部长。1945年3月1日，石井四郎返回七三一部队，成为第三任部队长，晋升为陆军军医中将。1945年8月12日，石井四郎逃回日本。1946—1947年，石井四郎接受美军调查官汤普森、费尔、希尔，以及苏联调查官斯米尔诺夫等人讯问，供述了

◎ 图 1—3　1945 年 3 月，石井四郎家族成员在哈尔滨吉林街合影[16]。

大量细菌战和人体实验数据情报，在美国的掩盖和庇护下逃脱了战后审判。1955 年 8 月，石井四郎加入七三一部队战友会“精魂会”。1959 年 10 月 9 日，石井四郎病死于东京，葬礼在离他住所不远处的月桂寺举行，石井的家乡加茂也举办了丧葬仪式，石井的继任者——北野政次负责了整个丧葬仪式。

值得一提的是，1982 年 8 月 29 日，石井四郎的女儿石井春海对《日本时报》讲道：“据我所知，确实是进行了交易。但是美国方面来找父亲的，而不是我父亲找上门去的。我想强调的是，父亲的部下，没有一个人作为战争罪犯被审判，这件事难道不重要吗？”[17]与石井春海持有相同观点的人在日本比比皆是。在七三一部队成员的心目中，石井四郎仍然是部队长，是带领他们撤离哈尔滨、逃脱美军追捕的英雄。无论是石井的女儿，还是石井的战友，甚至是石井本人，都是持有这种观点的人，他们不约而同地都希望继续隐瞒犯罪事实。如此一来，既可以逃脱战争责任追究而不必锒铛入狱，也不需要躲躲藏藏惶惶不可终日，还可以无罪之身过着相对安稳且有尊严的生活。

2015年6月8日，日本基督教会医科联盟一行14人到访哈尔滨。访问团中有一名医师叫羽贺道信，1959年时在国立东京第一医院工作。他在学术交流会上说：“我在医院见到过石井四郎，那个时候应该是秋季，石井四郎的病房是个单人间，病得很重，来看望他的人和护士都称呼他为石井阁下。我和他之间有过一些简单的交流，我告诉石井，我出生在满洲，在那生活了几年，从那里回到日本。石井四郎说，那一定是很辛苦的经历啊，等等，一些比较平常的谈话。”羽贺见到石井的那个秋天，就是石井死亡之前，石井正享受着“单人病房”、被称呼为“阁下”的礼遇。最终死于喉头癌，这就是石井四郎的最后结局。青木富贵子在《731》一书中记述道：“石井四郎这么一个曾夸夸其谈、故弄玄虚地忽悠参谋本部的人，却因为手术而失声，迎来死期，实在是一个莫大的讽刺。”[18]

2018年6月8日，笔者和日本学者奈须重雄一同前往石井四郎的墓地——月桂寺，月桂寺的工作人员问明我们的来意之后，以我们不是“慰灵者”为由，拒绝我们进入月桂寺。在我们离开的时候，偶然回头的一瞬，感到非常不愉快的是，这名工作人员正在偷偷地用手机拍摄我们的背影。那一瞬间，我仿佛感到现在的日本人仍想要继续保护石井四郎，恍惚间记起波特说过的那句话：“如果石井四郎被人遗忘，日本极右势力就赢了，日军二战期间犯下的罪行最终也会被忘记。”[19]

（二）石井四郎的医学调查

“九一八”事变之后，石井四郎在东北地区展开医学调查。1932年6月，发端于广州的霍乱大流行快速北上，经上海、大连，蔓延至哈尔滨及周边区域，此时东北地区的卫生机构和医疗设施仍处于比较薄弱阶段，几乎难以应对突然暴发的疫情。侵占中国东北的关东军不得不对霍乱大流行采取措施。6月29日，关东军军医部发布《关于预防霍乱的通知》：“1.要密切联系地方当局，并给予适当指导援助。2.兵员非必要不得出入疫情流行区域，或对出入行为做出相应限定；疫情流行区域工作者尽可能不要轮换交班，如轮换交班则须实施隔离和健康体检等防疫措施。3.必要时，要不失时机地实施预防消毒法或进行细菌检查。4.厉行食品消毒。5.采购海鲜类食品时要特别注意防止病毒入侵。6.严格实行驱除苍蝇活动。7.全体人员要无遗漏地实施预防接种。”[20]

刚刚组建不久的防疫研究室随即派石井四郎和增田知贞等人前往中国东北调查霍乱流行状况。石井四郎利用这次机会，临时组建了“满洲”霍乱调查班，自任班长，副班长为增田知贞，技术雇员为石山金三和古本广文。霍乱调查班受命于关东军司令部，临时组建目的有两个：一是确认此次霍乱是自然流行还是人为流行；二是有效应对“满洲”的霍乱流行。霍乱调查班的防疫学调查，1933年10月10日形成研究报告《昭和7年侵袭全满洲的霍乱流行调查及该霍乱菌研究》。[21]该报告刊发在《陆军军医学校防疫研究报告》第2部第291号，署名为陆军军医学校防疫研究室。正文共有58页，附有图片45张，分为四个部分：一是“满洲”霍乱调查班的调查活动；二是调查“满洲”各地霍乱的流行状况及其原因；三是调查班对霍乱菌的研究成绩；四是附录，包括霍乱防疫暂行规定、各国霍乱流行状况、调查班的作业计划、霍乱患者调查表及相关照片等。

据《昭和7年侵袭全满洲的霍乱流行调查及该霍乱菌研究》记载：霍乱调查班于1933年8月8日从东京出发，经朝鲜半岛11日到达沈阳，13日到达哈尔滨。调查班在哈尔滨期间的行动如下：

1.霍乱菌检查工作（每天）。2.从哈尔滨关东陆军仓库支领所需卫生材料。3.在哈尔滨市内15处采集浊水进行霍乱菌检查（反复5次）。4.对于初次发病患者，赴现地调查其感染路径。5.与各部队联络协调业务。6.拍摄报告素材活动照片。7.与哈尔滨特务机关之间紧密联系。8.调查“满洲国”方面防疫设施。9.调查哈尔滨水源地并实施细菌学检测。10.为部队各部放映预防霍乱活动的照片。11.联系驻哈外国卫生机构，在细菌检查治疗方法方面进行督导。12.动员驻哈各机关，收集有关霍乱流行的信息。13.收集霍乱菌株。14.出席哈尔滨市防疫会议，围绕霍乱这个主题，举办报告会，展示活动照片。15.防疫会议及其他关于防疫方面材料的收集。16.业务材料的整理（每天）。17.将收集到的材料发送至国内。18.加强与“满洲”官方、警宪之间的联系。19.作业计划的制定（每天）。20.向班员下达命令（每天）。21.班员作业报告（每天）。22.关于“满洲”特殊任务的成果“霍乱菌的生死试验”。23.苍蝇的霍乱菌媒介力试验。24.霍乱预防接种液的调制（应急用）。25.霍乱死亡尸体的解剖（5例）。26.委托承办方提交患者调查表[22]

石井四郎于9月20日从大连乘飞机返回东京。在这次历时2个月的调查中，共收集霍乱菌株503株，其中哈尔滨131株、大连61株、奉天63株、长春65株、齐齐哈尔28株等。对霍乱菌的研究是调查班的关键任务，也是石井四郎比较感兴趣的防疫活动。石井四郎以研究主任的身份负责此次研究，其中生物学性状研究负责人为白川初太郎，霍乱菌菌型研究负责人为渡边廉，霍乱菌毒力检查的负责人为北条圆了。该报告所附的45张图片，记录了哈尔滨特别市立医院、哈尔滨傅家甸（今哈尔滨市道外区）水灾、哈尔滨极乐寺、哈尔滨滨江医院等防疫现场状况。

此外，侵华日军还组建关东军临时救护班和临时防疫班，军医少佐田村义久任临时救护班班长，军医少佐田中严[23]任临时防疫班班长。在临时防疫班中，来自防疫研究室的军医大尉北川正隆[24]、渡边廉[25]分别负责行政、诊疗，白川初太郎[26]负责卫生材料的管理。

防疫研究室对哈尔滨霍乱流行状况的调查研究，在《陆军军医学校防疫研究报告》第2部中有较为详细的记载。[27]据《事变业务从事者人名表》所见，渡边廉于1932年10月19日至1933年10月2日赴中国东北展开防疫调查。他在防疫期间的调查报告《“满洲”收集霍乱菌的凝集反应及吸收实验成绩》刊发在《陆军军医学校防疫研究报告》第2部第358号。[28]在这篇研究报告中，渡边廉记述实验期为1932年10月下旬至1933年8月上旬，同《事变业务从事者人名表》所记的时间吻合。渡边廉还编制了《“满洲”收集霍乱菌菌型一览表》，详细记录他在哈尔滨、齐齐哈尔、奉天、大连、旅顺等地收集霍乱菌并展开分析的有关情况。

据《事变业务从事者人名表》所载，白川初太郎于1933年1月20日至1934年1月3日赴中国东北展开防疫调查。白川初太郎在调查期间撰写的《昭和7年“满洲”流行霍乱菌的生物学性状概要》刊发在《陆军军医学校防疫研究报告》第2部第355号。[29]他在报告中记述：实验使用的霍乱菌株来自霍乱调查班（石井军医正、增田军医），以及关东军临时防疫班（田中军医正、北川军医、渡边军医、白川军医）之手，大部分是从患者身上直接分离出来的，共获得菌株503株，按照各个地区分别抽取数株，共计抽取80株用于本项实验，其中哈尔滨24株、齐齐哈尔17株、大连6株、沈阳3株等。

综上所述，“九一八”事变和“一·二八”事变期间，基于日军对战时卫生和军事医疗的迫切需要，陆军军医学校展开大规模医学动员，先后派出500余人直接参与战地防疫和医疗补给，石井四郎和增田知贞等人积极参与，实地测试无菌滤水机、细菌培养罐的功效，陆军军医学校的“防疫作战”也因此取得突出业绩，得到日本军政高层的认可，由此加快了防疫研究室设立和扩充的步伐。防疫研究室设立之后，中国东北地区暴发大规模霍乱流行，防疫研究室成员石井四郎、增田知贞、北条圆了、渡边廉、北川正隆等人又多次前往中国东北调查霍乱流行状况。他们通过对哈尔滨及周边疫情状况展开防疫学调查和防治活动，既完善了军事医学的理论，又丰富了战地医疗的实践，还同关东军高层频繁互动并建立密切联系，这为石井四郎后来在哈尔滨组建七三一部队埋下了伏笔。

注 释

1. Kenneth L. Port, *Deciphering the History of Japanese War Atrocities: The Story of Doctor and General Shiro Ishii*, p. 252.

2. 军属，指的是日本军队中的文职人员，有技师、雇员、佣人等。

3. 陸軍省:《満州事変陸軍衛生史（第四巻）》，東京：陸軍衛生部，1935年，第26頁。

4. 陸軍省:《満州事変陸軍衛生史（第四巻）》，第13頁。

5. 陸軍省:《満州事変陸軍衛生史（第四巻）》，第11頁。

6. 北島規矩郎:《陸軍軍医学校五十年史》，第166頁。

7.《軍医学校防疫研究室新築工事の件》，日本防衛省防衛研究所蔵，番号：陸軍省—陸満普大日記—S8—3—33。

8. 北島規矩郎:《陸軍軍医学校五十年史》，第184頁。

9. 陸軍軍医团編:《満洲事変衛生勤務記念写真帖》，東京：陸軍軍医团，1934年。

10. 北島規矩郎:《陸軍軍医学校五十年史》，第184頁。

11. 北島規矩郎:《陸軍軍医学校五十年史》，第190頁。

12. 陸上自衛隊衛生学校:《大東亜戦争陸軍衛生史（7）》，東京：陸上自衛隊衛生学校，1988年，第2頁。

13. 石井四郎:《ぐらむ陽性雙球菌ニ就テノ研究（第1回報告）：細菌學的竝に生物學的研究》《ぐらむ陽性雙球菌ニ就テノ研究（第2回報告）：血清學的研究》《ぐらむ陽性雙球菌ニ就テノ研究（第3回報告）：毒性竝ニ病原性ニ關スル研究》,《日本微生物學會雜誌》1927年3月15日第21巻第4号，第943—1037頁。

14. LTC Arvo T. Thompson, *Report on Japanese Biological Warfare (BW) Activities*, Location: 2910, RG#IWG Ref. Coll, National Archives and Records Administration（NARA）, College Park, MD, USA.

15. Kenneth L. Port, *Deciphering the History of Japanese War Atrocities: The Story of Doctor and General Shiro Ishii,* p. 52.

16. 西里扶甬子：《生物戦部隊731：アメリカが免罪した日本軍の戦争犯罪》，第35頁。

17. “Daughter’s-Eye View of Lt. Gen. Ishii, Chief of ‘Devil’s Brigade,” *The Japan Times*, August 29, 1982.

18. 青木冨貴子：《731：石井四郎と細菌戦部隊の闇を暴く》，第495頁。

19. Kenneth L. Port, *Deciphering the History of Japanese War Atrocities: The Story of Doctor and General Shiro Ishii*, p. 23.

20. 陸軍省：《滿州事変陸軍衛生史（第四巻）》，第48頁。

21. 陸軍軍医学校防疫研究室：《昭和7年前滿洲ヲ襲ヒタル“コレラ菌”ノ調査及同“コレラ菌”ノ研究》，《十五年戦争極秘資料集 補巻23［3］· 陸軍軍医学校防疫研究報告 第3冊》，東京：不二出版，2004年。

22. 陸軍軍医学校防疫研究室：《昭和7年前滿洲ヲ襲ヒタル“コレラ菌”ノ調査及同“コレラ菌”ノ研究》，《十五年戦争極秘資料集 補巻23［3］· 陸軍軍医学校防疫研究報告 第3冊》，第291—295頁。

23. 田中严，后来任八六〇四部队部队长，军医中将。

24. 北川正隆，后来任七三一部队第一部部长，军医大佐。

25. 渡边廉，1932年8月之后成为陆军军医学校防疫研究室核心成员。

26. 白川初太郎，1932年8月之后成为任陆军军医学校防疫研究室核心成员。

27. 常石敬一在《731部队全史：石井机关和军学官产共同体》，川村一之在《七三一部队1931—1940：“细菌战”之路》中对此曾做较为细致的考察，本稿的撰写参考了上述两书的资料。

28. 渡邊廉：《滿洲ニ於テ蒐集シタル“コレラ菌”ノ凝集反應及吸収試験成績》，《十五年戦争極秘資料集 補巻23［4］· 陸軍軍医学校防疫研究報告 第4冊》。

29. 白川初太郎：《昭和7年滿洲ニ流行シタル“コレラ菌”ノ生物学的性状ノ概要》，《十五年戦争極秘資料集 補巻23［4］· 陸軍軍医学校防疫研究報告 第4冊》。

第二章 七三一部队的秘密营建

每当思考、谈论和描写日本医学暴行及其战后处理这一令人沮丧的话题时，我就感到受害者的灵魂正注视着我们每一个人，我怀疑这些灵魂能否在当前状况下得以安息。为了那些惨遭杀戮的人们，为了我们自己，为了我们的子孙后代，也为了人类的基本尊严，我们必须抵制非人道行为取得的持续胜利。有鉴于这些暴行以及随之而来的再次反人道犯罪是集体行为，如果不采取集体行动，那将绝无可能取得最终胜利。问题是：我们是否有勇气、决心和智慧在知识层面和政治层面共同发起挑战？[1]

——国际医学伦理学界知名学者聂精保

1932 年 2 月 5 日，农历辛未年的最后一天——除夕，对哈尔滨人来说，注定是一个永远不能忘记的日子。这一天本应是团圆的日子，彼此祝福的家人一起吃年夜饭，在噼里啪啦的鞭炮声中辞别旧岁。每家门柱上都张贴着象征祝福的春联，门面上粘贴尉迟恭和秦琼画像，他们被称为“门神”，是传统中国的守护者。然而守护这座城市近千年平安无恙的“门神”却在这个不同寻常的除夕没能阻挡住入侵者。日本多门师团在这一天以重装铁骑开进了哈尔滨城，哈尔滨沦陷。哈尔滨，这座融合东西方文化的大都会，生活着百余万人口的东北亚交通枢纽，从此失去了往日的祥和与宁静，而哈尔滨人也随着这座“欧陆之城”的沦陷经历不尽的屈辱、悲惨。同样是在 1932 年，日本陆军军医学校少佐教官石井四郎结束了在欧洲的细菌战考察。石井四郎据这次欧洲所见积极游说日本军政高层，得到统制派代表人物永田铁山、小泉亲彦的认可和支持，他们在以后的时间里成了石井四郎的“在朝支持者”。

一、隐秘的加茂部队

（一）加茂部队的设立

1933 年秋，石井四郎在陆军军医学校防疫研究室的基础上秘密组建加茂部队。加茂部队最初设在今哈尔滨辖下的五常市背荫河镇，后在哈尔滨卫戍医院（后改称哈尔滨第一陆军医院）设立本部，当时称加茂部队、石井部队或东乡部队[2]。加茂

◎ 图 2—1 加茂部队旧址（1982 年摄）。

部队隶属于关东军司令部，部队具体业务接受关东军军医部部长管理，其班底皆来自陆军军医学校防疫研究室，增田知贞、北条圆了、羽山良雄、北川正隆、渡边廉、大田澄等都是加茂部队的主要成员。

石井四郎还在陆军军医学校防疫研究室内设立“石井部队东京出张所”（办事处），是为加茂部队常驻东京的办事机构，既负责加茂部队成员往来东京的各项事宜，又承担在日本招募军医、雇员、少年兵、杂役等任务，这里也成为加茂部队成员往来东京和哈尔滨的中转站。石井四郎经常往返于哈尔滨和东京，在哈尔滨负责管理加茂部队的同时，他还负责陆军军医学校防疫研究室的细菌战研究工作。换言之，哈尔滨的加茂部队和东京的陆军军医学校防疫研究室，均在石井四郎掌控下同步开展人体实验和细菌战研究。

加茂部队名称中的“加茂”二字是打开七三一部队秘密之门的一把钥匙。这是因为石井四郎出生于日本千叶县山武郡千代田村，当时的千代田村属于“加茂地区”。正如郡司阳子在《“证言”：七三一石井部队》一书中写道：“‘加茂’之称一定是因为石井家居住地加茂这个地名而得来的。更为准确地讲，加茂是指分别以千

◎ 图2—2　石井四郎家族成员在哈尔滨火车站，左一为石井刚男，右四吸烟者为石井三男（常石敬一:《医学者们的组织犯罪——关东军第七三一部队》，东京：朝日新闻社，1994年）。

代田村和多古町为焦点的椭圆形区域的总称。”[3]石井四郎以同乡之谊招募大量雇员进入七三一部队服役，这在《关东军防疫给水部复七名簿》[4]中能够体现出来。《关东军防疫给水部复七名簿》第127页记载了石井四郎中将、石井刚男嘱托、石井三男技师的个人信息，他们的原籍均为：“千叶县山武郡千代田村”。纵览整个《关东军防疫给水部复七名簿》，来自千代田村的即有24人，分别是：石井四郎、石井三男、石井刚男、石井慎一郎、石井勇、石井荣、石井正雄、石井实、石井正年、岩泽忠、石井以於、大竹金三、小川辰男、越川良雄、齐藤俊雄、齐藤和行、菅泽操、萩原薰、平山信太郎、古川一郎、宫野喜重、山室恒雄、笹川岩、石田温一。需要进一步说明的是，石井刚男为石井四郎的次兄，千代田村农民，七三一部队创设之初在背荫河镇化名为细谷刚男，后为七三一部队特设监狱监狱长，死于1956年7月4日。石井三男为石井四郎的三兄，毕业于日本兽医大学，1939年以兽牧技师的身份来到七三一部队，一直担任器材供应部石井班班长，死于1958年1月2日。而石井四郎的长兄石井彪雄，1904年10月31日死于日俄战争。

背荫河镇位于拉滨铁路（吉林拉法—哈尔滨）沿线，是一个随着铁路修建而兴起的小城镇。由于地处铁路沿线，交通便利，又距哈尔滨较近，七三一部队便在此选址兴建了细菌战和人体实验基地。北条圆了战后在《东乡会志》上撰文《关于石井部队的回忆录》记述："背荫河是位于哈尔滨东部大约数十公里处的一个偏僻乡村，以前是'满洲'一伙土匪的根据地，小村落荒凉孤寂，只有十几户人家。这就是关东军司令部选定的地方，以石井大佐为首的军医学校防疫研究室所属的数名军医以及雇员若干名，以赴'满洲'出差的名义来到背荫河，将那里的居民迁到邻村，选定该村几间较大的房屋，房屋内部按照军医学校防疫研究室进行改造。"[5]

背荫河实验基地被当地人称为"东满大狱"和"中马城"，实验基地在之后的营建和扩张中不断得到关东军司令部的大力扶持。据《背荫河车站的杀人工厂》记载："这是在一九三三年，日寇在背荫河车站附近，修筑了一座建筑物，周围阴森森地矗立着围墙，围墙顶上外侧遍架电网。两扇黑色的大门，白天经常是紧闭着。围墙四角是石砌的垒堡。日本岗兵立在门旁，枪上的刺刀闪着冷光，围墙内高耸着烟囱，烟里带来了使人恐怖、害怕的死人气息。"[6]石井四郎没有想到的是，背荫河实验基地处在赵尚志领导的东北抗日联军第三军游击战活动区域。背荫河突然出现的围墙、电网和日本兵，以及周边不断传出的哀号声、烟囱里经常冒出的特殊味道，引起了东北抗日联军的高度警觉。赵尚志曾数次派人前去侦察，侦察员因未能进入加茂部队，得不到部队内部的情况，只知道"敌人戒备很严、附近敌人不少"。

原关东军副参谋长远藤三郎曾多次前往背荫河实验基地，他在日记中写道："1933年12月8日（周五），降雪，上午八点，飞机冒着大雪飞行，经过吉林拉法，十点十五分，降落在拉林。石井及伊达来迎接，并陪同我们视察了背荫河细菌实验所。这是一个有六百米见方的大兵营，乍一看犹如要塞一般，足见这支部队做事兢兢业业，今后还将要投入二十几万元的经费。听取详细汇报，之后共进午餐。下午两点，乘汽车启程返回，途中汽车几次在夜晚的荒野中迷路，最后在中马大尉的引导下，傍晚6点终于回到哈尔滨市。石井由于疲劳过度，发烧了，我去探望了1个小时。7点，下榻于名古屋馆。"[7]远藤三郎日记中的"石井"就是石井四郎，背荫河时期化名为"东乡肇"，而"伊达"则是增田知贞的化名，"中马"大尉为中马太多彦大尉[8]。

背荫河实验基地在当地曾被称之为“中马城”，也是因背荫河第二独立守备队的中马太多彦大尉名字而来。为了大规模开展生物、化学和病理等人体实验，七三一部队在这里专门兴建颇具规模的“东满大狱”，用来关押反满抗日志士，并强制将他们作为人体实验的受试者。1934 年 8 月 11 日，远藤三郎再次视察背荫河，其在日记中写道：“上午 8 点半出发，我们乘飞机飞往背荫河，10 点到达。看到这里的机场建得比预想的要好。下了飞机，受到东乡中队的欢迎，接着便对实验场进行 3 个小时的详细视察。”[9]

（二）越狱行动

1934 年 9 月 23 日，那天正是中秋节，也就是背荫河实验基地建成一年后，发生了人体实验受试者的越狱行动。当时共有 16 个人参与越狱，幸存者王子阳等 12 个人参加了东北抗日联军。据《背荫河车站的杀人工厂》记载：“这是在八月中秋后的第三天，老年的农民送来了十二个人，他们走不远就歇一歇，陆陆续续地走来。他们共同的特征是头发很长蓬乱，面色发青和惨白，没有一点血色，骨瘦如柴，衣服已经破烂得一丝一丝的，并且浑身是泥，说是背荫河监狱里逃跑出来的犯人。”[10]这次集体越狱事件，令背荫河人体实验的秘密第一次被揭露，但是在日伪当局的强力压制之下，外界仍然难以知晓背荫河实验基地的基本情况。

1983 年，韩晓[11]赴五常调查背荫河有关历史，采访了历史见证人吴化民、吴泽民、庞凤、靳忠恒、王滨等 5 人。据吴化民 1983 年 7 月 8 日回忆：

> 我家住在“东满大狱”东二里的程家岗屯。那年中秋节晚上，我们听到房后有嚓嚓的脚步声，细听一会儿，有人一边敲门一边说：“老乡，请开开门。”这是一个山东口音。我哥哥吴泽民开门一看，有七个人，都戴着脚镣子。他们说：“快点，帮我们把脚镣子砸开，我们是从背荫河跑出来的。”我哥哥进屋找了一把斧子和一块铁砧子，把我也招呼了出去。我们把他们领到一个大黄泥坑里，我把着，我哥哥用斧子砸，有几个脚镣子砸开了，还有几个没砸开。这时就看到西南有手电筒光乱晃，还听到嘈杂声。我们知道是日本人追来了，把脚

镣子都砸开就来不及了，于是就把最后几个人的脚镣子砸开了一头。刚砸完，就听到了日本人的脚步声，那七个人就往东边跑去了，临走时说：“谢谢老乡，等以后回来看你们。”我俩回到屋里，日本人就进屯了，我们吹灭了灯，他们没有发现。这件事，我从来都没往外说，我哥哥头几年也死了。[12]

1995年5月16日，加茂部队雇员栗原义雄回忆了背荫河的越狱行动：

那是在半夜，两个跟我一样负责监视的人，其中一人没有睡，另一个人打着盹儿，没睡的人也都是坐在桌前看书，值班是轮流的，关押在囚笼里的“马路大”也都在睡觉。突然，有一个“马路大”要喝水：“大人，给点水喝。”那个样子看着可怜，但也得呵斥着他，告诉他别给其他人添麻烦，也是无奈，所以就上前把水递给他。哪知那个家伙猛然扯破金属网，扯破的只有一个囚笼，并不是全部，然后从囚笼里伸出手来掐住卫兵的脖子，从卫兵手里抢过钥匙，迅速打开囚笼，还一个个地把所有囚笼都打开，全部有十六个人都跑出去了，打盹儿的卫兵被杀害。直到天亮小队方知出事，当时我们小队就在后面，我飞奔过去一看，只见那个叫大塚的卫兵被镐砸死，惨不忍睹。他们全都逃向茫茫原野，不过，最外圈围有两米左右的土墙，上面拉着电网，那些家伙对这种情况似乎也摸得清楚，共在两处架上梯子逃走了……我们察觉有人逃跑的时候，已是拂晓5点左右。那时，他们已经逃走两个小时了，所以，他们有三四个小时的时间可以逃脱，我们紧急集合出去搜捕，结果一个也没有抓到。[13]

（三）背荫河实验基地的人体实验

加茂部队在背荫河实验基地建成之后就开始秘密实施人体实验，包括人体病理实验、马鼻疽和脾脱疽实验等，人体实验的目的兼具军事医学研究和细菌战研究。背荫河越狱幸存者后来回忆：“血是每天都得抽，有时人们实在受不了，也停止几天接着再抽。抽到实在支持不下去时，就把他从监房中拖到院子里，然后在凄惨的叫声中，用斧子把他头骨打破。”[14]背荫河实验基地有非常丰富的“实验材料”，被关押的人体实验受试者人数长期保持在 100 名左右。受试者由宪兵队移送至此，此前在宪兵队多遭受皮鞭、辣椒水、过电、杠子、大架等酷刑。他们被宪兵队移送到背荫河之后，有的被关押在集体牢房，有的被关押在特制的笼子里，集体牢房可容纳 40 人，特制的笼子可以关押 2 个人，被关押的人完全失去自由，一直带有铁制脚链，直到人死了刑具才能脱下来。

加茂部队雇员栗原义雄曾在背荫河配合军属菅原敏对两名受试者进行“饮用水实验”。他在 1995 年接受日本记者西里扶甬子的采访，回忆了在背荫河期间的人体实验，摘录如下：

西里：在加茂部队从事什么工作？

栗原：我最先从事的工作就是水，水和蒸馏水。那时，我上面的负责人不是大尉，而是一位叫菅原的嘱托。这个人当过卫生准尉，叫菅原嘱托，他是个主任，我就在他手下做过那些事。

西里：那是人体实验吧？能讲一下是怎样的一个实验吗？

栗原：主要是两个“马路大”，一个人给蒸馏水，另一个给水，然后观察他们能活多少天，就是这样的一个实验。

西里：其中一个人给的普通水是自来水吗？

栗原：基本都是井水，兵营里倒是有自来水管道，但配管都是接在挖好的井水上的，无论怎么说都是井水，而不是自来水。

西里：具体都是怎么进行的呢？请详细地讲一下吧，每天都做吗？

栗原：只给自来水喝，即便如此，他们一天也只喝三四次水。实验经过了一个星期，只给蒸馏水喝的人终于说道：“大人，能给带点滋味的水吗？”我才明白蒸馏水并非普通的水，所以，毕竟是井水既有点卡路里同时还带点味道。这种感受只能是谁喝谁知道，蒸馏水这种东西的确是没有味道，因为它是蒸馏出来的。虽然都是水，似乎没什么不同的，他之所以提出来了，说明他身体已经衰弱得不行，而且是特别衰弱的，这也没办法。

西里：活了多长时间？

栗原：我没有做记录，给普通水喝的人，活了一个月。而喝蒸馏水的人

20天左右就死了，反正他死得挺早。

……

西里：听说他们都被戴上了脚镣，是真的吗？

栗原：嗯，主要是怕他们逃跑。脚镣是铁制的。夜间，他们睡觉时有时一不小心，脚镣就会掉到地上，会发出很大的声响，搞得人神经过敏了，我也睡不安生。

西里：所有人都戴着脚镣的吗？

栗原：是的，所有人，送来的时候都是戴着脚镣的，都是宪兵队给戴上的。

西里：无论什么时候都不能卸下脚镣吗？

栗原：不能。

西里：他们都被关押在什么地方？

栗原：关押在俗称"笼子"的地方，就是那种可容纳两个人的箱子。每个"罗茨"关押两个人的。

西里：关押他们的箱子结构是怎样的啊？

栗原：四周几乎都是铁板，上半部高度上围着金属网，里面空间正好一个人站立的高度，下面放着什么东西，中间开着窗口，就从这个小窗口投递馒头，每天早上递进热乎馒头和猪肉汤，东西就从这个窗口递进递出，两个人整天关在里面，无事可做，他们除了睡觉没其他事情可做。

西里：便器这些东西都怎么安排的？

栗原：里面有个盒子一样的东西，就他们两个人，就那么用呗。

西里：水的实验结束后，您又做什么工作了？

栗原：我的负责人菅原嘱托去汇报。

西里：就是说他把每天观察到的内容写进报告里是吗？

栗原：每天都测体温，我在进行水实验时，报告里只有每天的体温和水的计量，并没有注射细菌。

西里：就是说实验的第20天，只给喝蒸馏水的人死了，剩下一个人，然后这个人继续实验，直到他死是吗？

栗原：实验大概进行了一个月。

……

西里：能讲一下您直接面对人的死亡，也就是最初经历的那次有关水的人体实验吗？

栗原：最初，是两个人。

西里：那时的情况怎样？

栗原：那次的实验对我来说是第一次，不久换成别的小队，恰逢马鼻疽和脾脱疽实验，初次接触这种实验，这个实验也是死人的，人一死便被运到后面的焚烧场焚烧，每当看到焚烧作业，就知道又有人死了，渐渐地对于人死之事竟然很快就习惯了，不知道这个说法是否恰当，反正我也找不出什么合适的词语来。

……

西里："马路大"一共有多少人？

栗原：应该是有 100 人吧，全部应该有 100 人。[15]

综上所述，因为加茂部队背荫河实验基地的相关资料留存极少，学界此前的记述多为简略，也是囿于原始材料的不足，对同一事件的记述经常出现差异。比如栗原义雄认为有 16 个人逃出背荫河，而据《背荫河车站的杀人工厂》记载，一共逃出来 20 多个人，其中有 16 个人聚在一起，有 4 个人死在途中。据目前仅见的资料对此做一初步梳理，如远藤三郎的日记、栗原义雄的证言，以及《背荫河车站的杀人工厂》等相关调查材料，可以大致勾勒出背荫河实验基地的规模、功能及人体实验的基本情况。

二、平房特别军事区域的建成

1936 年 4 月 23 日，关东军参谋长板垣征四郎向陆军次官梅津美治郎呈报"关参一发第九三八号”《关于驻满军备扩充的意见》。[16]据这份文件可知，日本为了大力推行大陆政策，持续扩张关东军的军备，逐步强化对伪满洲国的控制，扩充和强化了关东军司令部、独立守备队、高射炮部队、炮兵部队和通信部队等，新设和改编了关东军防疫部（即七三一部队前身）、关东军军马防疫厂和关东军教育队等。文件的第二十三项为“关东军防疫部的新设增强”，记载了关东军防疫部新设和增强的理由：“对急性传染病实施防疫对策，对其他不明传染病展开特种调查研究以及准备细菌战。”[17]由此可见，七三一部队初期的“防疫活动”和“准备细菌战”，再次得到日本关东军的重视和扶持。

《关于驻满军备扩充的意见》形成之后不久，陆军军医学校和加茂部队的密切关系得到日本军政高层的认可。1936 年 9 月，日本参谋本部下发文件《关于制定允许关东军防疫部职员兼职为陆军军医学校职员之事》，其中记载了裕仁天皇批准的军令案《军令陆乙第四十一号》：“朕命令制定并施行关东军防疫部职员兼职为陆军军医学校职员之事的方案。”[18]此外，还有参谋总长载仁亲王给陆军大臣寺内寿一下达的命令：“题首之事按照附件已获御裁，特通知于你。顺便告知，御裁手书用完后请返还。”[19]据此可知，陆军军医学校与加茂部队的紧密关系，先是得到关东军、陆军大臣和参谋总长的认可与支持，再经裕仁天皇的批准，这为后来加茂部队的快速扩张创造了条件。

1937 年 7 月 7 日，日本制造“七七”事变，发动全面侵华战争，加茂部队细菌战基地规模也逐渐扩大。平房镇，是距离哈尔滨市区东南方向 20 千米的乡村小镇，清朝时隶属于双城县，哈尔滨被日军攻陷之后，平房也随之沦陷。1932 年平房地区修筑了拉滨铁路，在平房屯南设一火车站——平房站。侵略者的铁蹄踏入这片土地，打破了平房原有的日出而作日落而息的农耕生活，改变了这里的一切。

（一）关东军发布第一五三九号命令

《关于驻满军备扩充的意见》发布之后，加茂部队即在哈尔滨近郊的平房地区选址并测量土地。1938 年 6 月 30 日，日本关东军司令部发布了第一五三九号命令“关于在平房附近设立特别军事区域”，密称“十七号军事基地”。其中规定：

◎ 图 2—3　平房特别军事区域航拍图（1940 年摄）。[22]

1. 平房石井部队房屋（围墙以内）均被指定为特别军事建筑物。2. 依据"满洲国军机保护法施行规则"，附件要图上所标明的甲号地段应认定为特别军事区域，上述规则禁止事项均适用于该地段。3. 在附件要图上所标明乙号地段内，禁止建造二层以上之房屋。4. 对民用航空（"满洲航空株式会社"）有指定的航空线及禁航地带。5. 甲号地段和乙号地段界以及禁止事项由"满洲国"治安部宣布之，军事建筑物所在地区由防卫司令官宣布之。6. 本训令仅通知直接有关各部队，不得作任何公布。[20]

随后，伪哈尔滨市公署设立平房特别军事区域事务所、平房特别军事区域"日满协和会"、平房警察驻在所。平房警察驻在所下设平房屯派出所、正黄旗三屯派出所、新发屯派出所，由日本人直接管理，哈尔滨宪兵队也派出平房宪兵分遣队驻守平房地区，强化特别军事区域的特殊性和隐蔽性。原本是普通的农村小镇骤然变成平房特别军事区域，这一区域总占地面积约 120 平方千米，分为甲号区域和乙号区域。甲号区域为特别控制的区域，以七三一部队和八三七二部队[21]为中心，东南西北各向外扩展5千米区域是日军严密监控的区域，总面积约为32平方千米。甲号区域内当时有25个屯，距离七三一部队本部较远的21个屯被保留下来，但距离七三一部队本部较近的黄家窝堡、刘家窝堡、正黄旗五屯、正黄旗头屯被强制搬迁直接毁掉。乙号区域为一般控制区，区域内有19个屯，同样受到严密监控。见图2—3。

（二）限制出入的居住证明书

七三一部队为强化对平房特别军事区域的管控，在位于特别区域边界的村屯外1.5千米处各交通路口均设立界牌，未经批准严禁进入此区域。平房地区的居民世世代代都生活在这里，但是日本人来到平房之后，出入村屯都变成了一件受到限制的事，原有的居民被限制了人身自由和言论自由，成为被统治和被奴役的对象。特别军事区域所在地居民，凡年满14周岁以上者，需持有伪哈尔滨市警察局香坊警察署颁发的居住证明书；居住证明书被要求随身携带，随时接受军警宪特的检查。外来人员也须到警察署登记办理临时居住证明书，离开此区域还要注销所办手续。侵华日军第七三一部队罪证陈列馆保存了一份当时的居住证明书，证明书是由伪哈尔滨市警察局香坊警察署颁发，持有者为高郭氏，住所是哈尔滨市香坊区义发源34号，附记页有以下8项内容：

> 1.居住在特别地区内满十四岁以上者需申领此证明书。2.旅行或者出行时需要随身携带。3.本证明书不得出借或转让。4.要在特别地区内迁居者，需向居住地警察官署申报，在抵达移居地后二十日内，向移居地警察官署申请变更。5.要迁居到特别地区以外者，需向移居地警察官署申报，出境后，将此证明书交还给最近的警察官署。6.此证明书丢失或损毁时，需在十日内向主管警察官署申请再次发放。若在旅行或外出时丢失，需向最近的警察官署申请证明，返回后凭上述证明申请再次发放。发现丢失的居住证明书后，需立刻向最近的警察官署申报。7.有效期满或记载事项有所变动时，需在一个月内向主管

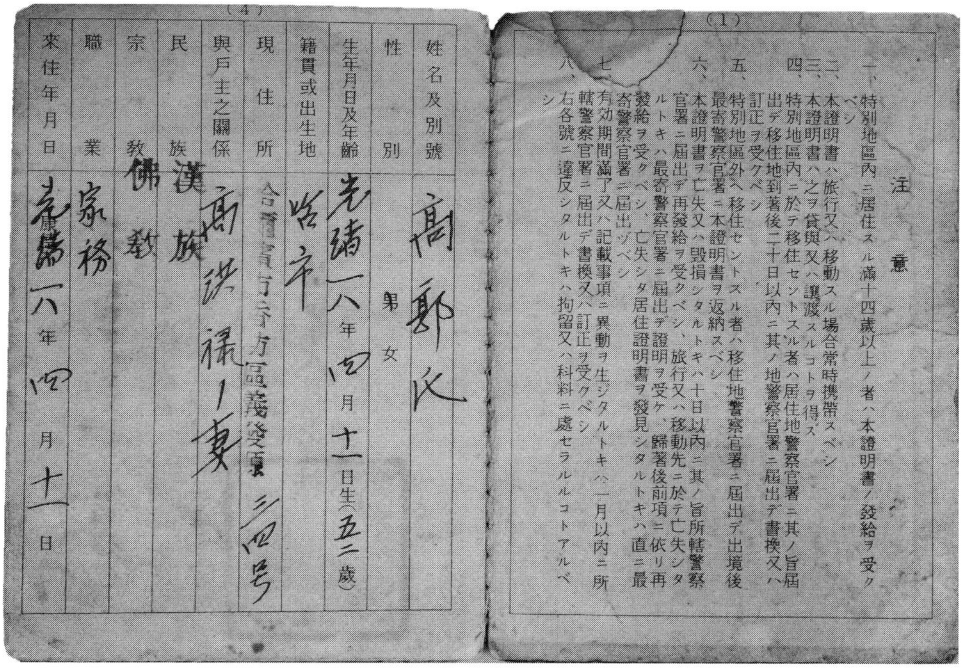
（4）

姓名及別號	性別	生年月日及年齡	籍貫或出生地	現住所	與戶主之關係	民族	宗教	職業	來住年月日
高郭氏	男 女	光緒一八年四月十一日生（五二歲）	哈市	合爾濱市香坊区義發源三四号	高洪禄ノ妻	漢族	佛教	家務	康德一八年四月十一日

（1）

注意

一、特別地區內ニ居住スル滿十四歲以上ノ者ハ本證明書ノ發給ヲ受クベシ
二、本證明書ハ旅行又ハ移動スル場合常時携帶スベシ
三、本證明書ハ之ヲ貸與又ハ讓渡スルコトヲ得ズ
四、特別地區內ニ於テ移住セントスル者ハ居住地警察官署ニ其ノ旨届出デ移住地到著後二十日以內ニ其ノ地警察官署ニ届出デ書換又ハ訂正ヲ受クベシ
五、特別地區外ヘ移住セントスル者ハ移住地警察官署ニ届出デ出境後最寄警察官署ニ本證明書ヲ返納スベシ
六、本證明書ヲ亡失又ハ毀損シタルトキハ十日以內ニ其ノ旨所轄警察官署ニ届出デ再發給ヲ受クベシ、旅行又ハ移動先ニ於テ亡失シタルトキハ最寄警察官署ニ届出デ證明ヲ受ケ、歸著後前項ニ依リ再發給ヲ受クベシ、亡失シタ居住證明書ヲ發見シタルトキハ直ニ最寄警察官署ニ届出ヅベシ
七、有効期間滿了又ハ記載事項ニ異動ヲ生ジタルトキハ一月以內ニ所轄警察官署ニ届出デ書換又ハ訂正ヲ受クベシ
八、右各號ニ違反シタルトキハ拘留又ハ科料ニ處セラルルコトアルベシ

◎ 图 2—4　平房特别军事区域居民的身份证明书内页之一。该证明书持有者姓名是高郭氏，住所是哈尔滨市香坊区义发源 34 号。

警察官署申请变更。8.违反上述各项，将处以拘留或罚款。[23]

（三）“六十里地国境线”

自 1938 年 6 月起，七三一部队全力营建平房特别军事区域，以高出日本本土四五倍的薪水征召特殊建筑工人负责人体实验核心区域的营建，[24]同时强制征用大量中国劳工参与修建外围工程。据七三一部队建设班志麻田实（战后化名）1995 年回忆：“从 1937 年 8 月到 9 月，跟我同时应征文职人员的都是石井出生地周边的木匠、瓦匠、铁匠和杂役等，一共有 20 多人。我和他们一起去东京牛込区的军医学校，在那里参加了录用考试。考试只是形式，所以全都合格了。第二年，我们就去了满洲。”[25]平房特别军事区域营建完成之后，七三一部队陆续移驻平房，原来的加茂部队本部作为七三一部队第三部即防疫给水部保留下来，平房本部逐步建成了第二次世界大战史上规模最大的细菌战研究和人体实验基地。

拉滨铁路线从平房南部穿过，火车从哈尔滨开往长春需要经过香坊站、孙家站、平房站、周家站、牛家站、拉林站、背荫河站、安家站等多个火车站点，而七三一部队的基地和秘密实验场便在这条铁路线上。日军在这里实行军事管制，将拉滨铁路孙家站、平房站和周家站之间设为保密区域，火车经过平房站时需要提前放下车窗帘，严禁旅客向外张望，如果违反规定就会被军警宪特逮捕，送进警察局或宪兵队。这里俨然成为国中之国、城中之城，拉滨线上的这段路程大概有 60 华里，时人称之为“六十里地国境线”。鲜为人知的是，拉滨铁路竟有一条支线从七三一部队细菌实验核心区域“四方楼”和锅炉房之间穿过，这段铁路线成了七三一部队的专用铁路线。该段专用铁路不仅承担了七三一细菌战基地的后勤物资补给任务，更为七三一部队全员的撤退提供了关键性运输保障。当然，这也给人们带来很多想象，铁路线东侧可以装卸锅炉房所需物资，铁路线西侧可以方便移送人体实验受试者和各种实验器材。

（四）人体实验基地的建成

平房特别军事区域的基础设施可分为两类：一是人体实验研究、测试及配套设施，如细菌实验室、特设监狱、动物饲养室、黄鼠饲养室、冻伤实验室、瓦斯实验室和焚尸炉等。二是特殊部队管理和生活设施，如本部主楼、资材部、锅炉房、给水塔和部队营房等。

1.人体实验研究、测试及配套设施

七三一部队为秘密进行人体实验，专门修建了规模庞大的生物实验室和特设监狱，构成了人体实验研究、测试及配套设施。生物实验室和特设监狱合围区域俗称“口字栋”或“四方楼”，由四栋合围三层建筑、两栋二层建筑和庭院区域构成。生物实验室建筑整体规模庞大，本体东西长 151.29 米，南北宽 101.3 米，实际占地面积约 6400 平方米，建筑面积约 20000 平方米。[26]森村诚一引用七三一部队原成员的证词：“虽说是只有三层楼房，但其总体的高度，有现在住宅建筑五层楼那么高。生物实验室的外壁，在水泥墙表面贴着乳白色瓷砖。从哈尔滨市内坐公共汽车来到离这里不远的地方，就可以看到在广阔的平野上，巍然屹立着一座被土墙围在当中的白色建筑物。”[27]

四方楼外围的三层楼建筑是生物实验室，建筑第一层主要是第四部进行生物研究、培养和制造的场所，设有生物实验室、冷却室和培养基室，配有特别班、厨房和淋浴间等设施。建筑第二层有冈本班研究室，主要进行人体病理研究，班长为冈本耕造；石川班研究室，也主要进行人体病理研究，班长是石川太刀雄丸；内海班研究室，主要进行血清和免疫研究，班长为内海薰；凑班研究室，主要进行霍乱研究，班长是凑正男；吉村班研究室，主要进行冻伤研究，配有真空箱，班长是吉村寿人；江岛班研究室，主要进行赤痢研究，班长是江岛真平；大田班研究室，主要进行炭疽研究，班长是大田澄。建筑第三层还设有标本室和材料室等。

四方楼围在内部的两栋楼是特设监狱 7 栋和 8 栋。7 栋和 8 栋皆为二层建筑，专门用于关押人体实验受试者，监狱长为石井四郎的胞兄石井刚男。为保证人体实验受试者数量，七三一部队同宪兵队、警察局和特务机构秘密勾结进行特别移送，数千名中国、苏联和朝鲜的抗日志士曾被关押在这里。据黑龙江省文物考古研究所 2014 年实测数据：西侧监狱东西长 46.37 米，南北跨度 14.5 米；东侧监狱东西长 46.33 米，南北跨度 14.5 米。[28]（见图 2—5、2—6）

经考古发掘得知，东侧建筑和西侧建筑格局相同，中间设有通道，两侧为牢房。两侧房间布局基本一致，即中央有一大房间，两旁各置若干小房间。[31]

四方楼之外，还有病毒研究室、结核研究室、冻伤实验室、瓦斯实验室等人体实验研究设施，以及动物饲养室、黄鼠饲养室和昆虫培育室等人体实验配套设施。为了销毁犯罪证据，七三一部队在本部核心区域至少建有两座焚尸炉，即北岗焚尸炉和北洼地焚尸炉，这充分体现出该部队的犯罪本质。

2.特殊部队营区管理和生活设施

1940 年，七三一部队建成集行政办公、武器装备、物资供给、营房宿舍于一体的综合区域，规模庞大、配置全面、功能齐全、分工明确，已然成为日本策划、组织、实施人体实验和生物战研究的中枢机构。七三一部队的管理和生活设施也比较完备，既营建了办公、供热、供电、供水、通信等设备设施，还配备了铁路、

◎ 图 2—5　四方楼基址航拍（2014 年摄）。[29]

公路、航空等运输设施，为各生物实验室提供较为充足的实验条件和完善的后勤保障。

以本部主楼、资材部和宿舍区为例。本部主楼为七三一部队行政管理中心区域，设有部队长办公室、总务部、调查课、人事课和兵要地志班等。本部主楼为两层砖混结构建筑，东西长 171.3 米，南北宽 13.5 米，一层高 3.9 米，二层高 4.0 米，占地面积约 2313 平方米，建筑面积 4625 平方米。[32]位于本部主楼北侧的资材部，是实验器材采购、保管和供应部门，为一栋砖混结构单层建筑，东西长 125.3 米，南北宽 14.5 米，高 6.5 米，占地面积 1817 平方米。[33]七三一部队还建有规模庞大的“东乡村”，为七三一部队军官、军属、士兵及家属的生活区域，位于本部核心区西南侧。“东乡村”主要由军官宿舍、军属宿舍、独身宿舍，供水、供热、供电等配套设施构成。“东乡村”以宿舍区域为核心，设有东乡国民小学校、俱乐部、图书馆、邮局、医院、运动场、商店、餐馆、酒吧和神社等场所。[34]“东乡村”宿舍区建筑群共有41栋建筑，其中有3层建筑38栋，4层建筑3栋，可容纳3000余人居住。[35]其范围之广、规模之大、设施之全是其他同级别日军营区较为少见的，体现出七三一部队在日本陆军中的特殊地位。

七三一部队人体实验建筑设施主要集中在平房特别军事区域，与七三一部队保持密切关系的还有位于哈尔滨市区的吉林街联络站、日本驻哈尔滨总领事馆和教化街营房等。

综上所述，七三一部队人体实验基地的大规模营建，是自上而下、有计划、有组织的国家行为，日本陆军省和关东军为此投入大量的人力、物力、财力，这从

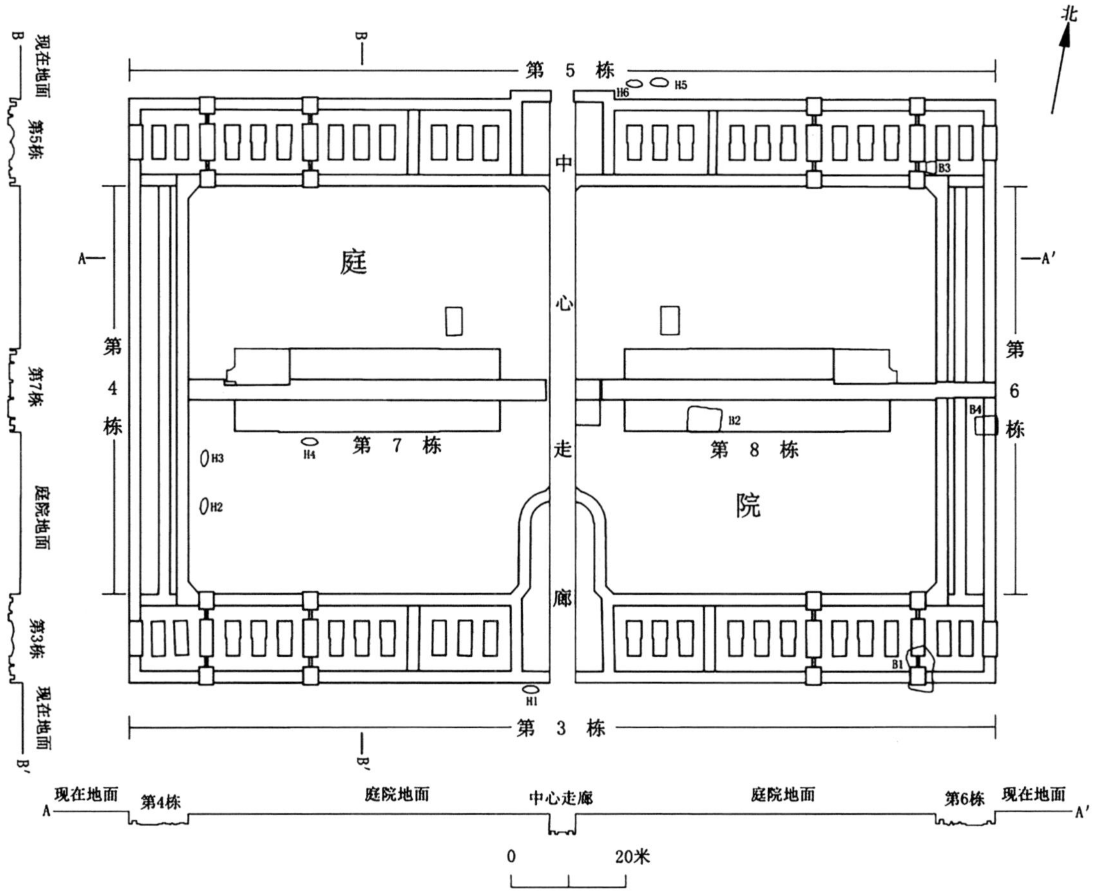

◎ 图2—6　四方楼遗址平剖面示意图。[30]

生物实验室、特设监狱、本部主楼、资材部和“东乡村”的建筑规模和功能配置方面即可看出端倪。七三一部队人体实验基地具有极高的机密性和隐蔽性，是在高墙、电网、壕沟防护下的特别军事设施，其外围建有周长约3400米，高2.5米，厚1米的土筑围墙，墙上架设高压电网，墙外挖有深宽各3米的防护沟，外侧围墙四周建有5个卫兵所。四方楼建筑群完全能够体现出人体实验的机密性和隐蔽性，七三一部队营建了三层高的生物实验室，在生物实验室闭合圈内又建有两层高的特设监狱，从外侧无法看到这两栋特设监狱，并且生物实验室内侧一层不设门窗，房顶另设警戒岗哨和巡逻通道。毫无疑问，四方楼的建筑格局是经过精心设计的，其目的就是关押人体受试者和秘密进行人体实验，由此呈现出日本军事医学异变为医学犯罪的鲜明特征。

三、七三一部队的人员编成

七三一部队在战时一共有多少人？这些人姓甚名谁？他们来自何方？战后又去了哪里？多年以来，这些一直是困扰着中日学术界的重要课题，也是历史爱好者比较关注的历史话题。换言之，对于七三一部队人员构成、人员来源和整体规模等基本史实问题，学界囿于原始档案的缺失和不足而无法得出真实可信的数据，从而影响了七三一部队专题研究的高度、深度和广度。这种局面持续了相当长的时间，直到2015年，笔者在日本国立公文书馆挖掘出《关东军防疫给水部留守名簿》，全面认知七三一部队人员编成状况终于成为可能。

回顾当时发掘《留守名簿》的状况，那是在2015年11月9日，笔者赴日本国立公文书馆筑波分馆调查，在调卷目录上首次查阅到《留守名簿》信息。因其处于“要审查”状态，需要经过申请、审查、许可等程序，大概历时3个月，所以按照规定填写并提交了《特定历史公文书等利用请求书》。第二天，我乘坐新干线前往

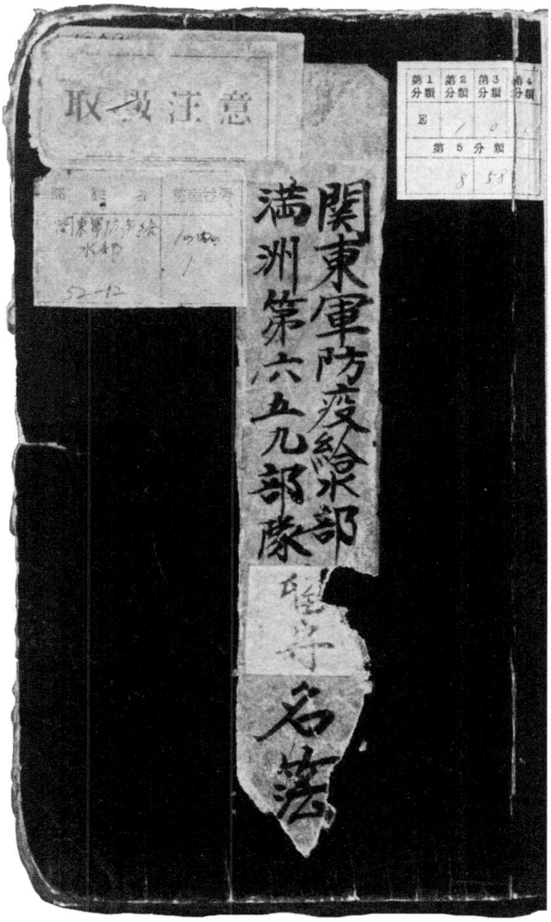

◎ 图 2—7 《关东军防疫给水部留守名簿》封面页。[36]

京都大学医学部参加学术会议。在会议茶歇的时候，我把《留守名簿》已经在筑波分馆公开的事情告知了西山胜夫先生，希望他能进一步关注《留守名簿》的调卷进程。2016 年 4 月 28 日，日本国立公文书馆将《留守名簿》黑白复印件邮寄到哈尔滨，共计 690 页。

《留守名簿》第一次编成于 1945 年 1 月 1 日，记载了七三一部队 3497 人的全部信息，包括成员姓名、出生时间、原籍、编入七三一部队时间、此前所属部队及编入时间、兵种官阶及授予时间、留守担当者即部队成员在日本的直系亲属，以及《留守名簿》补修时间等详细信息。

（一）行政中枢：将官、佐官及其任职

七三一部队的将官、佐官和技师占据了部队长、部长、支部长、课长和研究班长等要职，是七三一部队核心管理层，主导和策划了细菌实验、医学研究和细菌战。从身份构成情况看，七三一部队主要由将官、佐官、尉官、见习士官、准士官、下士官、兵、军属等构成。其中将官、佐官和尉官身份有军医、药剂、技术、主计、卫生、建技等 6 种，见习士官身份有卫生部和经理部人员 2 种，准士官身份有卫生、主计和疗工 3 种，下士官身份有卫生、主计、疗工、辎重、步兵、迫击和野重炮等 7 种，兵身份有卫生、步兵、辎重、技术、野炮、炮兵、骑兵、工兵等 8 种，军属身份有文官、雇员、佣人和嘱托 4 种。

《留守名簿》记录了七三一部队 47 名将佐军衔者信息（见本章末表 2—1）。其中，中将 1 人、少将 2 人、大佐 5 人、中佐 5 人、少佐 34 人；按职别又可分为军医、药剂、主计、卫生、技术等身份。

《留守名簿》详细记载了七三一部队将佐人员的身份信息，他们分别担任了部队长，总务部、第一部（基础研究）、第二部（细菌实验）、第三部（防疫给水）、第四部（细菌制造）、器材部、诊疗部等各部部长，还有牡丹江支部、孙吴支部、海拉尔支部、林口支部等各支部长。如部队长石井四郎[37]军医中将和北野政次[38]军医少将，总务部长兼第四部部长大田澄[39]军医大佐、第一部部长菊池齐[40]军医少将、第二部部长碇常重[41]军医大佐、第三部部长江口丰洁[42]军医中佐、器材部部长柴野金吾[43]药剂大佐、诊疗部部长永山太郎[44]军医大佐、教育部部长西俊英[45]军医中佐、孙吴支部支部长松平丰太郎[46]军医少佐、牡丹江部支部长尾上正男[47]军医少佐、林口支部支部长榊原秀夫[48]军医少佐、海拉尔支部支部长加藤恒则[49]军医少佐，这些人多为陆军军医出身，构成了七三一部队的核心领导层。

与此同时，将佐级军官主要担任各管理课和各研究班的负责人。担任管理课课长的主要有：田部邦之助[50]军医中佐为总务部企划课课长、教育部少年队队长，铃木穐男[51]军医少佐为总务部庶务课课长，中村留八[52]技术少佐为总务部管理课课长，山下健次[53]少佐为总务部人事课课长，铃木重夫[54]少佐为第三部第三课课长

◎ 图 2—8　七三一部队核心成员集体合影。第一排，左一川岛清、左二西俊英中佐、左四川上渐、左五北野政次、左六菊池齐、右一大田澄、右二大谷章一；第二排左二石光薰、左四中留金臧、左五永山太郎、右一高桥传、右三园田太郎、第三排左一景山杏祐、左三田部井和（森村诚一提供）。

等。担任研究班班长的主要有：草味正夫[55]大佐为班长的草味班，主要从事药理研究；田中英雄[56]中佐为班长的田中班，主要从事细菌传染媒介物的研究；野口圭一[57]少佐为班长的野口班，主要从事鼠疫、斑疹伤寒和跳蚤的研究；高桥正彦[58]少佐为班长的高桥班，主要从事鼠疫菌的研究；有田正义[59]少佐为班长的有田班，主要从事伤寒和疫苗研究；肥野藤信三[60]少佐为班长的肥野藤班，主要从事脾脱疽研究；樋渡喜一[61]少佐为班长的樋渡班，亦主要从事脾脱疽研究。

另外，据《留守名簿》所记，七三一部队尉官职级者有 100 人，其中大尉 32 人、中尉 23 人、少尉 26 人、准尉 19 人。

（二）研究中枢：陆军技师及其研究班

陆军技师，日本陆军中从事专门技术职业者，在七三一部队中是享受高等文官待遇的技术官员，被编入陆军军属序列，主要从事各种细菌实验和医学研究。他们是人体实验和细菌战研究的主体力量，构成了七三一部队的研究中枢。七三一部队陆军技师分为技师、助理技师和技术员，其中技师 50 人，助理技师 135 人。技师又分为不同等级，在七三一部队中二等技师职级最高，七等技师职级最低。据《留守名簿》所记，七三一部队有二等技师 1 人，三等技师 2 人，四等技师 7 人，五等技师 14 人，六等技师 13 人，七等技师 13 人。技师的平均年龄约为 38.04 岁，年龄最大者是 1885 年出生的内海薰，年龄最小者为 1915 年出生的加藤康久、菊村泰太郎、工藤继市和篠崎正典等 4 人。助理技师有 135 人，平均年龄约为 34.8 岁（本章末表 2—2）。

从任职情况来看，这些陆军技师其多担任七三一部队各研究班班长，亦普遍存在管理课课长和研究班班长彼此兼职的现象，其研究内容涉及鼠疫、伤寒、霍乱、病毒和冻伤等。各研究班也以技师的姓氏命名，研究专长则为各班的主要研究内容。鉴于研究内容时常增减不定，研究班时有裁撤，时有增加，时有重叠。比如冈本耕造[62]四等技师任冈本班班长，主要研究病理和解剖；笠原四郎[63]四等技师任笠原班班长，主要研究滤过性病毒；吉村寿人[64]四等技师任吉村班班长，主要进行冻伤病理研究；二木秀雄[65]四等技师任结核班班长，主要研究结核菌；凑正男[66]五等技师任凑班班长，主要研究霍乱菌；朝比奈正二郎[67]五等技师任朝比奈班班长，专门研究伤寒菌；江岛真平[68]五等技师任江岛班班长，主要研究赤痢菌；石井四郎的兄长石井三男[69]五等技师任石井班班长，主要负责实验动物的饲养和实验；内海薰[70]七等技师任内海班班长，主要进行血清和免疫学研究；吉田源二五等技师为吉田班班长，主要负责健康诊断；小山博技师为工务班班长。

在七三一部队中，各支部长、部长均由将佐一级军官担任，只有安东洪次以陆军二等技师身份担任大连支部支部长。

此外，七三一部队持军属身份者，人员众多，来源广泛，除了技师之外，多为低级别雇员。七三一部队军属中还有“嘱托”和“临时嘱托”身份，有专职人员和兼职人员之别。如毕业于东京帝国大学的秋元寿惠夫于 1944 年 4 月 1 日以临时嘱托身份被编入七三一部队，任第一部血清班班长；石井刚男的身份是嘱托，负责管理关押人体实验受害者的特设监狱；松本正一、金泽谦一、工藤与四郎、堀口铁

◎ 图 2—9　石井四郎（左）和石井三男（1939 年摄）。

夫、牧野正等均以嘱托或临时嘱托身份供职于七三一部队。

（三）人员来源：京大、东大和军医学校

七三一部队和京都帝国大学医学部、东京帝国大学医学部、陆军军医学校之间保持着极为密切的特殊关系。上述院校向七三一部队输送了大量医学从业者和毕业生，形成了相对稳定的人员流转通道。他们多进入七三一部队核心管理层，长期担任各部门、分支机构、管理课、研究班的负责人，主导了七三一部队的建立和扩张的全过程，并逐步在七三一部队内形成了“京大系”和“东大系”两大派系。这种门派裙带现象表面上似与七三一部队两任部队长石井四郎、北野政次毕业于斯密切相关，但透过表象探究其背后的逻辑，根本上还是取决于七三一部队组建的宗旨，其目的根本不是医学医疗研究，而是细菌战争研究。正如原关东军司令官梅津美治郎战后受美军调查时供称：“考虑到细菌战可能会被用于现代战争，日本陆军方面作了大量调查并对细菌战进行深入研究。”[71]正是基于细菌战争的目的，七三一部队在招募人员时特别侧重微生物学、防疫学、病理学、解剖学等方面的专业人员，而京都帝国大学医学部和东京帝国大学医学部正是这类专业人才的荟萃之地。这些

接受过精英教育的医学从业者和毕业生，在国家战时体制动员之下，以“国家利益、科学研究和医学发展”的所谓“崇高理想”纷纷加入七三一部队，成为细菌战研究的主体力量。

京都帝国大学医学部与七三一部队的关联最为密切。来自京都帝国大学医学部的七三一部队成员主要有石井四郎、中留金藏、园田太郎、西郡彦嗣、增田知贞、佐佐木义孝、铃木启之、内藤良一、平泽正欣、植西忠信、野口圭一、三谷恒夫、田中英雄、石川太刀雄丸、冈本耕造、斋藤幸一郎、田部井和、竹广登、林一郎、凑正男、吉村寿人、渡边廉等22人，以及京都帝国大学理学部的天辰良道、篠田统、浜田稔，农学部的藤村吉之助等。值得一提的是，作为战时七三一部队成员，战后在京都大学医学部取得博士学位的还有田中淳雄、宫崎淳臣、松浦茂辉、空闲秀邦、妹尾左知丸等人。

东京帝国大学医学部和传染病研究所同七三一部队也保持着极为密切的关系，其毕业生也成为七三一部队骨干来源之一。毕业于东京帝国大学医学部的主要有北野政次、今津纲干[72]、菊池齐、草味正夫、柴野金吾、金子顺一、肥野藤信三、安东洪次[73]、石光薰[74]、山口一孝[75]、北条圆了、早川清、松下元次、马杉菊三、秋元寿惠夫、金泽谦一、所安夫等。作为战时七三一部队重要成员，战后在东京大学医学部取得博士学位的还有田池川重德、金子顺一、荒井岩夫、降旗武臣、根津尚光、吉野贵正、竹森信之、留冈展男、三留光男等人。来自东京帝国大学和京都帝国大学的“高才生”，都在不同时期担任了七三一部队的要职，成为日本细菌战体系的中坚力量。他们在战后没有被追究战争责任，反而在美国的包庇下逃脱了应有的制裁和惩罚，进入日本医学院校担任重要公职，开设私人医院、医药公司牟取暴利，成为日本医学界上流阶层的组成部分。

陆军军医学校是七三一部队的“母体”。七三一部队早期成员主要来自陆军军医学校防疫部、防疫研究室、卫生学教室、细菌学教室和军阵防疫学教室。如七三一部队早期核心成员西村英二、渡边廉、北条圆了、白川初太郎、江口丰洁等人均来自陆军军医学校，七三一部队核心成员石井四郎、北野政次、川岛清等也在不同时期兼任陆军军医学校教官。如前所述，七三一部队还在陆军军医学校防疫研究室设有“石井部队东京出张所”，主要负责哈尔滨和东京之间的人员招募、业务往来和共同研究等事宜。值得一提的是，陆军军医学校防疫研究室编辑了《陆军军医学校防疫研究报告》第 1 部和第 2 部，其中第 2 部已由日本不二出版社 2004 年影印出版，收录了七三一部队、陆军军医学校、陆军省医务局成员撰写的 817 篇细菌战、防疫学、传染病学、流行病学等专题研究论文和报告。这些论文和报告在战时被视为重要的学术成绩，战后还成为七三一部队成员申请博士学位、晋升职称的重要学术参考。

庆应大学医学部、东京医学专门学校、冈山医学专门学校、千叶医学专门学校、京城大学医学部等都为七三一部队输送了大量医学博士生和专业技术人员。如毕业于庆应大学医学部的高桥正彦、笠原四郎，毕业于东京医专的北条圆了[76]、尾上正男、柄泽十三夫，毕业于冈山医专的大田澄、西村英二[77]，毕业于千叶医专的今濑一夫[78]、川岛清，毕业于京城大学医学部的松平丰太郎等人，都成为七三一部队重要成员。七三一部队还有大量嘱托身份的研究者，“这些研究者都是‘兼职’身份，他们是来自东京大学、庆应大学、长崎大学、京都大学、大阪大学、金泽医大、北里研究所、北海道大学、千叶医大等学校的医学研究者”。[79]战时环境下，上述医学院校都为七三一部队输送大量医学人才，这些受过高等医学教育的人成为七三一部队的主体力量。与此同时，七三一部队还有大量成员来自关东军势力所及范围的陆军医院、野战医院和兵站医院等。

大体而言，七三一部队自 1940 年之后，总人数常年保持在 3200 人以上，部队长为中将或少将军衔，各部长中亦有少部分少将军衔，配备了佐官 44 人、技师 50 人、尉官 100 人、助理技师 135 人。实际上，七三一部队自 1933 年建立到 1945 年灭亡，曾在七三一部队服役的将官和佐官至少有 122 人，至少有中将 2 人，少将 6 人，大佐 21 人，中佐 28 人，少佐 65 人。从二战期间日本部队规模、人员编制和教育水平来看，七三一部队人员数量虽然较日军师团建制和旅团建制小得多，但七三一部队部队长的军衔与师团长和旅团长的军衔相当，佐官和尉官配备比例也比较高，而且为数众多的医学博士生参与其中，充分体现出七三一部队是日本陆军中的特殊部队。

七三一部队核心力量始终以将佐和技师为主，将佐和技师身居部队长、部长、支部长、课长、班长等要职，构成了七三一部队的行政中枢和研究中枢，是七三一部队开展人体实验和细菌战研究的基本班底。七三一部队将佐和技师群体多来自京都帝国大学、东京帝国大学、陆军军医学校等高等院校，是人体实验的中坚力量。他们多持有医学博士学位，是当时日本医学界的学术精英，本应代表社会良知，严格遵守国际公法和医学准则，具备职业操守并担当道义责任，但是却完全蔑视并践踏法律、规则和伦理，在日本军国主义裹挟下以“国家利益、科学研究和医学发展”的名义，对人进行蓄意折磨、伤害和杀戮，干着人体实验和细菌战的罪恶勾当，犯下了无可置疑的战争罪和反人道罪，这是日本医学发展进程中的难以遮掩也无法绕开的历史负遗产。

表 2—1　七三一部队将佐级成员名录[80]

序	姓　名	出生日期	编入部队时间	军　衔	晋级时间	在七三一部队任职
1	石井四郎	明治二十五年六月二十五日	昭和二十年三月一日	军医中将	昭和二十年三月一日	部队长
2	北野政次	明治二十七年七月十四日	昭和十七年八月三日	军医少将	无记录	部队长
3	菊池齐	明治三十年五月一日	昭和十七年八月八日	军医少将	昭和二十年三月一日	第一部部长
4	大田澄	明治三十年六月二日	昭和十八年三月十日	军医大佐	昭和十六年十月十五日	总务部部长
5	碇常重	明治三十五年四月十六日	昭和十四年三月二十日	军医大佐	昭和二十年六月十日	第二部部长
6	永山太郎	明治三十三年八月十九日	昭和十五年四月二十六日	军医大佐	昭和十八年六月一日	诊疗部部长
7	草味正夫	明治三十三年八月二十日	昭和十三年五月四日	药剂大佐	昭和十九年八月一日	第一部研究班班长
8	柴野金吾	明治二十八年十二月一日	昭和二十年一月一日	药剂大佐	昭和十七年八月一日	器材部部长
9	田部邦之助	明治四十年三月二十八日	昭和十五年十月七日	军医中佐	昭和十九年三月一日	总务部企划课课长
10	江口丰洁	明治三十六年七月十九日	昭和十八年四月二十一日	军医中佐	昭和十七年九月三十日	第三部部长
11	田中英雄	明治四十年三月十九日	昭和十三年三月十日	技术中佐	昭和二十年三月一日	第二部第二课课长
12	西俊英	明治三十七年八月二日	昭和十八年一月三十一日	军医中佐	昭和十九年三月一日	孙吴支部支部长
13	河上清久	大正五年十月二十六日	昭和十九年八月二十七日	军医中佐	昭和二十年八月十四日	牡丹江支部第一课课长
14	山下健次	明治二十四年二月五日	昭和十三年四月二十七日	卫生少佐	昭和二十年四月二十日	总务部人事课课长
15	佐藤重雄	明治三十四年二月十二日	昭和十九年十一月九日	主计少佐	昭和二十年三月一日	总务部经理课课长

（续表）

序	姓 名	出生日期	编入部队时间	军 衔	晋级时间	在七三一部队任职
16	铃木穐男	明治四十二年十一月十七日	昭和十九年三月三十日	军医少佐	昭和十九年四月三十日	总务部庶务课课长
17	中村留八	明治四十二年十月三十日	昭和十二年五月三十一日	技术少佐	昭和十九年四月三十日	总务部管理课课长
18	永松乔	明治四十三年十二月九日	昭和十七年一月十日	建技少佐	昭和二十年六月十日	总务部管理课建设班长
19	高桥正彦	大正九年九月三日	昭和十八年四月八日	军医少佐	昭和十九年九月三十日	第一部第五课课长
20	肥野藤信三	明治四十四年三月十七日	昭和十八年八月九日	军医少佐	昭和二十年四月三十日	第一部研究班班长
21	樋渡喜一	大正二年七月一日	昭和十九年四月十八日	军医少佐	昭和二十年一月三十一日	第一部研究班班长
22	降旗武臣	明治四十二年十一月三日	昭和十九年四月四日	军医少佐	昭和十九年一月三十一日	第一部研究班班长
23	巽庄司	大正四年六月一五日	昭和十七年十一月九日	军医少佐	昭和十九年九月三十日	第一部研究班班长
24	长友浪男	大正二年五月六日	昭和十八年八月五日	军医少佐	昭和二十年六月十日	第一部研究班班长
25	根津尚光	大正四年十二月八日	昭和十六年十二月三十一日	军医少佐	昭和二十年八月十四日	第二部研究班班长
26	平泽正欣	明治四十一年三月二十日	昭和十四年三月二十四日	军医少佐	昭和二十年一月三十一日	第二部第一课课长
27	增田美保	明治四十一年六月七日	昭和十一年七月二十一日	药剂少佐	昭和二十年一月三十一日	第二部第二课课长
28	西田重卫	大正三年八月三十日	昭和十八年十二月二日	军医少佐	昭和二十年三月一日	第二部第五课课长
29	儿玉鸿	明治四十二年九月二日	昭和十七年四月四日	军医少佐	昭和二十年四月三十日	第二部庶务课课长
30	池川重德	大正六年一月三日	昭和十九年十月十八日	军医少佐	昭和二十年六月十日	第二部航空班

（续表）

序	姓　名	出生日期	编入部队时间	军　衔	晋级时间	在七三一部队任职
31	园口忠男	大正二年四月二一日	昭和二十年一月六日	军医少佐	昭和十九年八月一日	第二部研究班班长
32	田中淳雄	大正二年一月一一日	昭和十六年十二月三十一日	军医少佐	昭和二十年六月十日	第二部研究班班长
33	八木泽行正	明治四十三年二月二十八日	昭和十一年八月一日	技术少佐	昭和十九年九月三十日	第二部研究班班长
34	铃木重夫	明治四十一年三月三日	昭和十四年五月十日	技术少佐	昭和十九年九月三十日	第三部第三课课长
35	野口圭一	大正九年八月一四日	昭和十八年八月二十八日	军医少佐	昭和二十年三月一日	第四部第二课课长
36	有田正义	明治四十四年八月二十二日	昭和十七年四月五日	军医少佐	昭和十九年九月二日	第四部研究班班长
37	尾上正男	明治四十三年一月二十五日	昭和十八年十一月二十三日	军医少佐	昭和十九年四月三十日	牡丹江支部支部长
38	榊原秀夫	明治四十一年一月九日	昭和十七年十月二日	军医少佐	昭和二十年四月三十日	林口支部支部长
39	松平丰太郎	明治四十二年六月十三日	昭和十九年七月二十日	军医少佐	昭和十九年九月三十日	林口支部支部长
40	细矢博	大正二年十二月七日	昭和十九年八月五日	军医少佐	昭和二十年六月十日	林口支部总务课课长
41	加藤恒则	明治四十二年十月二十七日	昭和十九年十二月二十日	军医少佐	昭和二十年六月三十日	海拉尔支部支部长
42	蓬田正二	大正二年一月二十五日	昭和十八年十一月八日	军医少佐	昭和十九年九月三十日	海拉尔支部支部长
43	作山元治	明治四十三年三月六日	昭和十四年三月二十八日	军医少佐	昭和二十年三月一日	诺门罕派遣队队长
44	目黑正彦	大正四年一月一日	昭和十七年八月十八日	药剂少佐	昭和二十年三月一日	大连支部总务部部长
45	佐藤铁之助	明治三十七年十月十八日	昭和十九年八月二十七日	卫生少佐	昭和二十年六月十日	不详

（续表）

序	姓　名	出生日期	编入部队时间	军　衔	晋级时间	在七三一部队任职
46	杉原正毅	无记录	昭和十九年三月二十日	军医少佐	无记录	不详
47	伊藤邦之助	大正六年二月九日	昭和十六年八月十五日	军医少佐	昭和二十年一月三十一日	不详

表 2—2　七三一部队陆军技师成员名录[81]

序	姓　名	出生日期	编入部队时间	职　级	晋级时间
1	安东洪次	明治二十六年十二月二十日	昭和十三年六月一日	技师二等	昭和十九年三月三十一日
2	石光薰	明治二十八年十月一日	昭和十三年三月十日	技师三等	昭和十八年九月三十日
3	冈本良三	明治三十三年二月十九日	昭和十三年六月一日	技师三等	昭和十八年九月三十日
4	冈本耕造	明治四十一年十一月十日	昭和十三年三月十日	技师四等	昭和十九年九月三十日
5	笠原四郎	明治三十五年四月二十六日	昭和十四年四月五日	技师四等	昭和二十年三月三十一日
6	笠井久雄	明治二十一年三月十一日	昭和十三年六月一日	技师四等	昭和十七年十月三十一日
7	开原勤	明治三十九年五月十五日	昭和十三年六月一日	技师四等	昭和二十年三月三十一日
8	吉村寿人	明治四十年二月九日	昭和十三年三月十日	技师四等	昭和二十年三月三十一日
9	真子宪治	明治三十九年一月八日	昭和十三年六月一日	技师四等	昭和十八年三月三十一日
10	二木秀雄	明治四十一年二与十日	昭和十八年五月五日	技师四等	昭和十九年九月三十日
11	朝比奈正二郎	大正二年六月十日	昭和十四年十月十二日	技师五等	昭和十九年九月三十日

（续表）

序	姓　名	出生日期	编入部队时间	职　级	晋级时间
12	石井三男	明治二十年四月十二日	昭和十三年六月三日	技师五等	昭和十九年三月三十一日
13	江嶋真平	明治二十五年五月十八日	昭和十四年四月五日	技师五等	昭和十八年九月三十日
14	春日忠善	明治三十九年十一月二十七日	昭和十八年六月三十日	技师五等	昭和十九年九月三十日
15	齐藤和胜	明治三十八年十二月二十七日	昭和十七年八月十日	技师五等	昭和二十年三月三十一日
16	竹广登	明治四十四年三月二十四日	昭和十九年二月二十三日	技师五等	昭和二十年三月三十一日
17	竹森信之	大正三年一月十五日	昭和十三年六月十日	技师五等	昭和二十年三月三十一日
18	中込叶	明治四十三年三月十五日	昭和十三年六月一日	技师五等	昭和十九年三月三十一日
19	吉田源二	明治四十二年三月十五日	昭和十四年四月五日	技师五等	昭和十九年九月三十日
20	前田享一郎	明治四十二年十二月二十三日	昭和十三年六月一日	技师五等	昭和十七年十月三十一日
21	凑正男	明治四十二年十月十二日	昭和十三年三月十日	技师五等	昭和二十年三月三十一日
22	近藤钓一郎	明治四十三年十二月十五日	昭和十五年六月二十八日	技师五等	昭和二十年三月三十一日
23	滨野满雄	明治四十年十月二十四日	昭和十八年六月一日	技师五等	昭和十九年三月三十一日
24	滨田稔	明治四十三年十二月十八日	昭和十九年五月三十一日	技师五等	昭和十八年九月三十日
25	山内丰纪	明治四十三年二月九日	昭和十四年五月五日	技师六等	昭和二十年三月三十一日
26	山田诚	明治四十一年二月十二日	昭和十八年四月五日	技师六等	昭和二十年三月三十一日
27	荒木三郎	明治四十二年三月二日	昭和十七年一月十日	技师六等	昭和十九年九月三日

（续表）

序	姓　名	出生日期	编入部队时间	职　级	晋级时间
28	伊藤时哉	大正三年七月二十四日	昭和十四年三月三十一日	技师六等	昭和十九年九月三十日
29	饭田敏行	明治四十二年一月二十五日	昭和十三年五月十日	技师六等	昭和十九年九月三十日
30	仓井弘武	明治四十四年三月二十七日	昭和十八年十月三十日	技师六等	昭和二十年三月三十一日
31	武田周平	明治四十三年二月十八日	昭和十八年四月五日	技师六等	昭和二十年三月三十一日
32	门马显义	明治四十五年一月二十日	昭和十四年六月十五日	技师六等	昭和二十年三月三十一日
33	山口秀一	明治二十八年二月七日	昭和十一年八月一日	技师六等	昭和十七年四月三十日
34	小山博	明治四十五年五月二十八日	昭和十四年三月三日	技师六等	昭和二十年三月三十一日
35	滨田丰博	明治四十一年八月十一日	昭和十八年五月十九日	技师六等	昭和二十年三月三十一日
36	三留光男	明治四十年十月十日	昭和十五年七月二十日	技师六等	昭和二十年三月三十一日
37	藤原留造	明治四十三年八月二十五日	昭和十八年五月二十八日	技师六等	昭和二十年三月三十一日
38	内海薰	明治十七年十月二十日	昭和十一年六月一日	技师七等	昭和二十年三月三十一日
39	加藤康久	大正四年九月二十二日	昭和十四年五月十日	技师七等	昭和十九年六月五日
40	工藤继市	大正四年九月五日	昭和十九年二月二日	技师七等	昭和二十年三月三十一日
41	楠本健二	大正二年一月五日	昭和十八年二月十日	技师七等	昭和二十年三月三十一日
42	关取武治	明治三十六年一月三十日	昭和十一年十二月二十八日	技师七等	昭和十九年八月一日
43	留冈展男	大正三年七月二十五日	昭和十九年十一月三十日	技师七等	昭和十九年十一月三十日

（续表）

序	姓　名	出生日期	编入部队时间	职　级	晋级时间
44	菊村泰太郎	大正四年一月三日	昭和十八年八月十二日	技师七等	昭和二十年三月三十一日
45	小门前茂正	明治三十七年十月八日	昭和十九年二月一日	技师七等	昭和二十年三月三十一日
46	今野信治	明治三十二年十一月一日	昭和十一年八月一日	技师七等	昭和二十年三月三十一日
47	篠崎正典	大正四年十二月十日	昭和十九年十一月三十一日	技师七等	昭和十九年十一月三十日
48	仁科让	大正三年九月二十六日	昭和十三年八月一日	技师七等	昭和二十年三月三十一日
49	桥本荣市	明治四十一年十月二十五日	昭和十三年五月十日	技师七等	昭和二十年三月三十一日
50	藤本太郎	明治四十二年九月十日	昭和十七年六月五日	技师七等	昭和二十年六月二十八日

注 释

1. Jing-Bao Nie, "The United States Cover-up of Japanese Wartime Medical Atrocities: Complicity Committed in the National Interest and Two Proposals for Contemporary Action," *The American Journal of Bioethics,* Vol. 6, No. 3, 2006, p. w23.

2. 据日本学者川村一之调查，加茂部队为了保密需要，曾使用“背荫河守备队”的匿称。参见川村一之:《七三一部隊 1931—1940:“細菌戦”への道程》，東京：不二出版，2022 年，第 44—46 頁。

3. 郡司陽子:《“証言”：七三一石井部隊》，第 25 頁。

4.《留守名簿 関東軍防疫給水部 復七名簿 1　761 ～ 2》，日本国立公文書館分館藏，番号：平 25 厚労 01648100。

5. 川村一之:《七三一部隊 1931—1940:“細菌戦”への道程》，第 43 頁。

6. 冯仲云:《东北抗日联军十四年苦斗简史》，青年出版社，1946 年，第 82 页。

7. 宫武剛:《将軍の遺言：遠藤三郎日記》，東京：每日新聞社，1986 年，第 79 頁。

8. 据日本学者川村一之调查，中马太多彦时任背荫河附近的第二独立守备队司令部附。

9. 宫武剛:《将軍の遺言：遠藤三郎日記》，第 79 頁。

10. 冯仲云:《东北抗日联军十四年苦斗简史》，第 83 页。

11. 韩晓，哈尔滨市平房人，侵华日军第七三一部队罪证陈列馆首任馆长。

12. 1983 年 7 月 8 日，韩晓在五常市背荫河乡程家岗屯采访。参见杨彦君主编:《日本细菌战档案选编（下）》，中国和平出版社，2015 年，第 730 页。

13. 近藤昭二:《真相 731 部隊：シリーズ第 1 号》，東京：社会評論社，2024 年，第 69—70 頁。“马路大”，日语为“丸太（マルタ）”，意为圆木，此处为七三一部队内部对人体受试者的蔑称。

14. 冯仲云:《东北抗日联军十四年苦斗简史》，第 85 页。

15. 近藤昭二:《真相 731 部隊：シリーズ第 1 号》，第 63—69 頁。

16.《在満兵備充実に対する意見の件》，昭和十一年《陸満密綴 8.26—9.16》，日

本防衛省防衛研究所蔵，番号：陸軍省—陸満密大日記—S11—9—41。

17.《在満兵備充実に対する意見の件・第二十三、関東軍防疫部の新設増強》，昭和十一年《陸満密綴 8.26—9.16》，日本防衛省防衛研究所蔵，番号：陸軍省—陸満密大日記—S11—9—41，第 93 頁。

18.《関東軍防疫部職員をして軍医学校職員を兼勤せしむる件》，日本防衛省防衛研究所蔵，番号：陸軍省—陸満密大日記—S11—10—42。

19.《関東軍防疫部職員をして軍医学校職員を兼勤せしむる件》，日本防衛省防衛研究所蔵，番号：陸軍省—陸満密大日記—S11—10—42。

20.《前日本陆军军人因准备和使用细菌武器被控案审判材料》，第 165 页。

21. 八三七二部队，即日军第十二野战航空修理厂，创设于 1938 年 9 月，本部位于平房地区，与七三一部队相邻。

22. 森村誠一：《続・悪魔の飽食》，東京：光文社，1982 年，挿絵。

23. 证明书原件保存在侵华日军第七三一部队罪证陈列馆资料室。

24. 日本学者广原盛明曾发表《建设七三一部队的日本建筑业人员》一文，记有人体实验核心区域建设有关情况。広原盛明：《七三一部隊を建設した日本の建築業者》，《15 年戦争と日本の医学医療研究会会誌》2011 年第 12 巻第 1 号。

25. 七三一研究会編：《細菌戦部隊》，第 130 頁。

26. 侵华日军第七三一部队罪证陈列馆档案室：遗址全宗资料，编号：D—1—2。

27. 森村诚一：《悪魔の飽食》，第 30 頁。

28. 侵华日军第七三一部队罪证陈列馆档案室：遗址全宗资料，编号：D—1—3。

29. 李陈奇主编：《侵华日军第七三一部队旧址——细菌实验室及特设监狱考古发掘报告》，图版五。

30. 李陈奇主编：《侵华日军第七三一部队旧址——细菌实验室及特设监狱考古发掘报告》，第 6 页。

31. 侵华日军第七三一部队罪证陈列馆档案室：遗址全宗资料，编号：D—1—3。

32. 侵华日军第七三一部队罪证陈列馆档案室：遗址全宗资料，编号：D—1—4。

33. 侵华日军第七三一部队罪证陈列馆档案室：遗址全宗资料，编号：D—1—6。

34. 侵华日军第七三一部队罪证陈列馆档案室：遗址全宗资料，编号：D—1—10。

35. 侵华日军第七三一部队罪证陈列馆档案室：遗址全宗资料，编号：D—1—10。

36.《留守名簿　関東軍防疫給水部　761—2》，日本国立公文書館分館蔵，番号：平２５厚労 01647100。

37. 石井四郎，七三一部队第一任、第三任部队长。《留守名簿》第 23、68 页重复记载其信息：1892 年 6 月 25 日出生，1945 年 3 月 1 日晋升为陆军军医中将，1945 年 3 月 1 日编入七三一部队，此前所属为陆军军医学校，入职时间为 1943 年 8 月 11 日。

38. 北野政次，七三一部队第二任部队长。《留守名簿》第 172 页载其信息：1894 年 7 月 14 日出生，1942 年 8 月 3 日编入七三一部队，军医少将，此前所属为关东军司令部，入职时间为 1936 年 8 月 26 日。

39. 大田澄，《留守名簿》第 98 页载其信息：1897 年 6 月 2 日出生，1943 年 3 月 10 日编入七三一部队，1941 年 10 月 15 日晋升为军医大佐，此前所属为“中支那”防疫给水部，入职时间为 1941 年 7 月 2 日。

40. 菊池齐，《留守名簿》第 172 页载其信息：1900 年 5 月 1 日出生，1942 年 8 月 8 日编入七三一部队，1945 年 3 月 1 日晋升为军医少将，此前所属为东京第二陆军医院，入职时间为 1941 年 6 月 30 日。

41. 碇常重，《留守名簿》第 24 页载其信息：1902 年 4 月 16 日出生，1939 年 3 月 20 日编入七三一部队，1945 年 6 月 10 日晋升为军医大佐，此前所属为留守第九师团军医部，入职时间为 1937 年 9 月 11 日。

42. 江口丰洁，《留守名簿》第 87 页载其信息：1903 年 7 月 19 日出生，1943 年 4 月 21 日编入七三一部队，1942 年 9 月 30 日晋升为军医中佐，此前所属为香港占领地总督部，入职时间为 1942 年 2 月 19 日。

43. 柴野金吾，《留守名簿》第 262 页载其信息：1895 年 12 月 1 日出生，1945 年 2 月 1 日编入七三一部队，1942 年 8 月 1 日晋升为药剂大佐。

44. 永山太郎，《留守名簿》第 390 页载其信息：1900 年 8 月 19 日出生，1940 年 4 月 26 日编入七三一部队，1943 年 6 月 1 日晋升为军医大佐，此前所属为第九防疫给水部，入职时间为 1938 年 8 月 30 日。

45. 西俊英，《留守名簿》第 418 页载其信息：1904 年 8 月 2 日出生，1943 年编入七三一部队，1944 年 3 月 1 日晋升为军医中佐，此前所属为第一军军医部。

46. 松平丰太郎,《留守名簿》第 517 页载其信息：1909 年 6 月 13 日出生，1944 年 7 月 20 日编入七三一部队，1944 年 9 月 30 日晋升为军医少佐，此前所属为第一师团防疫给水部，入职时间为 1943 年 8 月 2 日。

47. 尾上正男,《留守名簿》第 99 页载其信息：1910 年 1 月 25 日出生，1943 年 11 月 23 日编入七三一部队，1944 年 4 月 30 日晋升为军医少佐，此前所属为第十一师团防疫给水部，入职时间为 1942 年 10 月 14 日。

48. 榊原秀夫,《留守名簿》第 231 页载其信息：1908 年 1 月 9 日出生，1942 年 10 月 2 日编入七三一部队，1945 年 4 月 30 日晋升为军医少佐，此前所属为关东防卫军军医部，入职时间为 1944 年 1 月 17 日。

49. 加藤恒则,《留守名簿》第 141 页载其信息：1909 年 10 月 27 日出生，1944 年 12 月 20 日编入七三一部队，1945 年 6 月 30 日晋升为军医少佐。

50. 田部邦之助,《留守名簿》第 319 页载其信息：1911 年 3 月 28 日出生，1940 年 10 月 7 日编入七三一部队，1944 年 3 月 1 日晋升为军医中佐，此前所属为传染病研究所，入职时间为 1939 年 4 月 2 日。

51. 铃木穐男,《留守名簿》第 286 页载其信息：1909 年 11 月 17 日出生，1942 年 3 月 30 日编入七三一部队，1944 年 4 月 30 日晋升为军医少佐，此前所属为第一师团司令部，入职时间为 1943 年 8 月 2 日。

52. 中村留八,《留守名簿》第 390 页载其信息：1909 年 10 月 30 日出生，1937 年 5 月 31 日编入七三一部队，1944 年 4 月 30 日晋升为技术少佐。

53. 山下健次,《留守名簿》第 579 页载其信息：1891 年 2 月 5 日出生，1938 年 4 月 27 日编入七三一部队，1945 年 4 月 20 日晋升为卫生少佐，此前所属为习志野陆军医院。

54. 铃木重夫,《留守名簿》第 286 页载其信息：1908 年 3 月 5 日出生，1939 年 5 月 10 日编入七三一部队，1944 年 9 月 30 日晋升为技术少佐。

55. 草味正夫,《留守名簿》第 188 页载其信息：1900 年 8 月 20 日出生，1938 年 5 月 4 日编入七三一部队，1944 年 8 月 1 日晋升为药剂大佐，此前所属为东京第一卫戍医院，入职时间为 1932 年 8 月 8 日。

56. 田中英雄，《留守名簿》第319页载其信息：1907年3月19日出生，1938年3月10日编入七三一部队，1945年3月1日晋升为技术中佐。

57. 野口圭一，《留守名簿》第437页载其信息：1920年8月14日出生，1943年8月28日编入七三一部队，1945年3月1日晋升为军医少佐，此前所属为第八方面军。

58. 高桥正彦，《留守名簿》第319页载其信息：1920年9月3日出生，1943年4月5日编入七三一部队，1944年9月30日晋升为军医少佐，此前所属为陆军军医学校，入职时间为1941年4月1日。

59. 有田正义，《留守名簿》第3页载其信息：1911年8月22日出生，1942年4月5日编入七三一部队，1944年9月2日晋升为军医少佐，此前所属为陆军飞行实验部，入职时间为1939年12月1日。

60. 肥野藤信三，《留守名簿》第468页载其信息：1911年3月17日出生，1943年8月9日编入七三一部队，1945年4月30日晋升为军医少佐，此前所属为第七十一师团防疫给水部。

61. 樋渡喜一，《留守名簿》第468页载其信息：1913年7月1日出生，1944年4月18日编入七三一部队，1945年1月31日晋升为军医少佐，此前所属为陆军军医学校，入职时间为1943年8月2日。

62. 冈本耕造，《留守名簿》第100页载其信息：1908年11月10日出生，1938年3月10日编入七三一部队，1944年9月30日晋升为四等技师。

63. 笠原四郎，《留守名簿》第142页载其信息：1902年4月26日出生，1939年4月5日编入七三一部队，1945年3月31日晋升为四等技师。

64. 吉村寿人，《留守名簿》第613页载其信息：1907年9月1日出生，1938年3月20日编入七三一部队，1945年3月31日晋升为四等技师。

65. 二木秀雄，《留守名簿》第483页载其信息：1908年2月10日出生，1943年5月5日编入七三一部队，1944年9月30日晋升为四等技师，此前所属为第二十野战防疫给水部。

66. 凑正男，《留守名簿》第539页载其信息：1909年10月12日出生，1938年3月10日编入七三一部队，1945年3月31日晋升为五等技师。

67. 朝比奈正二郎，《留守名簿》第 4 页载其信息：1913 年 6 月 10 日出生，1939 年 10 月 12 日编入七三一部队，1944 年 9 月 3 日晋升为五等技师。

68. 江岛真平，《留守名簿》第 88 页载其信息：1892 年 5 月 18 日出生，1939 年 4 月 5 日编入七三一部队，1943 年 9 月 20 日晋升为五等技师。

69. 石井三男，石井四郎的兄长；《留守名簿》第 26 页载其信息：1887 年 4 月 12 日出生，1938 年 6 月 3 日编入七三一部队，1944 年 3 月 31 日晋升为五等技师。

70. 内海薰，《留守名簿》第 70 页载其信息：1884 年 10 月 20 日出生，1945 年 8 月 10 日编入七三一部队，1945 年 3 月 31 日晋升为七等技师。

71. Murray Sanders, *Report on Scientific Intelligence Survey in Japan, September and October 1945, Vol. 5, Biological Warfare*, Location: 2910, RG#IWG Ref. Coll., NARA, College Park, MD, USA.

72. 今津纲干，陆军军医少将，曾任七三一部队总务部部长，1941 年 7 月至 1941 年 11 月在七三一部队任职。

73. 安东洪次，七三一部队大连支部部长。《留守名簿》第 4 页载其信息：1893 年 12 月 20 日出生，1937 年 6 月 1 日编入七三一部队，1944 年 3 月 31 日晋升为二等技师。

74. 石光薰，七三一部队总务部调查课课长。《留守名簿》第 26 页载其信息：1895 年 10 月 1 日出生，1938 年 3 月 10 日编入七三一部队，1943 年 9 月 30 日晋升为三等技师。

75. 山口一孝，七三一部队器材部“山口班”班长，负责细菌炸弹的研制。《留守名簿》第 579 页载其信息：1912 年 7 月 28 日出生，1943 年 4 月 19 日编入七三一部队，1944 年 9 月 1 日晋升为药剂中尉，此前所属为第十四师团第三野战医院。

76. 北条圆了，1893 年 3 月 11 日生，陆军军医大佐，毕业于东京帝国大学，曾任陆军军医学校防疫研究室、军阵防疫学教室军医中佐，七三一部队早期核心成员。1933 年至 1935 年，在七三一部队任职，长期作为石井四郎的助手在七三一部队开展细菌战研究。1940 年 10 月 28 日，在东京帝国大学取得医学博士学位。1941 年之后，被陆军省任命为德国驻在员，在德国、意大利、法国专门从事细菌学及传染病学研究。1945 年，作为盟军战俘被押解至美国，12 月返回日本。1946 年，任厚生劳动省医疗局医官。1947 年 4 月 10 日，在东京接受美军讯问。后在静冈县开设香贯医院，并担任过静冈县医师会预备代议员、沼津市医师会副会长。

77. 西村英二，陆军军医大佐，七三一部队早期核心成员，1933 年 9 月至 1937 年 12 月在七三一部队职，后调任一八五五部队部队长。

78. 今濑一夫，陆军军医少将，曾任七三一部队第三部部长，1942 年 2 月至 1943 年 3 月在七三一部队任职。

79. 西山胜夫著、王琪译:《战争与医学》，中国和平出版社，2015 年，第 98 页。

80. 本表所列“在七三一部队任职”栏据秦郁彦编《日本陸海軍総合事典》（東京：東京大学出版会，1992 年）、近藤昭二编《関東軍防疫給水部・満洲第七三一部隊編成表（概略）》（未刊資料）整理，其他各栏据《关东军防疫给水部留守名簿》整理。表中所列不同人员任相同职务当是在不同时期的任职。

81. 本表据《关东军防疫给水部留守名簿》整理。

第三章

七三一部队的扩张及覆灭

日本医学者不同于站在纽伦堡法庭被告席上的德国医学者，他们在战后有的回到大学、研究所，有的进入制药公司，有的在行政部门任职，依然保持着社会精英的地位，周围人也都对此给予认可。这些逃过罪责惩罚的研究者们，他们各自华丽的战后经历，表明了医学界和大学医学部对于他们的犯罪是多么的漠不关心而又毫无反省……我们这些人即便无权制裁那些参与过七三一部队行径的每一个人，但我们有义务记录下那段历史传之后世。[1]

——日本京都民医连中央医院若田泰

七三一部队陆续迁移到平房特别军事区域之后，不断扩大规模，增设了牡丹江支部、林口支部、孙吴支部和海拉尔支部；持续增加人员配属，将部队员额逐步扩充至 3500 人左右；最终建成基础设施完备、配置全面、功能齐全、分工明确的人体实验和细菌战研究基地。随着侵略战争的推进，特别是“七七”事变之后，日本又颁布了《国家总动员法》，快速推进全面侵华的国策，日军也在日占区域相继设立陆军防疫机关。七三一部队在这个进程中担当核心角色，指导和推动各陆军防疫机关的建立和运行，侵华日军的陆军防疫体系逐步建成。

一、机构设置与支部设立

平房军事特别区域于 1940 年左右建成，随着七三一部队的人员不断增多，组织机构也不断扩大，设有总务部、第一部（基础研究）、第二部（生物实验）、第三部（防疫给水）、第四部（生物制造）、教育部、资材部和诊疗部，八部之外另设管理特设监狱的特别班。大体而言，部下设课或研究班，各班名称以其负责人姓氏冠之。其中：总务部，负责制定总体研究计划，起草并传达部队命令，以及人事、后勤、财务及劳工管理等。第一部，为七三一部队生物研究的核心部门，负责攻击性生物战剂、防御性血清及相关防护装备的研制。第二部，负责研究生物武器效力和攻击方法，对人、动物、植物进行生物实验和野外实验等。第三部，负责七三一部队的防疫和供水，研究和制造生物炸弹，附设滤水器制造厂和细菌弹壳制造厂。第四部，负责进行生物的培养和繁殖，研制血清并生产疫苗，制造不同类型

◎ 图3—1　1943年6月25日“满洲”第七三一部队高等官团在本部一栋前集体合影。

◎ 图3—2　1944年5月9日，关东军司令官梅津美治郎大将视察七三一部队，这是在本部大楼前合影。前排左起大田澄、大谷章一、梅津美治郎、川岛清、关东军参谋。后排左起江口丰洁、田部井和、园田太郎、中留金藏、石光薰、永山太郎、伊地知俊雄、高桥正彦（七三一研究会编:《细菌战部队》，东京：晚声社，1996年）。

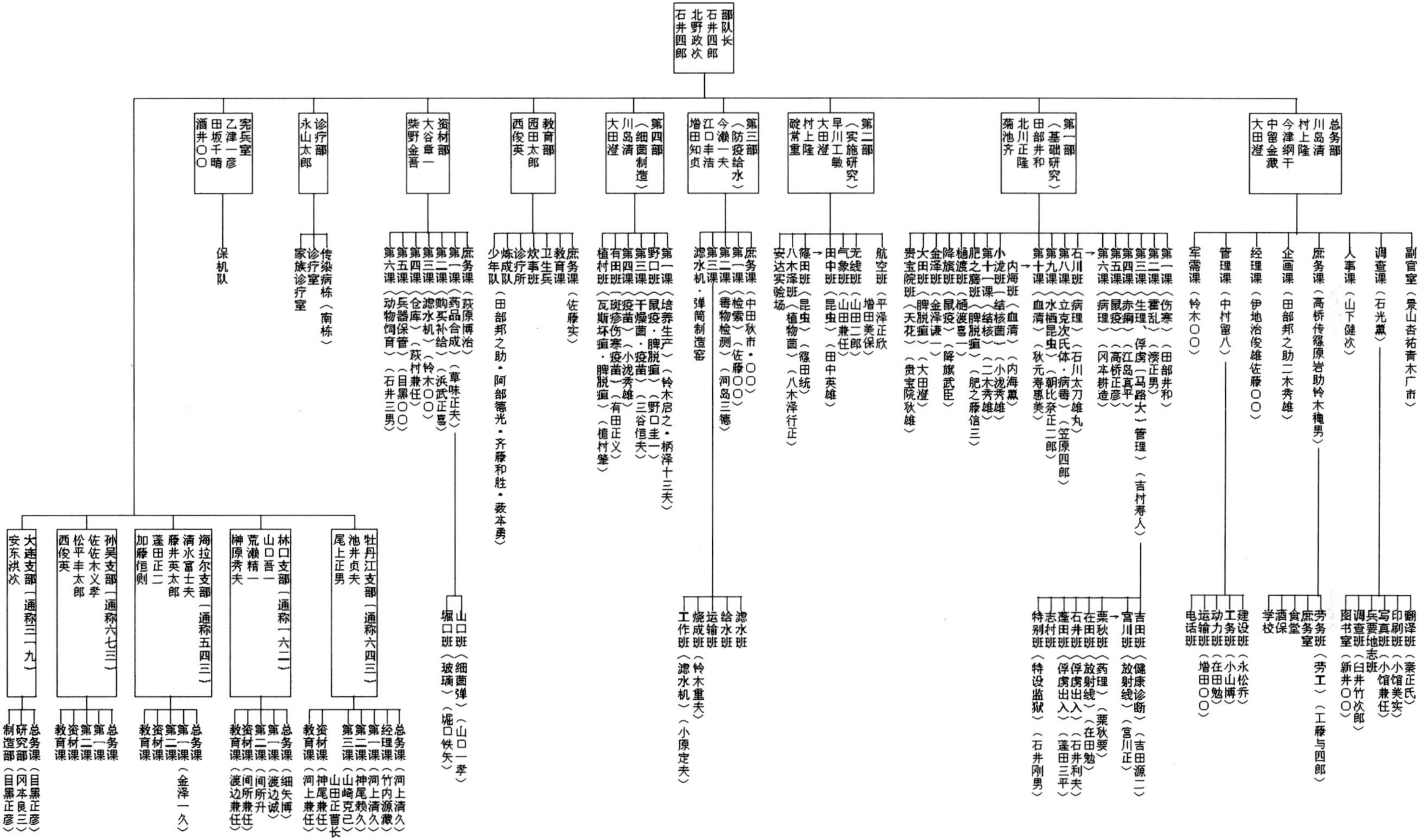

表 3—1　七三一部队编成表[2]

的生物武器。教育部，负责培训生物战相关人员，开展防疫学、细菌学和传染病学教育，以及七三一部队“接班人”少年见习技术员的教育和管理。[3]资材部，负责实验设备的供应，实验器材、菌苗、疫苗的保存，以及实验动物的运输。诊疗部，负责七三一部队成员及其家属的疾病预防和医学诊疗。

1940 年 8 月，七三一部队对外正式启用“关东军防疫给水部”[4]代号。12 月 2 日，关东军司令官梅津美治郎大将下达“关东军作战命令甲第三九八号”，记有：“着令关东军防疫给水部本部长将如下部队布置于下列地点：牡丹江支部—海林，林口支部—林口，孙吴支部—孙吴，海拉尔支部—海拉尔。”[5]七三一部队据此增设了牡丹江支部、林口支部、孙吴支部和海拉尔支部，加之 1938 年接管大连卫生研究所而设立的大连支部，以及安达特别实验场[6]和城子沟野外实验场[7]，至此建成规模庞大、人员众多、设施完善、配套齐全的人体实验研究基地，成为侵华日军中独一无二的特种部队。

七三一部队的代号也经常变换。1940 年 8 月，加茂部队对外正式启用“关东军防疫给水部”名称。到 1941 年时，石井部队及各支部统称为“满洲第六五九部队”，位于平房的本部称为“满洲第七三一部队”，牡丹江支部称为“满洲第六四三部队”，孙吴支部称为“满洲第六七三部队”，林口支部称为“满洲第一六二部队”，海拉尔支部称为“满洲第五四三部队”，大连卫生研究所称为“满洲第三一九部队”。根据 1945 年 4 月 20 日《陆军部队战时通称号规定》，“满洲第七三一部队”通称号最后一次变更为“满洲第二五二〇二部队”，其他支部通称号也随之变更。

（一）牡丹江支部

七三一部队牡丹江支部，代号为“满洲第六四三部队”，后改为“德第二五二〇三部队”，由于地处今海林市，所以又称海林支部。

牡丹江支部首任支部长由池井贞夫军医少佐担任，1943 年 9 月尾上正男[8]军医少佐接任支部长，人员配备约 200 名，其中军医 30 余名，士兵 100 余名，另有军属、雇员若干名。支部内设 7 个课：总务课，负责生产计划和人事管理；经理课，负责财务管理；第一课，负责培养细菌，饲养老鼠和跳蚤；第二课，负责细菌研究；第三课，负责培育传染媒介物跳蚤等；资材课，负责实验器材的供应和管理；教育课，负责培训细菌武器研究、生产和使用相关人员。

牡丹江支部主要研究伤寒菌、副伤寒菌、赤痢菌和结核菌，主要建筑设施有支部办公室、宿舍楼、细菌实验室、地下室、仓库、动物舍和汽车库等，址在今海林市新合乡福利村，当时部队驻地占地约40万平方米，当地居民称其为“东大营”。支部营房南侧有一个日本兵营，代号为二六二四部队，与牡丹江支部同驻一个大院内。营区西侧1.5千米处设有小型飞机场，专供支部使用，营区北侧2千米处的斗银沟驻有日军四五〇部队。牡丹江支部随着日本宣布无条件投降而覆灭。1945年8月17日，支部长尾上正男，细菌实验员菊地则光、斋藤等人，在逃亡往牡丹江途中被苏军俘获。尾上正男和菊地则光于1949年在伯力法庭受审。实际上，牡丹江支部绝大部分成员逃回日本，没有接受法庭审判，并在战后组织了“七三一部队平房战友会海林会”展开活动。

（二）林口支部

七三一部队林口支部，位于今黑龙江省林口县，部队代号为“满洲第一六二部队”，后改为“德第二五二〇四部队”，历任部队长为山口吾一、荒濑精一、榊原秀夫。

林口支部主要担当细菌战准备任务，有计划地生产伤寒菌、副伤寒菌、赤痢菌、结核菌和霍乱菌等。内部设有总务课、第一课、第二课、资材课和教育课，人员编制280人。其中军医3人，司药官1人，军需官1人，佐、尉级军官5人，其余为兵和军属，另雇佣10余名中国劳工。总务课分庶务、经理两室，课长是细矢博少佐。第一课任务是生产细菌、检查细菌及对一般部队的防疫，课长由细矢博少佐兼任。第二课任务是修理给水设施及滤水器，课长是间所升药剂少尉。资材课任务是饲养实验动物和跳蚤，保管一般卫生材料和生产材料，课长由间所升兼任。教育课任务是教授有关细菌战知识，课长是渡边中尉。

1945年8月9日，榊原秀夫命令杉树茂夫、米谷孝弘、小山福马3名士兵将老鼠、跳蚤、细菌材料等送往七三一部队。8月10日，榊原秀夫命令间所升少尉将所有建筑物烧毁，榊原秀夫等乘50辆汽车向牡丹江方向逃跑，间所升等25人乘5辆汽车随后也逃往牡丹江。8月10日晚，榊原秀夫命令庶务室奥村军属及2名士兵将支部的机密文件送往七三一部队。这些机密文件是:《暗号电报解说书》《关东军动员计划》《林口、东安方面的兵要地志》和《关东军防疫给水部支部勤务规定》，以及林口支部有关人事命令的文件等。奥村军属到达七三一部队之后，七三一部队已经溃逃，奥村军属便将这些文件直接焚毁。8月12日，在林口县七星泡屯附近，林口支部将约50车的物资设备全部烧毁，继续逃窜。8月13日，林口支部逃到桦林时遭遇苏联红军，双方交战，一部分人员被打死，一部分人员被俘，林口支部覆灭。林口支部实验员久留岛祐司于1949年在伯力法庭受审，支部长榊原秀夫于1956年在沈阳法庭受审。

（三）孙吴支部

七三一部队孙吴支部，代号为“满洲第六七三部队”，后改为“德第二五二〇六部队”。

孙吴支部首任支部长是佐佐木义孝少佐，第二任支部长为松平丰太郎，1942年，七三一部队教育部部长西俊英[9]中佐兼任支部长，支部总人数约为120人。支部内设总务课、第一课、第二课、资材课、教育课。总务课，负责传达部队命令，掌管人事和经费事项；第一课，负责培养细菌及一般防疫工作；第二课，负责防疫给水及维修滤水器；资材课，负责保管、清理各种卫生材料，以及饲养实验动物、培育跳蚤等；教育课，培训细菌战相关人员。

孙吴支部设有训练室、动物饲养室、制菌室、食堂、仓库、锅炉房、家属宿舍、卫兵室、守备队等，驻地位于今黑龙江省孙吴县西兴乡西兴村，因地处山丘，又有铃兰花盛开，故当时被称为“铃兰台”。1945年8月9日深夜，西俊英接到石井四郎发来的撤退命令，将机密文件、研究资料、实验动物焚毁，并自行破坏支部全部建筑设施后仓皇溃逃。西俊英等人于8月17日被苏军俘获，后被伯力法庭判处有期徒刑18年。二战后，孙吴支部原成员组成了战友会“铃兰会”。

（四）海拉尔支部

七三一部队海拉尔支部，代号为“满洲第五四三部队”，后改为“德第二五二〇五部队”，驻地位于今内蒙古自治区呼伦贝尔市海拉尔区奋斗镇。

海拉尔支部编制为226人，历任支部长有清水富士夫、藤井英太郎、蓬田正二、加藤恒则等。支部内设5个课：总务课，负责计划、经理和庶务；第一课，负责繁殖老鼠和跳蚤；第二课，负责细菌战研究；资材课，负责器材保管和供应；教育课，负责业务培训和人员教育。海拉尔支部战时建有办公楼、卫兵室、营房、动物舍、材料库、汽车库和卫生所等。有证据表明，海拉尔支部曾同七三一部队、关东军第一〇〇部队、关东军第五一六部队互相勾结，在内蒙古巴彦汗毒气实验场进行大规模人体毒气实验。巴彦汗毒气实验场遗址在今内蒙古自治区鄂温克族自治旗巴彦托海镇内。

日本宣布无条件投降前夕，海拉尔支部将细菌战实验设备、数据档案和建筑设施全部破坏，海拉尔支部覆灭。战后，海拉尔支部成员成立海拉尔支部战友会。

（五）大连支部

七三一部队大连支部，又称大连出张所，即“满洲第三一九部队”“德第八七四七部队”。

大连支部前身为大连“满铁”卫生研究所，始建于1925年8月，当时地址为大连市下葭街20号，即今大连市沙河口区同泰花园小区所在地；占地面积约为3.8万平方米，共有建筑38栋，编制为350人，实有人员250人左右。第一任所长是“满铁”地方部卫生课课长金井章次博士，继任者为土谷钦一郎、儿玉诚、安东洪次。1938年，大连“满铁”卫生研究所正式成为七三一部队直属机构，承担细菌武器、军用血清、预防接种液的研制与生产任务，直接参与人体实验和细菌战，是七三一部队细菌战体系的重要组成部分。

大连支部设有7个课：总务课，负责后勤管理及物资供应；细菌课，研制细菌和疫苗；病理课，研究过滤性病毒及传染病治疗；化学课，研制化学用品；卫生课，研制水和食物相关消毒剂；血清课，研究和制造血清；疫苗课，研究和生产疫苗。日本宣布无条件投降前夕，大连支部将重要的机器设备、实验材料、档案文件等沉入大海或焚烧销毁，大连支部覆灭。

二、陆军防疫体系的形成

七三一部队建立初期，活动范围仅限于日军侵占的伪满洲国区域，但随着日军对华侵略范围扩大而呈现出骤然扩张之势，特别是“七七”事变之后，陆军防疫机关活动范围沿着华北、华中直下华南，一直蔓延至东南亚一带。

（一）陆军防疫体系的初建

随着对华侵略战争的演进，日军在侵占地相继设立陆军防疫机关，七三一部队在这个进程中担当核心角色，指导和推动各陆军防疫机关的建立和运行。由此，原本局限于伪满洲国区域的陆军防疫机关，随着日军对华侵略范围的急剧扩张而遍布中国东北、华北、华中、华南等日占地区。太平洋战争爆发以后，陆军防疫机关又沿着中国区域蔓延至东南亚的泰国、缅甸、菲律宾和马来西亚一带。日本陆军防疫体系建成之后，从全局上来看仍以七三一部队为核心，华北区域以“北支那”防疫给水部为中心，华中区域以“中支那”防疫给水部为中心[10]，华南区域以“南支那”防疫给水部为中心，东南亚一带以南方军防疫给水部为中心。

陆军防疫机关各中心机构还下设多处分支机构，试以“北支那”防疫给水部为例说明。“北支那”防疫给水部，即甲第一八五五部队，于 1938 年 2 月 9 日在北京编成，定员 810 人，部队长为西村英二军医大佐。根据 1944 年 9 月 30 日《北支那防疫给水部编成表》[11]所载，“北支那”防疫给水部下设 5 个支部 8 个出张所

（办事处）。5个支部分别是石门支部、太原支部、济南支部、张家口支部和郑州支部，8个出张所分别是天津出张所、塘沽出张所、运城出张所、青岛出张所、包头出张所、开封出张所、新乡出张所和郾城出张所。据此，“北支那”防疫给水部业务辐射范围可达北京、天津、山西、山东、河北和河南等地。部队长西村英二曾任陆军军医学校防疫研究室部员，是石井四郎筹备建立七三一部队的核心成员，其于1933年9月至1937年12月间在七三一部队服役，这也从一个侧面体现出七三一部队在陆军防疫体系的关键作用。

实质而言，陆军防疫机关的设立和扩张均与七三一部队密切相关，正是七三一部队培养的“防疫人才”陆续被抽调派往华北、华中和华南，他们直接组建了防疫给水部并担任主官。如七三一部队第一部部长菊池齐任“北支那”防疫给水部部长，总务部部长大田澄任“中支那”防疫给水部部长，七三一部队教育部部长园田太郎赴石家庄组建第一防疫给水部[12]，海拉尔支部支部长藤井英太郎赴南昌组建第五防疫给水部[13]，陆军军医大佐渡边廉赴华南组建第十二防疫给水部[14]，牡丹江支部支部长池井贞夫赴徐州组建第十四防疫给水部[15]，孙吴支部支部长佐佐木义孝赴华中组建第十八防疫给水部[16]等。

（二）陆军防疫体系的形成

从1937年到1939年，日军在占领地区设立的陆军防疫机关覆盖中国多个区域，并辐射至朝鲜半岛、马来西亚、新加坡、泰国等东亚到东南亚一带。陆军防疫机关也渐趋完备和系统，分为固定防疫给水部、移动防疫给水部、临时防疫给水部和独立防疫给水部。石井四郎的研究报告《支那事变中新设陆军防疫机关的运行效果、对未来战争的方针以及防疫接种的实效》，刊于《陆军军医学校防疫研究报告》第2部第99号。该报告执笔者和协助者皆为细菌战研究领域核心成员，有佐藤俊二[17]、大田澄、内藤良一[18]和早川清[19]等25人。报告编制了《新设陆军防疫机关》表格，详见下表。

表 3—2 新设陆军防疫机关一览

序	部队代号	部队长名	编成地	驻地	总人数	编成时间
1	陆军军医学校防疫研究室	石井四郎	东京	东京	310	1933 年 4 月 1 日
2	“南支那”防疫给水部	田中严	广州	广州	665	1939 年 4 月 6 日
3	“中支那”防疫给水部	石井四郎	南京	南京	1283	1939 年 4 月 18 日
4	“北支那”防疫给水部	西村英二	北京	北京	810	1938 年 2 月 9 日
5	关东军防疫给水部	石井四郎	哈尔滨	哈尔滨	1836	1936 年 8 月 11 日
6	第一防疫给水部	园田太郎	东京	石家庄	225	1938 年 7 月 29 日
7	第二防疫给水部	渡边陆奥夫	东京	南宁	225	1938 年 7 月 29 日
8	第三防疫给水部	赤崎安夫	东京	应城	225	1938 年 7 月 29 日
9	第四防疫给水部	佐藤大雄	东京	武昌	225	1938 年 7 月 29 日
10	第五防疫给水部	藤井英太郎	东京	南昌	225	1938 年 7 月 29 日
11	第六防疫给水部	泉一康	东京	安义	225	1938 年 7 月 29 日
12	第七防疫给水部	原善一	东京	汉口	225	1938 年 7 月 29 日
13	第八防疫给水部	窪田精四郎	东京	钦县	225	1938 年 7 月 29 日
14	第九防疫给水部	永山太郎	东京	蒲圻	225	1938 年 7 月 29 日
15	第十防疫给水部	山口吾一	东京	广州	225	1938 年 7 月 29 日
16	第十一防疫给水部	井上勇	东京	广州	225	1938 年 7 月 29 日
17	第十二防疫给水部	渡边廉	东京	广州	225	1938 年 7 月 29 日
18	第十三防疫给水部	松崎阳	东京	南京	225	1938 年 7 月 29 日
19	第十四防疫给水部	池井贞夫	东京	徐州	225	1938 年 7 月 29 日
20	第十五防疫给水部	吉村信英	东京	新乡	225	1938 年 7 月 29 日
21	第十六防疫给水部	西村正胜	东京	建城	225	1938 年 7 月 29 日
22	第十七防疫给水部	若杉丰一	东京	佛山	225	1938 年 7 月 29 日
23	第十八防疫给水部	佐佐木义孝	东京	南京	225	1938 年 7 月 29 日
24	加茂部队防疫部 诺门罕事件	石井四郎	加茂部队	无	995	1939 年 6 月 21 日
25	“中支那”临时防疫 北条部队	北条圆了	东京	无	42	1937 年 8 月 16 日
26	“北支那”临时防疫 大田部队	大田澄	哈尔滨	无	42	1937 年 7 月 12 日

（续表）

序	部队代号	部队长名	编成地	驻地	总人数	编成时间
27	关东军第一野战医院给水部	铃木启之	哈尔滨	公主岭	12	1937 年 8 月 13 日

资料来源：陸軍軍医学校軍陣防疫学教室:《支那事變ニ新設セラレタル陸軍防疫機関運用ノ効果ト将来戰ニ対スル方針並ニ豫防接種ノ効果ニ就テ》,《十五年戦争極秘資料集 補卷 23［1］· 陸軍軍医学校防疫研究報告 第 1 冊》，第 187—40 頁。

注：序号第 1—5 各部为固定陆军防疫机关，第 6—23 各部为移动陆军防疫机关，第 24—27 各部为临时陆军防疫机关，各部总人数为 10045 人。

据上表所示，石井四郎详细列出了 1933 年至 1939 年日军设立的主要陆军防疫机关，以及各防疫机关的部队代号、部队长名、编成地、驻地、编成时间、总人数等详细信息，呈现出这一时期陆军防疫机关的部队规模和区域范围。石井四郎在“固定防疫机关”一栏列出：陆军军医学校防疫研究室、“南支那”防疫给水部、“中支那”防疫给水部、“北支那”防疫给水部、关东军防疫给水部等 5 个固定防疫给水部。这是日军陆军防疫机关的主体力量，其在“防疫”和“给水”的业务范围方面，覆盖了中国东北、华中、华南大部分区域。石井四郎在“移动防疫机关一栏”列出了连续编号的第 1—18 防疫给水部，此外还有临时防疫机关的加茂部队防疫部、“中支那”临时防疫北条部队、“北支那”临时防疫大田部队、关东军第一野战医院给水部等。可以说，《新设陆军防疫机关一览表》所载数据，体现出当时日本陆军防疫机关体系的主要构成情况。当然，随着对外战争的演进，日军陆军防疫体系也处在动态变化之中，逐步成为军事医学研究机构和作战部队的重要组成部分。比如，到了 1940 年 4 月，第 1 防疫给水部、第 14 防疫给水部、第 15 防疫给水部、第 16 防疫给水部同时并入“北支那”防疫给水部。[20]

在这里需要着重提及防疫给水部的职能。按照石井四郎的说法是“开展战地传染病研究及相关防疫对策”。实质上，以防疫给水部名目出现的陆军防疫机关，既协助作战部队的“防疫”和“给水”，又在所谓“防疫作战”中进行大量医学犯罪，其中就包括准备和实施细菌战，以及非法的人体实验。驻地不同的日军各防疫给水部队也被要求必须与陆军军医学校、七三一部队保持密切联系，接受陆军军医学校和七三一部队的业务指导。与此同时，各防疫给水部成员撰写的医学实验报告和防疫调查报告也常刊载在《军医团杂志》《陆军军医学校防疫研究报告》和《关东军防疫给水部研究报告》上。这些杂志也成为陆军防疫体系成员展开学术交流的内部平台，除刊载细菌作战和人体实验相关的“军事医学”研究报告外，还刊有译自德国和苏联方面的军事医学情报。可以说，正是在战时体制强力推动下，通过陆军军医学校、七三一部队对陆军防疫机关的指导和支持，军事医学研究与应用形成了“学术纽带”，依附于战争环境下的军事医学得以畸形发展，陆军防疫体系演进而成的生物战体系由此形成。

总体来看，日本近代军事医学研究肇始于1886年陆军军医学校的设立。随着对外侵略战争的演进，战时日本军事医学研究不断强化，既大规模应用于战地医疗，迅速向中国东北和华北地区渗透，又不断在日占地区设立相应医学机构，逐步形成了“殖民地医学体系”。“九一八”事变成为日本近代医学发展进程的转折点，军事医学研究和战场应用快速走向组织化和极端化，陆军军医学校防疫研究室、七三一部队、“防疫作战体系”即是在这种环境下应时而生。陆军军医学校于1932年设立防疫研究室，由七三一部队于1933年在哈尔滨组建，并秘密设立战争史上第一个大规模细菌战基地——背荫河实验基地，专门建有关押受试者的特设监狱。由此开始，有组织的、成规模的人体实验逐步成为战时日本军事医学研究的重要手段。

发动全面侵华战争之后日本颁布《国家总动员法》，在国家体制的强力驱动之下，日本军事医学研究进入总体战阶段并急剧走向异化。而在医学研究体制化方面，陆军省、文部省、厚生省及医疗产业形成“军学官产”的合流，再次强制推动军事医学研究走向组织化和极端化，平房特别军事区域人体实验基地和细菌战体系亦由此形成。日本陆军防疫体系形成之后，各部队之间隶属关系虽经多次调整，但“防疫作战”的职能以及隐匿其间的医学犯罪并没有本质变化。这既在一定程度上固化了陆军防疫机关的职权范围，亦从一个侧面凸显了陆军防疫机关协助战争的军事功能。概言之，随着日本不断升级的对华侵略战争，陆军军医学校和七三一部队快速扩张，战时角色日益凸显，它们成为战时体制下日本军事医学演进与异变的典型代表，也成为日本策划、组织和实施细菌战犯罪的中枢机构，实质推动了日本细菌战体系的最终形成，侵华日军的医学动员也成了医学被滥用和逆用的典型恶例。

三、逃亡前夕的集体疯狂

二战到了1945年的时候已经接近尾声，日本狂想的“大东亚共荣圈”绝大部分区域都被盟军控制，此时非洲战事早已经结束，意大利法西斯已于1943年投降，1945年5月纳粹德国也无条件投降，轴心国日本成为最后的邪恶力量。1945年7月17日，美、英、苏三国首脑在柏林近郊波茨坦举行会议，发表对日作战的最后通牒《波茨坦公告》，敦促日本投降。同年8月6日、9日，美军在广岛和长崎投掷了原子弹，此时哈尔滨的七三一部队也发生了不同寻常的事情。

（一）自行销毁一切证据

8月9日凌晨，苏联红军出兵中国东北，向关东军发起攻击，石井四郎很快就获悉了这一情报，并与关东军司令部取得联系，随后又飞往长春等待东京的指令。8月10日，日本大本营参谋本部作战课参谋朝枝繁春中佐飞抵长春第二军用飞机场，代表参谋总长向石井四郎传达命令：一是部队立即全面废除，成员尽快返回日本本土，应使所有证据物件永远从地球上消失。二是已命哈尔滨第一四九师团调去一个工兵中队、5吨炸药配合部队采取行动，炸毁部队所有设施。三是立即处理建筑物内“马路大”，用部队锅炉房销毁，然后将灰烬投入松花江。四是将53名医学博士使用飞机直接送回日本；其他职员、妇女、儿童等所有人，通过南满铁路先送至大连再返还日本，已经命令直通大连的特急列车（可运送2500人）在平房火车站待命。石井四郎接到东京指令之后立即飞回哈尔滨，召集高级军官紧急会议，宣布七三一部队全部营区戒严，准备撤回日本本土。为保守七三一部队的秘密，将各级命令文件、研究资料、实验报告、医疗器械、人体标本等统统运往锅炉房烧毁。总务部长大田澄大佐担任总指挥，具体负责全面销毁罪证，所有命令都由大田澄发出，各个场地的进展情况也都向大田澄报告。

据七三一部队幸存劳工金国忠回忆：

◎ 图 3—3 七三一部队四方楼遗址（1956 年摄）。

1945 年 8 月 9 日晚上，下雨，飞机在空中嗡嗡叫，我们看见七三一部队西南角的大草垛着了火，是日本人自己点的。下半夜两点，专用线上开来一列火车，日本家属拼命往车上挤。火车开走后，许多没挤上去的日本妇女在站台上哭泣。三点多钟，轰的一声，四方楼西北角被日本人自己炸塌了。8 月 10 日一整天都听到四方楼连续的爆炸声。[21]

七三一部队教育部沟渕俊美被任命为警备班长，他回忆道：

在本部主楼的院子里，玻璃器具、显微镜，还有其他的一些器具堆得像山似的，烧的烧，砸的砸，乱成一团。在飞机场的角落，野战消毒车、甲号滤水机装载车等都被浇上汽油烧掉了，冒着浓浓的黑烟。

大概是 8 月 9 日下午 1 点钟，担任破坏部队作战总指挥的总务部长大田澄大佐发出命令：停止七三一部队的活动并且废止七三一部队。军属按秘密重要程度由有关人员依次送回到内地……集中对七栋和八栋进行处理。此外还有很多士兵，他们做了把显微镜堆积起来烧掉等各种各样的工作，剩下的军属也一起行动，把所谓的文件、书籍或X射线照片等都在锅炉房烧掉了。[22]

8月9日，关东军命令日军独立混成一三一旅团石原工兵大队开进七三一部队。工兵大队长石原勇带领了约200人前往，在七三一部队本部接受石井四郎的命令："全部炸毁七三一部队总部。"工兵大队用了一天半的时间，使用了一卡车炸药，首先爆破了细菌实验室和特设监狱，随即又炸毁了本部一栋、冻伤实验室、病毒实验室、结核菌实验室等基础设施。石原勇在战后接受采访时说道："我去了石井部队长的办公室，坐在椅子上。首先炸毁的是收容'马路大'的建筑物，那个时候，里面的人已经被军属杀害了，扔在松花江里了。"[23]2014年黑龙江省文物考古研究所主持了四方楼的考古发掘，在细菌实验室和特设监狱遗址发现多处掩埋坑、爆破点等，这亦成为七三一部队掩盖犯罪证据的直接证据。[24]

8月14日，七三一部队最后一批人员逃离平房。七三一部队的牡丹江支部、林口支部、孙吴支部、海拉尔支部、大连支部同样自行毁灭证据后逃离。正是因为七三一部队能够直通"天机"，才有可能在天皇宣布投降的一周之前，就直接下达了爆破总部的命令，争取到了整建制部队撤离哈尔滨的最后时机。七三一部队也有足够的时间将人体实验和细菌战等核心机密全面销毁、破坏和转移，这些血迹斑斑的绝密资料，最终成为石井四郎在谈判桌上向麦克阿瑟提出"豁免"的资本。

（二）集体屠杀全部人证

七三一部队溃逃前夕，将关押在特设监狱里的人体实验受试者全部屠杀并毁尸灭迹。原七三一部队教育队成员篠原鹤男1994年1月在"七三一部队展"上回忆了当时的情况：

8月9日清晨点名的时候，野口（圭一）少佐骑着白马在部队里面跑，命令我们："今天零点，苏联进攻了。从现在开始，一切行动听从指挥。"首先我们要处理身边的事务，以防暴露我们七三一队员的身份。

过了一天，10日，我跟另外两个人一起进了七、八栋二楼的12号房间。

一直以来这里都是禁止进入的。走廊里随意放置着三具“马路大”的尸体，几乎所有“马路大”的尸体都已经被搬到四方楼外面去了。外面挖了坑，坑里柴火和“马路大”交替着垒了很多层，然后就剩点火了。完全是各自为战的状态，应该下达命令的上层长官都带着重要文件在七三一部队飞机场准备撤退。

同时，我们接到了破坏监狱的命令，正在准备炸毁那些监狱。监狱从1号到12号，我进了12号房间，要把炸药安置在墙上。一进去我就看见了白色的墙上写着血书。血还没有变黑，应该写的时间不会太长。很漂亮的字写着：“打倒日本帝国主义 必胜 蒋主席万岁！”可能是临死前咬破手指写的吧。当时墙上的这些血书，我一生都忘不了。[25]

特别需要强调的是，四方楼乃是关东宪兵队实施特别移送的终结地，即所有特别移送人员都被作为实验材料——“马路大”而在此惨遭虐杀。这些被关押在七三一部队的被捕人员，在极度悲怆的等待中度过了分分秒秒，即便侥幸避免了人体实验的悲惨命运，但也没能逃脱死亡的结局。令人扼腕的是，进入七三一部队的受试者，没有一个人能够逃脱这座“食人魔窟”。

（三）阴魂不散的石井禁令

8月14日，晚上9点左右，下着大雨，被誉为“军神”的石井四郎，站在七三一部队废墟中的煤堆上下达了最后命令。这是三条禁口令：一是不准暴露七三一部队成员身份，二是队员之间不得互相联络，三是不准从事与七三一部队同样业务性质的职业。命令下达之后，石井四郎登上增田美保少佐驾驶的飞机，在七三一部队废墟上空盘旋三圈，并拍摄了最后的影像，匆匆逃离了哈尔滨，七三一部队彻底灭亡。1945年8月15日，日本宣布投降。七三一部队成员经由朝鲜半岛陆续逃回日本，他们绝大多数人都过着逍遥法外的正常生活，只有极少部分支部成员成了苏联红军的俘虏。

石井四郎的三条禁令并未一直伴随七三一部队成员的一生。一部分队员终生遵守，掩盖他们在中国曾经犯下的战争罪行。一部分队员违背禁令，从事与七三一部队业务相关的职业，如部队长北野政次、教育部部长西俊英、第三部部长江口丰洁、结核班班长二木秀夫等人开设了私人医院，冻伤班班长吉村寿人、病理班班长冈本耕造、昆虫班班长田中英雄等进入医学院校任职。还有一部分队员在战后频繁联系并成立战友会，他们在战后相继成立了精魂会、房友会、东乡战友会、平房三角会、加茂会、古城镇会、铃兰会等，堂而皇之地开展各种纪念活动，积极活跃在日本社会各界。但七三一部队绝大多数成员至死都三缄其口，隐匿了战时的惊天秘密——人体实验、细菌战和毒气战，而且完全没有任何反省，将给中国人、苏联人、朝鲜人带来深重灾难的悲惨历史湮没在日本重建的亢奋之中。只有极少数下层军医、卫生兵、雇员，如篠塚良雄、越定男、大川福松、胡桃泽正邦、郡司阳子等人，顶住来自家人、战友和社会的压力，让自己的“良心战胜了畏惧”，勇敢地抛却石井的禁令，鼓起勇气讲述了历史的真相，把七三一部队的所作所为昭示于天下。

注 释

1. 若田泰:《戦争下における病理学教室の実態を明らかに》，京都大学医学部病理学教研室百年史刊行会:《京都大学医学部病理学教研室百年史》，京都：中西印刷株式会社，2008 年，第 280—281 頁。
2. 近藤昭二编制，转引自七三一研究会編:《細菌戦部隊》，東京：晚聲社，1996 年，第 312—317 頁。
3. 少年见习技术员指的是 1942—1945 年间，加入七三一部队教育部的少年队员，是七三一部队培养的接班人，总人数为 108 名，被招录时年龄多在 14—18 岁之间。
4. 关东军防疫给水部，包括哈尔滨本部、大连支部、林口支部、孙吴支部、牡丹江支部和海拉尔支部。关东军防疫给水部哈尔滨本部，即为“满洲”第七三一部队。一般来说，七三一部队通常代指关东军防疫给水部哈尔滨本部及其各支部。
5.《前日本陆军军人因准备和使用细菌武器被控案审判材料》，第 204—206 页。
6. 安达特别实验基地建于 1941 年，地址在今黑龙江省安达市先源乡八一村东侧，建有实验观察室、受试者囚室、物资仓库及飞机跑道等，为七三一部队营建规模最大的野外实验基地。
7. 城子沟野外实验场，地址在今哈尔滨市平房区平新镇平乐村南侧，西南距七三一部队本部约 5 千米，七三一部队在此处多次进行生物武器野外实验。
8. 尾上正男，《关东军防疫给水部留守名簿》第 99 页载其信息：1910 年 1 月 25 日出生，1943 年 11 月 23 日编入七三一部队，1944 年 4 月 30 日晋升为军医少佐，此前所属为第十一师团防疫给水部及入职时间为 1942 年 10 月 14 日。
9. 西俊英，《关东军防疫给水部留守名簿》第 418 页载其信息：1904 年 8 月 2 日出生，1943 年编入七三一部队，1944 年 3 月 1 日晋升为军医中佐，此前所属为第一军军医部。
10. “中支那”防疫给水部，即荣第一六四四部队，1939 年 4 月 18 日在南京编成，驻地南京，部队编制为 1283 人，下设 15 个支部，位于上海、苏州、杭州、安庆、金华、汉口、九江等地；石井四郎为其首任部队长，增田知贞、大田澄、近野寿雄曾任部队长；“中支那”防疫给水部业务辐射范围可达今上海、浙江、江苏、安徽和湖南等地。

11.《附表第 1　北支那防疫給水部編成表》1944 年 9 月 30 日，日本防衛省防衛研究所藏，番号：支那—大東亜戦争北支—308。

12. 第一防疫给水部，1938 年 7 月 29 日在东京编成，驻地石家庄，部队编制为 225 人，首任部队长为园田太郎，曾任七三一部队教育部部长，军医大佐。

13. 第五防疫给水部，1938 年 7 月 29 日在东京编成，驻地南昌，部队编制为 225 人，首任部队长为藤井英太郎，曾任七三一部队海拉尔支部部长、军医少佐。

14. 第十二防疫给水部，1938 年 7 月 29 日在东京编成，驻地广州，部队编制为 225 人，首任部队长为渡边廉，曾任陆军军医学校防疫研究室军医大佐。

15. 第十四防疫给水部，1938 年 7 月 29 日在东京编成，驻地徐州，部队编制为 225 人，首任部队长为池井贞夫，曾任七三一部队牡丹江支部部长，军医少佐。

16. 第十八防疫给水部，1938 年 7 月 29 日在东京编成，驻地南京，部队编制为 225 人，首任部队长为佐佐木义孝，曾任七三一部队孙吴支部部长，军医少佐。

17. 佐藤俊二，生于 1896 年，1923 年毕业于日本东京医科大学，1930 年在大阪帝国大学取得医学博士学位，曾任“南支那”防疫给水部部长、“中支那”防疫给水部部长、关东军第五军军医部部长，陆军军医少将，1949 年被伯力法庭判处有期徒刑 20 年。

18. 内藤良一，生于 1906 年，1931 年毕业于京都帝国大学医学部，1937 在京都帝国大学取得医学博士学位，曾任陆军军医学校防疫研究室主任，军医中佐，战后协助美军调查七三一部队。

19. 早川清，生于 1905 年，曾在七三一部队、东京第二陆军医院任军医中佐，1943 年 3 月编入南方军防疫给水部。

20.《附表第 1　北支那防疫給水部編成表》1944 年 9 月 30 日，防衛省防衛研究所藏，番号：支那—大東亜戦争北支—308。

21. 1982 年 12 月 13 日，韩晓在哈尔滨市平房区采访金国忠，侵华日军第七三一部队罪证陈列馆资料室藏。

22. 2004 年 9 月，日本学者森正孝采访溝渕俊美，侵华日军第七三一部队罪证陈列馆资料室藏。

23. 战后采访石原勇的视频保存在侵华日军第七三一部队罪证陈列馆资料室。

24. 参见李陈奇主编：《侵华日军第七三一部队旧址——细菌实验室及特设监狱考古发掘报告》。

25. 七三一研究会编：《細菌戦部隊》，第93—94頁。

第四章

特别移送与人体实验

七三一部队极为露骨地表现出，为取得战争胜利而不择手段的这种反人性的一面。七三一部队的特点在于，把医学对延长人类生命所能够起到的作用逆向利用，将医学化为杀人武器。也就是说，他们是一支化医学为杀人武器的特殊部队。七三一部队核心成员以医学者为主，以及药物学、化学和细菌学等科学者，其主要兵力为医学者、研究者和一般市民，他们多是受过高等教育的普通平民。这些人身处战争集团催眠的环境中，一旦被卷进恶魔集团里之后，是否就能专心为了战争，将人类的良知和教养全都抛却，一味盲目地迈向罪孽的深渊。七三一部队极具震撼力地呈显了战争的邪恶，于是本人决心对七三一部队问题追踪调查并进行传播。[1]

——森村诚一

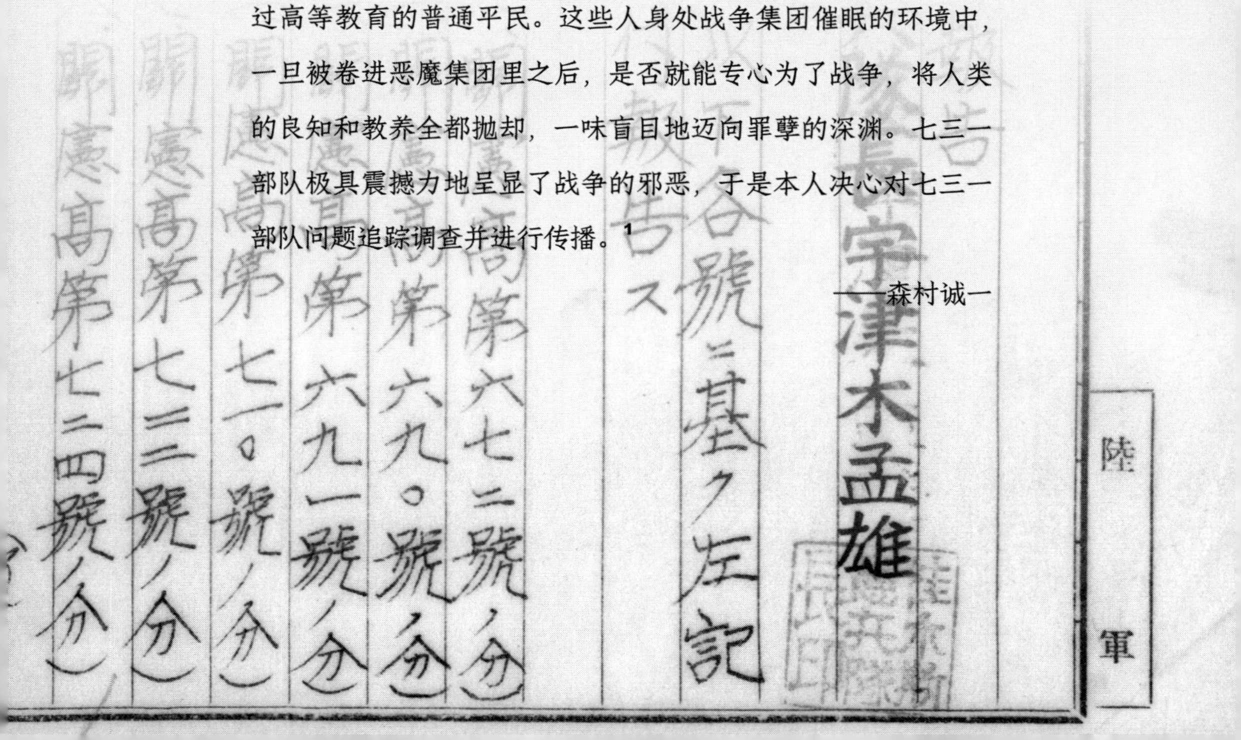

1933—1945 年，七三一部队进行了大规模反人类、反文明、反伦理的人体实验，中国人、苏联人和朝鲜人被强制用作“实验材料”，以活体解剖、生物感染、冻伤测试等方式将其残害致死。七三一部队将人体实验冠以“国家利益、科学研究和医学发展”的名义，对人进行蓄意折磨、伤害和杀戮，已经远远超出了医学意义上的实验范畴。七三一部队的人体实验在性质上属于战争犯罪，只是在实施犯罪的手段上使用了所谓的“医学”或者说“医生”的技术方法。在纽伦堡军事法庭医学案件审判中，被告汉德罗斯（Handloser）、维克多・布拉克（Victor Brack）等 16 名纳粹医生被裁定犯有战争罪和反人道罪。《判决书》中写道：“从 1939 年 9 月到 1945 年 4 月，所有被告在未经受试者同意的情况下，主要参与、协助、命令、教唆、同意参加与医学实验相关计划及项目。在未经受试者同意的实验过程中犯有谋杀、残暴、虐待、酷刑、暴行以及其他非人道行为。”[2]

如果以上述纳粹德国医生作为他者参照，那么七三一部队成员的医学犯罪理应受到战争罪和反人道罪的指控并据此追究战争责任。然而，事实并非如此，整建制部队撤回日本本土的个人全部逃脱了A级、B级和C级战犯审判，这些人体实验的策划者、组织者和实施者也没有被追究战争责任。在相当长的时间里，七三一部队的秘密随着知情者的集体沉默而被掩盖下来，即使到现在，学界努力揭示的真相也不过是冰山一角。随着社会调查和学术研究的不断深入，理应会有更多的真相渐次浮出水面。

一、军警宪特的特别移送

1933年，七三一部队秘密营建了世界历史上第一个人体实验基地——背荫河实验基地，自此开始了长达十余年的人体实验。如第二章所述，1938年七三一部队营建平房本部，专门建立了细菌实验室和特设监狱，被称之为“四方楼”或“口字栋”。四方楼是人体实验受试者的终结地。被捕者一旦被特别移送，便被关押在特设监狱成为人体实验的受试者，与其身份相关的姓名、职业、经历等个人信息全部被隐去，代之以两位数或三位数的号码，他们被蔑称为“马路大”“跳蚤”或“行李”。七三一部队特别班将这些被俘人员关押起来之后，一开始并不对他们立即实施各种实验，而是给予正常的饮食，并让允许他们适当的活动，以达到实验需要的健康状态。当某个研究班需要人体实验“材料”时，特别班就从特设监狱中挑选出受试者，然后在黑板上写上他的编码，每一组编码就代表一条人命。七三一部队人体实验受试者的来源、身份及悲惨经历，可以在特别移送档案中找到答案。

（一）什么是特别移送

关于特别移送办法的制定，据原关东宪兵队司令部第三课课长吉房虎雄回忆：“‘九一八’事变后，日本帝国主义由于任意屠杀中国抗日军民激起了越来越多民众的反抗，日本帝国主义分子不得不变换手法，表面上宣布停止过去所实行的严重处分。此后，关东军司令官植田谦吉、参谋长东条英机、军医石井四郎、参谋长冈道武、关东宪兵队司令官田中静一、警务部长梶荣次郎、部员松浦克己等人之间秘密制定了取代严重处分的方法，即将抓捕的抗日军民送到石井部队做人体实验材料。”[3]关东宪兵队及其下属各级宪兵队是特别移送的主要实施者。1938年1月26日，关东宪兵队司令部警务部曾发布“特别移送操作规程”；1943年3月12日，关东宪兵队司令部警务部正式发布《关于特别移送的通告》[4]，对特别移送标准有了更为明确的规定（详见下表）。

表 4—1　关于特别移送的通告

<table>
<tr><th rowspan="2">类别</th><th rowspan="2">罪状性质</th><th colspan="4">具备条件</th></tr>
<tr><th>履历</th><th>品格</th><th>我们的估计</th><th>其他</th></tr>
<tr><td rowspan="6">间谍（破坏分子）</td><td>依其罪行程度可以预料该犯被提交法庭审判时必处死刑或无期徒刑者</td><td>无</td><td>无</td><td>无被我方吸收和调派回去工作的价值者</td><td>无</td></tr>
<tr><td>曾以间谍或破坏分子资格屡次潜入“满洲”境内和直至被拘时止始终进行此种活动者</td><td>无</td><td>怀有亲苏或反日心理者</td><td>无被我方吸收和调派回去工作的价值者</td><td>无</td></tr>
<tr><td>依其罪行程度可以预料该犯被提交法庭审判时将被释放或经短期禁闭即可释放者</td><td>住所不定又无亲族的游民，鸦片中毒者</td><td>怀有亲苏或反日心理者，性格不逊者</td><td>并无悔悟表示而有重犯罪行的严重危险者</td><td>无</td></tr>
<tr><td>以前进行过此种活动者</td><td>当过游击队员或干过含有同等危险作用的活动者</td><td>无</td><td>无接受感化的希望者</td><td>无</td></tr>
<tr><td>与他种秘密活动有关者或因参加机密事项而其生存极不利于军队与国家者</td><td>无</td><td>无</td><td>无</td><td>无</td></tr>
<tr><td>与应受特别移送的犯人同一思想者</td><td>无</td><td>无</td><td>无</td><td>罪情虽轻，但不宜将其释放者</td></tr>
<tr><td rowspan="2">思想犯（民族运动和共产运动犯）</td><td>依其罪行可以预料该犯被提交法庭审判时必处死刑或无期徒刑者</td><td>无</td><td>无</td><td>无</td><td>无</td></tr>
<tr><td>与他种秘密活动有关者或因参加机密事项而其生存极不利于军队与国家者</td><td>无</td><td>无</td><td>无</td><td>无</td></tr>
<tr><td>备考</td><td colspan="5">各宪兵队长依上述标准来确定怎样处理某一犯人时，应根据“满洲国”内部情况，周密考虑到这点对国政上、社会上、社会道德上将有何反应，把这一切估量清楚之后，便可向关东宪兵队司令官坚决申请援用特别移送办法</td></tr>
</table>

（二）特别移送的史证

据上表，关东宪兵队对特别移送标准的规定相当宽泛，如“依其罪行程度可以预料该犯被提交法庭审判时将被释放或经短期禁闭即可释放者”“罪情虽轻，但不宜将其释放者”“住所不定又无亲族的游民”等，并没有严格约束宪兵队的行为，反而导致特别移送带有明显的无差别性特点。从某种意义上来讲，一个人是否符合特别移送实施的条件，并不完全取决于是否反满抗日，而是在相当程度上取决于军警宪特的态度。日本各级军警宪特机构在执行特别移送规定时，带有相当强的随意性。宪兵队大肆抓捕反满抗日者，通过特别移送的“成绩”，获得奖状、奖金并得以立功和晋升，这激励了宪兵队更加疯狂地实施这一行动。据原牡丹江宪兵队少尉冈户和三郎笔供：“一九四五年三月间，我是牡丹江宪兵队少尉副官，辅佐队长望月政吉大佐指导督促八面通宪兵分队，使该分队逮捕了正在用无线电秘密工作的中国爱国者一名。为了奖励这一罪行，根据队长望月的命令，从我所保管的机密费中提出百元，交给八面通宪兵分队长大须贺兵次中尉，使其加强对被害者的审讯，并掠夺无线电台一台。为了把被害者送交哈尔滨石井部队，我传达了出差命令，派下士官一名押送，把被抓者交给哈尔滨石井部队杀害了。”[5]宪兵队经常对被捕者使用殴打、灌凉水、电击等暴力手段，人为制造适合特别移送的条件，迫使被捕者供认他们想要的证据，这已成为宪兵、警察和特务达到目的的残酷手段。原富锦宪兵队防谍员小野武次供述：“一九四三年十二月，我在富锦宪兵队担任防谍员时，参加了以‘清流工作’为代号的大量逮捕杀害绥滨县中国地下工作者和有关和平居民的罪行。当时，在宪兵分队长庄治常二少尉指挥下的四十名宪兵，在绥滨县共逮捕中国人约一百名，分别关押在富锦宪兵队、伪满富锦宪兵分团、伪富锦警察署。其中我亲自逮捕了三名。对逮捕的中国地下工作者及和平居民，全部加以刑讯。由于残酷的刑讯及在拘禁中的虐待，在富锦宪兵队拘押的四十名，发生了斑疹伤寒，死去二名。一九四四年三月至六月间，前后三次，奉命送石井细菌部队予以杀害者十六名。余者释放。我亲自向石井细菌部队送去五名。”[6]

关于特别移送的事实认定，在相当长的时间内，因为缺乏相关物证，只能依据加害当事人的口述证言。直到 1997 年 10 月，黑龙江省档案馆特别移送原始文

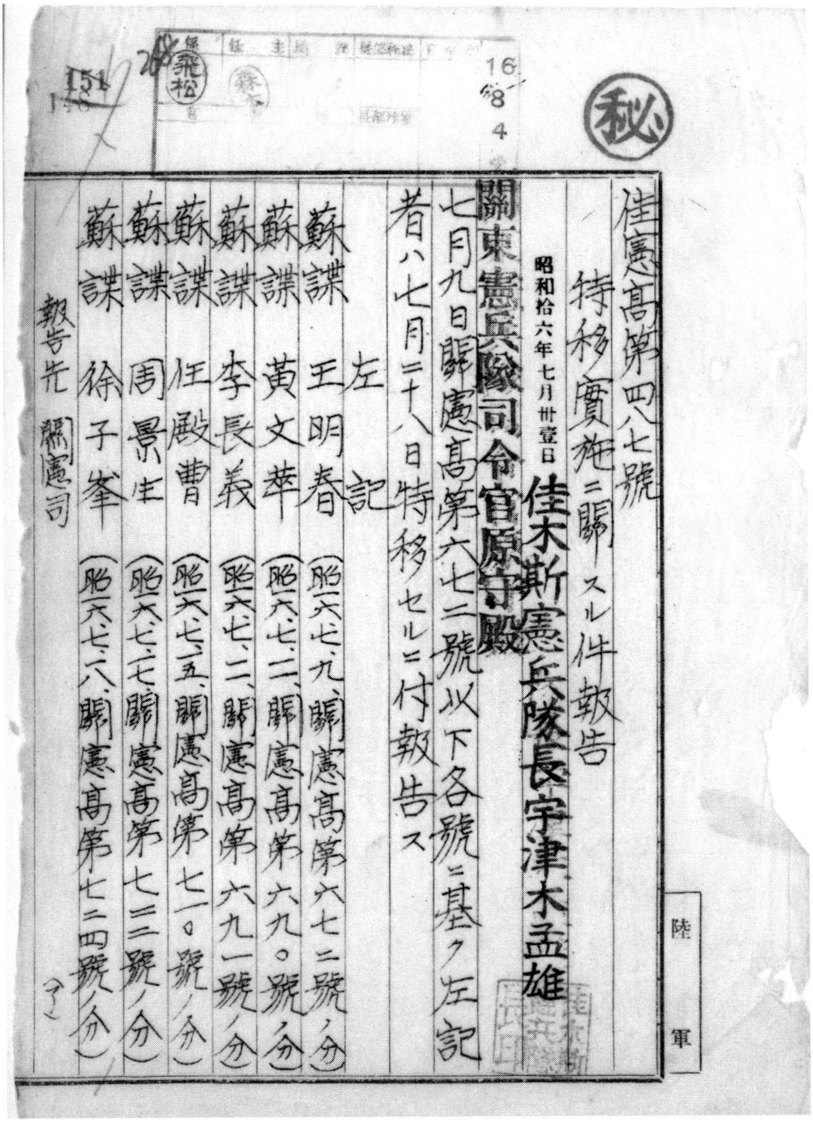

◎ 图 4—1　特别移送档案。1941 年 7 月 31 日，佳木斯宪兵队致关东宪兵队司令官的报告，申请将王明春、黄文翠、李长义、任殿曹、周景生、徐子峰 6 人特别移送。

件被发现，特别移送的秘密过程才得以系统呈现出来。1999 年 8 月 2 日，黑龙江省政府召开新闻发布会，对外公开特别移送档案 66 件，涉及特别移送受害者 52 人。2001 年 9 月 6 日，吉林省档案馆召开新闻发布会，对外公开 80 余件特别移送档案，涉及特别移送受害者 277 人。黑龙江省档案馆和吉林省档案馆保存的特别移送档案为关东宪兵队、分队、分遣队记录的原始文件，全部使用日文书写，是证明宪兵队同七三一部队秘密勾结、共同犯罪的重要文件。

关于特别移送者的身份，原佳木斯宪兵队队长橘武夫供述："遭受此种特别移送的，是如下几类犯人：首先是被控为替外国当间谍罪，或有与外国侦探机关相勾通的嫌疑者，以及所谓红胡子，即中国游击队员；其次是反日份子以及不可救药的刑事累犯。我们会把这种人用特别移送办法送到第七三一部队去。"[7]据目前所知档案，被特别移送人员主要有以下几种身份：一是被日军俘虏的中国、苏联的抗日军人；二是被日本宪兵队冠以"苏谍"身份的秘密情报人员；三是普通平民，如农民、劳工、杂工和小商人等。被日本军警宪特秘密实施特别移送的中国人、苏联人和朝鲜人，他们经历了被抓捕、审讯、酷刑、移送、关押、实验、解剖、焚尸的残酷过程，绝大多数人死于各种细菌实验室、病理解剖室和野外实验场，少部分人在七三一部队溃逃前夕被集体屠杀。在特别移送档案中，有一些受害者被宪兵队拍摄了照片，这些照片随同特别移送档案保留下来，成为宪兵队与七三一部队秘密勾结的犯罪证据。

总而言之，七三一部队从建立到灭亡的十余年时间里，各类实验室和野外实验场是受试者的生命终结之地，他们作为日本殖民统治的坚强抵抗者无一生还。关于人体实验受害者的人数，七三一部队基础研究部部长川岛清少将在伯力审判时供述："从一九四〇年至一九四五年间，通过这杀人工厂，因染受致命细菌而被消灭的，至少有三千人。至于在一九四〇年以前被消灭的人究有多少，那我却不知道。"[8]吉房虎雄在《侵略》一书中认为："一九三七年以来，约九年间，被石井部队虐杀的爱国者至少有四千人。"[9]川岛清认为 1940—1945 年间每年有 600 人死于七三一部队的人体实验。川岛清作为七三一部队核心成员，曾任总务部部长、第一部部长、第二部部长和第四部部长，其证言的可信程度应比较高，当接近历史的真实情况。吉房虎雄做出的估算，大约有 4000 人死于人体实验，指的是 1937 年到 1945 年期间。大体来看，对人体实验受害人数的估算，川岛清的供述和吉房虎雄的证言是比较一致的。实际上，七三一部队秘密实施人体实验的时间长、规模大、范围广，由于其在败逃时销毁或转移几乎所有资料，目前仅能依据关东宪兵队残留的特别移送档案和原队员的证言材料去追踪人体实验受害者的相关信息。

近些年来，依据特别移送档案记载的相关信息，中国学者韩晓、张志强、杨玉林等人持续调查人体实验受害者情况，并且据此寻找到 16 名受害者的家属。这 16 名人体实验受害者是：敬恩瑞、朱之盈、李鹏阁、桑元庆、史顺臣、王耀轩、王明生、闻德清、辛玉贵、辛永良、袁美臻、张慧衷、赵福元、朱云岫、朱云彤和任殿曾。上述 16 名受害者的家属，有的提供了受害者照片，有的提供了证言材料，侵华日军第七三一部队罪证陈列馆还将这些证言材料予以公证，并且配合受害者家属出具了相关证明函，以争取得到国家民政部门的关照和支持。比如，人体实验受害者李鹏阁的遗腹女李凤琴，为了父亲李鹏阁一案多方奔走，侵华日军第七三一部队罪证陈列馆出具了《李鹏阁事件证明函》，李鹏阁的抗日事迹和受害事实最终得到确认。中华人民共和国民政部认定：“李鹏阁同志，因从事地下革命工作被日本宪兵逮捕移送 731 部队壮烈牺牲”，并正式颁发了抗日烈士证书。

2015 年 8 月 15 日，侵华日军第七三一部队罪证陈列馆新馆建成并对外开放，人体实验受害者遗属王亦兵、李凤琴和敬兰芝等人的口述史料被列入“特别移送和人体实验”展示单元，从而将受害者遗属的个体记忆固化。每年有数十万人参观这个专题展览，由此向社会公众传播了人体实验受害者遗属的个体记忆，在记录历史、传播真相和教育世人方面发挥了重要作用。也正是在这个记录、传播和不断形塑的过程中，逐渐形成了相对稳定的、真实的社会记忆。然而，更多的受害者被“秘密处理”，没有留下任何记录，也就不存在找到受害者遗属的可能。尤令人遗憾的是，虽然能够看到特别移送档案的原始记载，但限于记录的年代久远、难以识别、残缺不全以及其他种种原因，那些死于七三一部队的冤魂或许永远也无法得到安宁。

二、惨无人道的人体实验

1933—1945 年，七三一部队秘密进行了大规模室内实验和野外实验，实验范围涵盖鼠疫、炭疽、鼻疽、伤寒、结核、霍乱、赤痢、血清、药理、冻伤和免疫等，有活体解剖、冻伤实验、毒气实验、细菌感染、口服实验、皮下注射和“雨下实验”[10]等多种实验类型。

（一）费尔的记载

美国文本《费尔报告》记录了七三一部队采取直接口服、针剂注射和环境感染等方式进行的炭疽、鼠疫、伤寒、甲乙型副伤寒、细菌性痢疾、霍乱和鼻疽等人体实验内容，以及感染致死量、直接感染、免疫实验、喷洒实验、炸弹实验、意外感染、实验室感染、媒介物感染的详细数据。在《费尔报告》中，费尔着重记载了七三一部队进行鼠疫菌和炭疽菌的人体实验情况。

鼠疫直接感染和致死量人体实验：“鼠疫菌皮下注射的半数感染剂量（使 50%受试动物感染的最小剂量）为 10^{-6} 毫克，口服为 0.1 毫克，暴露于 5 毫克/立方米浓度的空气中呼吸 10 秒，可导致 80%的个体感染。直接感染潜伏期一般为 3—5 天，在发热后 3—7 天内死亡。”[11]低空喷洒鼠疫菌液的人体实验：“无论把受试者囚禁在屋子里，还是暴露在室外，通过飞机低空喷洒细菌，受试者有 30%—100%受到感染，死亡率至少为 60%。”[12]鼠疫媒介物跳蚤感染人体实验：“如果受试者在一个每平方米 20 只跳蚤的室内随意走动，10 人中有 6 人被感染，其中有 4 人会死亡。使用带有导爆索的UJI陶瓷炸弹进行爆炸实验，把跳蚤同沙子混合后再装进炸弹，约有 80%的跳蚤在爆炸后仍能存活。在一个 10 平方米的室内，对 10 名受试者进行的爆炸实验中，有 8 人受到跳蚤叮咬而被感染，这 8 人中有 6 人死亡。”[13]

通过注射和口服炭疽菌直接感染受试者，进而得出人体最低致死剂量数据。炭疽菌直接感染致死量的人体实验：“通过人体皮下注射的半数感染量（使 50%受试动物感染的最小剂量）是 10 毫克，人体口服的半数感染量是 50 毫克；皮下注射感染人群死亡率为 66%，口服感染死亡率为 90%，开放性伤口和吸入感染死亡率为 100%。”[14]炭疽杆菌炸弹野外感染人体实验：“在一次使用 15 名受试者的炸弹实验中，其中 6 人被炸死，4 人被炸弹碎片感染，这 4 个人中有 3 人死亡。在另外一个使用石井式陶瓷细菌弹的实验中，10 个受试者中有 6 人逐渐呈现出明确的菌血症，其中 4 人通过呼吸系统感染并死亡。”[15]

此外，《费尔报告》还记载了七三一部队进行其他细菌人体实验的情况。如关于一次鼻疽菌实验，《费尔报告》有一段令人触目惊心的描述：“把 1 克干化的细菌放在一个小玻璃盒子里，然后用送风机吹动，把连接盒子的橡皮管分别插进 3 个受试人的鼻子里，这 3 个人在吸入约 0.1 毫克细菌后全部被感染。人体皮下注射的半数感染量是 0.2 毫克，由此产生的死亡率是 20%。”[16]在伤寒菌的人体实验中“口服半数感染量是 4 毫克，由此产生轻度的典型病例，但不会致死”；在甲乙型副伤寒菌人体实验中“口服这两种微生物的半数感染量是 1 毫克”；[17]在细菌性痢疾的人体实验中“口服志贺菌的半数感染量是 10 毫克”；在霍乱菌的人体实验中“口服霍乱菌半数感染量是 10^{-4} 毫克湿菌、10^{-6} 立方厘米的微生物与粪便混合物，由此诱发的病例有一半会在 5 天内死亡”[18]。

费尔据此在《报告》中总结道：“关于人体实验的资料，当我把它与我们所持有的动物实验资料联系在一起时，会证明其具有无比珍贵的价值。”[19]费尔之所以认为七三一部队人体实验资料具有无比珍贵的价值，自然是站在美国生物战研究和动物实验基础之上的考量与评估，这亦反映了美国在人体实验数据情报方面对自身利益的关切。另外，美国海军情报部主任托马斯・B. 英格里斯（Thos. B. Inglis）少将于 1947 年 8 月 30 日完成的《海军方面的生物战报告书》[20]中，全文引用了《费尔报告》所记的人体实验数据。由此可见，这些数据在美国陆军和海军看来均具有相当重要的情报价值。

（二）亲历者证言

七三一部队进行活体解剖时，往往是将受试者的四肢和头部绑在专用的手术台上，有的时候注射麻醉剂，有的时候不注射麻醉剂。由于需要经常做这样的活体解剖，解剖台上都设有专门的固定捆绑设备。受试者被固定好之后，为了防止他们喊叫，还在其嘴里塞满医用纱布。

七三一部队柄泽班成员篠塚良雄战后回忆了亲历的活体解剖全过程，他在书中写道：

在我所属的柄泽班，以测试细菌毒力的名义，用了五个中国人进行人体实验和活体解剖。第一天，先对五个人进行采血并测定免疫值。第二天，对其中4个人注射了4种鼠疫预防接种液（疫苗），另外一个人不注射疫苗，以同其他人作比较。一周后，再次注射疫苗。一个月后，给5个人都注射了1毫升的鼠疫菌菌液，里面的细菌量是已计算好的。经过这次注射后，这五人都得了重症鼠疫，但这五个中国人都态度凛然。

尤其是我最初参与活体解剖的那名男性，现在仍清楚地记得。被解剖的那个人给我的感觉头脑明晰，好像是个知识分子。我总被他愤怒地瞪着大骂为“日本鬼子”“鬼子”。我不能和他目光对视，被他盯上的话，我就害怕、哆嗦。但是，当时是命令你做什么就做什么，命令被视作理所当然的，没工夫去想命令是否合乎情理。我参与解剖的那个人就是没打疫苗的，后来注射了鼠疫菌，因此他是最先感染的。感染两三天后就高烧，脸色发青。发烧翌日，就处于濒死状态，脸色也发黑了。

在那名男性他还有呼吸的时候，管理“马路大”的特别班队队员把他脱光衣服，抬到担架上，送到了我们待命的解剖室。细田军医中尉全身包裹着橡胶制的防菌衣，他命令我去刷洗躺在解剖台上的那个人。我尽量不看那人的脸，用橡胶管往他身上喷水，再用甲板刷擦洗。因为是第一次解剖，我的动作很笨拙。在用甲板刷脸的时候，我有过一瞬间的犹豫，“快干！”中尉的斥责声立刻在耳边响起。我把眼睛闭上，用甲板刷擦洗那个人的脸。

细田中尉拿着听诊器放在那个人胸前听，在细田拿开听诊器的同时，大山军医少佐命令说：“开始吧。”细田中尉用眼神示意我把手术刀递过去。手脚被固定的那个人突然睁开眼，转过头来，好像要确认这场行凶似的，但是他的身体已经不自由了。那个人的眼中含着悲愤的泪水，凝视着天花板，他好像要喊什么，但嘴里已经发不出声音了，仅能看到他的嘴稍动了一下。

细田中尉在来回按过那人的脖子后，右手握手术刀一下沿着颈动脉就割下去了，血汩地流出来了。

那个人既有得了鼠疫的痛苦，又有被切割的痛苦，头部左右摇晃。每一晃动，他下颚上的套子就嵌得更深，最后，他的头突然无力地垂了下去，我赶紧抽血。在旁边一直等待的江川技手，接着用钳子在伤口里来回划，找到了颈动脉，就从两侧用止血钳子咔咔地把血管给夹上了。

细田中尉用手术刀背敲那个人的心脏，呵道："维他樟脑注射液两瓶"，然后就把那个人的颈动脉切断了。给心脏注射了维他樟脑注射液，那个人不动了，只是嘴角边还稍有些痉挛。我用30毫升的烧瓶取颈动脉出来的鲜血，滴滴答答地流了一会后，血一下子就停了。

"维他樟脑注射液四瓶！"指挥着这残虐行为的大山少佐喊道。打了四瓶维他樟脑注射液后，那个人的鲜血也榨不出来了。"鬼子！"那个人如燃烧憎恨之火般用尽最后一丝力气说出这句话后，倏地脸色变了，呼吸停止了。

"拿解剖刀来。"细田中尉反手握刀，从那个人的上腹部向下腹部，得意扬扬地切了下去，然后再用锯锯开肋骨，使内脏全都暴露出来。那个人被解剖了，脏器也被切碎了，我按命令把脏器的"肉片"放入事先装有培养基的浅底盘里，用镊子涂抹开，或把肉片放进烧瓶里，烧瓶里也事先放好了可以增殖细菌的培养基了。

二十分钟后，那个被一切再切以至切碎了的那个人，已经变成一坨坨滴血的肉块，在解剖台上散乱放着。我们看着这具被残杀后的尸体，就像饱餐后的狼一样，呼地大出了一口气。大山少佐、细田中尉、江川技手和我，先后回到了旁边的休息室。[21]

1942年1月吉房虎雄曾陪同关东宪兵队司令官原守少将视察七三一部队，他在战后回忆道：

在走廊里往前走三米左右，向左一拐就是解剖室入口，我看见了三个军医，头挨着头正观察着什么，他们一看到石井，就一齐向我们敬礼。

在宽三米左右的房间正中放有一张大解剖台，上边放着一个人的躯体，他的一条条肋骨清晰可见，鲜血还在滴滴答答地淌着，发出瘆人的紫黑色光。他的头盖骨已被切开，露出脑浆的人头已经滚到躯体右侧，切成一段段的手和脚，被丢在解剖室内右边的角落里，腥臭味直冲鼻腔。

石井冷笑着说："解剖过的尸体会被投到炉灶里烧掉，为了没有臭味，烟囱才建得特别高，在这个解剖室工作的军医有的人精神不正常了。"[22]

（三）战友亦可杀

在七三一部队泯灭人性的行径中，还有更为疯狂的举动，他们曾将"自己的战友"送向了活体解剖的手术台。篠塚良雄在《在日本也有战争：七三一部队原少年队员的告白》一书中记录了七三一部队少年班成员被活体解剖的事件。

"这次由平川三雄来做，记好喽，这是极秘。"大山少佐脸上浮现出一反常态的笑容，如此说道。我差点儿把手上拿的手指消毒器掉落了。平川三雄是我的同乡，在县厅一起作为"在学组"参加考试的时候，坐在最前边的就是他，此后，我们一起作为少年队员被派遣到哈尔滨，现在也是我的同事，我们同在第四部第一课。少年队实习时，他因为手巧、记忆力好被看中，分配在堀口班……平川因为他的心灵手巧被看好，但结果却感染了鼠疫。我以为平川是住院了，但实际上是被搞细菌实验的特别班收容。大山少佐用他锐利的目光一直盯着我，好像想从我的表情里看出什么似的。我在获得许可出入特别班时，也见过这样锐利的目光。我感到大山少佐是在考验我，我压制住内心的动摇，装作平静的样子说："啊，是这样啊。"我一边说着这话，一边看着少佐的脸。"好，你也可以独立做事了，把平川三雄带进特别班，也都是为了天皇陛下。"大山少佐很罕见地拍了拍我的肩头，随后就开始穿防菌衣了。

当时我也迷迷糊糊的，甚至还敲着自己的头就进了解剖室。平川三雄已经被特别班队员抬到解剖台上，全身裸体。四五天前，说起女人还绘声绘色的平川已经完全看不出来了，他全身只剩下皮包骨，上面还有无数紫色斑点，可能是因为太痛苦挠的吧，他前胸整片都是挠伤，有血浸了出来。他茫然空洞的眼睛中流出了泪水，嘴张大着痛苦地吐气，每一次吐气，肚子就像波浪似的一动一动的。大山少佐一会儿看一下平川，一会儿看一下我。我感到少佐锐利的视线了，为了装作平静，我开始胡乱粗暴地给平川全身涂抹消毒药。“好！科学者就应该冷静。”我感到是被少佐表扬了，继续像对“马路大”一样，给平川身体擦消毒药。消毒药好像是把平川凉得回过神儿了，平川睁大了空洞的眼神，像要转动脖子左右张望。他每动一下，脖套子就往肉里嵌进去一下。“少佐大人、中尉大人，胸……胸……”平川的脸扭曲着，苦闷挣扎着，咕嘟咕嘟地从嘴里往外吐黑血。“少佐大人、少佐大人”平川拼了命地喊，他的声音在屋子里陡然回响。

我的脑海中浮现出平川母亲的样子，刚去石井部队入伍时，她一边把小水果篮子交到我手里一边说道，“和三雄好好相处啊”。那时以来共同生活的记忆就像打着旋涡似的在我脑海中涌现。“想帮他”，我这么想着，我的手去拿止血剂，就要伸进药箱里了，就在这一瞬间，按过平川全身做完检查的大山少佐下了命令：“开始！”大山看我的眼神，就是命令我把解剖刀从消毒器里拿出来的意思。我也想“这是为了天皇陛下”，这样来抑制自己要帮平川的心绪，把解剖刀递给了细田中尉。细田中尉倒持着解剖刀靠近平川，他好像又想起来什么了。“哎！江川技手，你来做！”说着，就把解剖刀交给江川技手。江川技手看了一眼大山少佐，接过解剖刀，为了能看准下刀的位置，开始抚弄平川的肚子。平川以为是要给他治疗呢，边喘边说：“少佐大人，对不起，快点儿吧，难受，快点儿、快点儿。”平川不断地这样喊着，江川拿着解剖刀的手稍微有些哆嗦了。少佐在解剖台旁往后退了一步，一边向前看，一边用歇斯底里的声音大喊：“快点干！”“平川，安心上路吧！”江川技手倒握解剖刀向平川上腹部刺去。“救救我！”平川的嘴里发出呻吟声，江川技手的手也哆嗦了。“成什么样子啦！”被身后大喝了一声的江川技手，嗾一下就用解剖刀划了下去，然后反向割开胸部的皮肤，血从解剖台上向下滴滴答答地流下去了。“畜生！”平川嘴里带血地喊着。这时候，解剖台上，他的内脏被取了出来，他死了。

当初，因为要保守秘密，所以也就没把他送入陆军医院，而是把他隔离了，然后就这样被用于人体实验了，想到平川三雄的怨恨，直到现在我还有一种坐立不安感，挥之不去。

战后，回到日本不久，平川的姐姐就来信问弟弟最后的样子。但是，“你弟弟为了细菌实验而被活体解剖了”这样的话，怎么能说出口呢？我只能在回信中写道：“平川三雄被派到南方去了，听说是战死了，我想他那时升任军曹了吧。”[23]

在所有七三一部队原队员当中，篠塚良雄应该是战后最坦诚面对过去的人，也是揭露真相最为积极、最为努力的一个人。篠塚良雄从15岁加入七三一部队，一直到32岁返回家乡，他在这场战争中失去了人生最珍贵的17年。每当回首这17年的时候，篠塚良雄总是说：“那时的自己就像一个陌生人。”

篠塚良雄，原名田村良雄，生于1923年11月，与石井四郎一样都是日本千叶县人，1939年加入七三一部队，1945年七三一部队溃逃时脱离七三一部队，1946年参加中国共产党领导的解放军。1952年篠塚良雄主动自首，向解放军坦白他曾是七三一部队成员，随后被羁押在抚顺战犯管理所。1956年4月25日，全国人大常委会通过了《关于处理在押日本侵略中国战争中战争犯罪分子的决定》，篠塚良雄被免于起诉并立即释放。这些曾被关押在抚顺战犯管理所的日本军人，返回日本之后自发组织成立了“中国归还者联络会”。这个民间组织长期致力于揭露日本侵华罪行、呼吁中日友好和平，篠塚良雄是这个组织的重要成员之一。作为七三一部队原队员，他同中国许多历史学者和受害者家属都有交往。在日本东京、广岛，在中国的常德、哈尔滨等地，篠塚良雄都留下了参加和平集会、揭露七三一部队战争罪行的身影。特别是在人体实验诉讼案中，篠塚良雄作为证人代表出庭，推动了东京地方法院对七三一部队人体实验大屠杀的“事实判断”。

1998年6月25日，篠塚良雄应美国“人权维护会”的邀请，赴美国和加拿大进行和平演讲，未料在芝加哥机场被拒绝入境并被强行遣返。美国给出的理由是：“在二战中该人曾涉嫌参与了非人道的虐待行为。”历史有时候真的会让人觉得充满

◎ 图 4—2　三尾丰（左一）、篠塚良雄（左二）、汤浅谦（左三）参观七三一部队展览。

讽刺，说明真相、揭露暴行、呼吁和平的篠塚良雄竟然被美国拒绝入境。而在半个世纪之前，正是美国人在秘密交易之后高抬贵手，直接放过了罄竹难书的七三一部队成员，现在却一本正经地以人道精神拒绝了揭露真相的老兵入境。令“人权维护会”所有人都感到沮丧的是：那些配合美国调查官的原队员，那些隐匿真相的原队员，都可以自由自在地进出美国，甚至吉村寿人、内藤良一、冈本耕造等还能够成为美国人的座上宾，而篠塚良雄却因为向世人说出真相而成了“非人道虐待行为”的代表。2005 年 8 月 26 日，82 岁的篠塚良雄走进了侵华日军第七三一部队罪证陈列馆，现场演示了细菌培养基箱的使用方法。2006 年 11 月 18 日，篠塚良雄参加了常德举办的第二次日本细菌战罪行国际学术研讨会。2014 年 4 月 20 日，他在日本千叶县的家中去世，享年 91 岁。随着时间不停流逝，七三一部队亲历者日益减少，历史见证人逐渐退出了“证人席”。2024 年 8 月 13 日，二战结束的第 79 年，七三一部队原少年队队员清水英男来到了哈尔滨七三一部队遗址忏悔和谢罪。不难想见，或许再过几年，不会再有原队员告诉世人七三一部队的真相是什么，日本的法庭上再也不可能出现作为证人和被告的他们。

（四）越狱行动

七三一部队成员抹去历史记录，掩盖了他们曾经犯下的滔天罪行，也湮没了受试者反抗和斗争的英勇事迹。被关押在特设监狱中的人体实验受试者，在失去自由之前是愤然抗争的反日志士，是中国人、朝鲜人、苏联人中的抗日力量。他们一定不会甘于被实验、被凌辱、被虐杀，必定是在不断地反抗和斗争中走向生命的终点。森村诚一根据原队员的回忆，描述了受试者同七三一部队斗争的故事。

> 那是1945年6月上旬，一个晴天，上午。两个被关押在7号监狱里的俄国"马路大"，其中一个人说身体不舒服，躺在了地上，另一个人就招呼看守说："同屋的人样子有些异常。"并戴着手铐守着躺在地上的同伴。七三一部队特别班成员对这样的场景司空见惯，没有什么过多的戒备就走进了牢房，那个躺在地上的俄国人，突然弹簧般地跳了起来，向特别班成员猛扑了过去。这两个俄国人打开了手铐，夺取了万能钥匙，一间一间地打开了各个牢房的铁门，一面做着手势大声地催促着："向外跑，快逃。"但是，这个特设监狱的铁门堵住了逃出的通道，特别班成员也快速地荷枪实弹赶到了现场。
>
> 一个俄国人对着特别班成员大声呼喊："你们用枪威胁我们，可我们一点也不怕……日本人都是胆小鬼，现在马上释放我们。与其当豚鼠被你们做残忍的实验，还不如干脆叫你们杀死的好。"这个穿着黑色衣服的带有"马路大"号码的俄国人，还举起拳头，摇撼着栏杆，一边对着特别班成员大声喊叫，一边强烈地拍打着胸脯。那充满信心的叫声和愤怒的表情刺激着特别班成员的神经，其中一个成员开了一枪，打死了这个俄国人，这次反抗行动渐渐地被平息了。
>
> 据当时在场的一个七三一部队原队员战后回忆："回想起来，那个俄国人说的话，是被剥夺了自由的人发自内心的呼声……但是，当时我对他那愤怒的感情

还不能理解。我当时想的是，‘马路大’本来就不是人，怎么能被‘马路大’瞧不起？怎么能叫他们起来暴动呢？但是，在那种临死之际，还冲着枪口挺起胸膛、跺着双脚表示抗议的态度，给我们留下了强烈的印象。俄国人倒在了子弹之下，我们用子弹封住了他们的嘴，但是在精神上却完全被失去自由、赤手空拳的‘马路大’给压倒了。那时候，我们都暗自明白：正义不在我们一边。”[24]

三、人体实验报告解析

1933—1945年，七三一部队秘密进行了大规模反人道、反文明、反伦理的人体实验。其人体实验主要分为三种类型：即人体生物感染实验、人体冻伤实验和人体毒气实验。围绕七三一部队人体实验问题，学界从战争暴行、医学犯罪和伦理责任视角出发，做了一定程度的梳理和探讨，取得了一系列有价值的研究成果。[25]然而，既有研究对人体实验报告中记录的受试者、实验过程、病理变化、实验目的、最终结果等内容缺乏系统梳理和深入考察，尚未形成严密的、完整的证据链条，难以全面体现医学犯罪的组织化特征和极端化特征。

二战甫一结束，美国国防部就从马里兰州德特里克基地先后派出桑德斯（Murray Sanders，微生物学专家）[26]、汤普森（Arvo T. Thompson，兽医专家）[27]、费尔（Norbert H. Fell，微生物学和传染病学专家）[28]和希尔（Edwin V. Hill，微生物学专家）[29]四任调查官前往日本调查人体实验和生物战。1945—1948年，这些军事医学专家绕开东京审判，摆脱苏联的追踪，在战后特殊的环境下获取了数量庞大的日本生物战和人体实验数据资料，这些资料随后存放于美国德特里克基地和达格威实验基地图书馆。21世纪初，美国解密了约10万页日本战时档案，负责此次档案解密工作的机构是“纳粹战争罪行和日本帝国政府档案跨机构工作组”

（Nazi War Crimes and Japanese Imperial Government Records Interagency Working Group，以下简称“IWG”）。IWG编辑了《日本战争犯罪与日本生物战文献选编（1934—2006）》（*Select Documents on Japanese War Crimes and Japanese Biological Warfare, 1934-2006*）的检索文本。这10万页档案包括战时日本的生物战和人体实验资料，现存放在美国国会图书馆（Library of Congress）和美国国家档案馆（National Archives and Records Administration，简称NARA），上述资料已对外开放，可接受来访者查阅和复制。

七三一部队的生物感染实验相关史料，主要是美国馆藏的人体实验报告，由两部分构成：一是美国调查官秘密讯问七三一部队成员之后，依据七三一部队成员提供的实验数据资料，撰写的调查、评估和总结报告，如《桑德斯报告》《汤普森报告》《费尔报告》和《希尔报告》。二是由七三一部队成员在战时撰写的人体实验报告，战后翻译成英文并提交给美国，如《A报告》和《G报告》。[30]这两个报告为原七三一部队人体病理研究班班长、陆军技师石川太刀雄丸撰写的炭疽人体实验报告和鼻疽病菌人体实验报告，战后译成英文提交给美国调查官希尔，作为机密材料曾保存在美国马里兰州德特里克基地生物战实验室、犹他州达格威实验基地技术图书馆。上述报告是阐明七三一部队秘密实施大规模人体生物实验的关键，具有较高的真实性和完整性，可揭示七三一部队人体实验的原始动机、隐秘过程和犯罪本质，具有非常重要的证据价值和研究价值。[31]

（一）炭疽人体感染实验

《A报告》是炭疽人体实验报告，“A”代指“Anthrax”，意为炭疽病、炭疽杆菌。报告全文共406页，用英文书写，详细记载了32个人体实验受试者病例。

1.《A报告》的构成及内容

《A报告》封面页之后为目录页，包括“前言”和“微观详细调查”。“前言”部分包括“调查病例提要”和“进程”。“微观详细观察”部分共有16个条目，自上而下分别是：心脏、肺部、扁桃体、支气管和咽、肝脏、胃和肠道、脾脏、肾脏、胰腺、肾上腺、甲状腺、睾丸、脑垂体、皮肤、淋巴结、其他器官，参见表 4—2。

表 4—2 《A 报告》的构成及内容

序	页码范围	所记内容	序	页码范围	所记内容
1	封面	档案保存地等基本信息	11	213—252	脾脏的病理变化
2	目录	前言和微观详细调查	12	253—267	肾脏的病理变化
3	1—27	前言：调查病例提要	13	268—291	胰腺的病理变化
4	28—95	前言：进程	14	292—311	肾上腺的病理变化
5	96—106	心脏的病理变化	15	312—329	甲状腺的病理变化
6	107—137	肺部的病理变化	16	330—343	睾丸的病理变化
7	138—150	扁桃体的病理变化	17	344—352	脑垂体的病理变化
8	151—161	支气管和咽的病理变化	18	353—356	皮肤的病理变化
9	162—181	肝脏的病理变化	19	357—397	淋巴结的病理变化
10	182—212	胃和肠道的病理变化	20	398—406	其他器官的病理变化

据上表记载，《A 报告》共分为两部分：第 1—95 页为第一部分“前言”，记载了全部 32 个病例的基本情况，包括受试者编号、性别、感染方式、从实验到死亡的病程天数，心脏、脾、胃等人体器官的感染路径和病变程度等数据。第 96—406 页为第二部分“微观详细观察记录”，记录了通过显微镜观察受试者心脏、肺、扁桃体等人体器官的感染状况和病理变化数据，并附以人体简图、病变图表和病理切片图片等。

2. 受试者状况及病理变化

《A 报告》“调查病例提要”中只提到 30 个病例，但据前后文比对考证，实有 32 个病例：经皮肤感染 1 例，编号 54；经口服感染 9 例，编号 17、18、26、225、318、320、325、328、383；经鼻腔呼吸感染 22 例，编号 388、389、390、393、396、397、399、400、401、403、404、405、406、407、409、410、411、412、413、414、416、417。《A 报告》记载的受试者病例全部为男性，年龄最大者 40 岁，年龄最小者 25 岁，平均年龄 29.88 岁。报告中没有记载受试者的姓名、国籍、职业和出生地等基本信息，仅保留了受试者的编号、性别、年龄。也就是说，与人体实验数据无关的信息被刻意省略了，参见表 4—3。

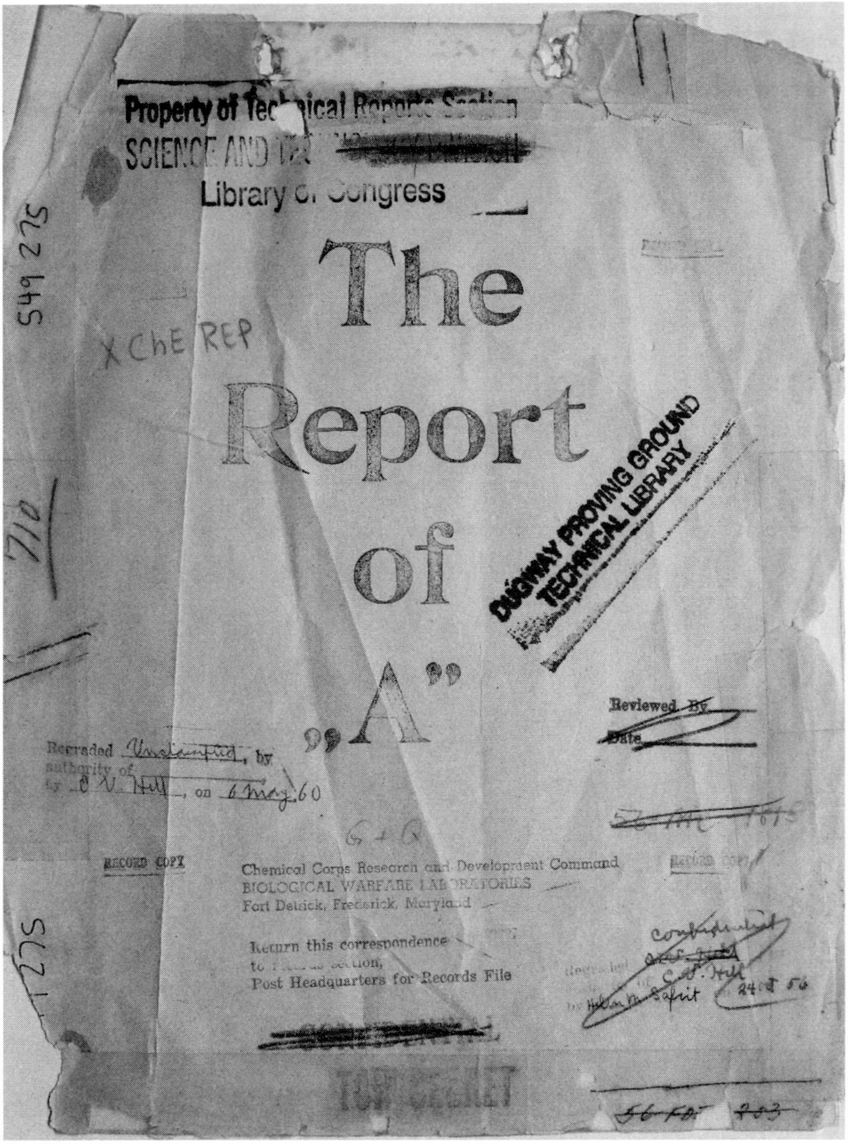

◎ 图 4—3 《A报告》封面（美国国会图书馆藏）。

表 4—3 《A 报告》受试者基本情况

序	编号	年龄	病程	感染方式	序	编号	年龄	病程	感染方式
1	54	25	7 日	皮肤感染	17	399	26	3 日	鼻腔感染
2	17	38	2 日	口腔感染	18	400	32	3 日	鼻腔感染
3	18	29	2 日	口腔感染	19	401	37	2 日	鼻腔感染
4	26	25	3 日	口腔感染	20	403	34	3 日	鼻腔感染
5	225	35	2 日	口腔感染	21	404	27	3 日	鼻腔感染
6	318	30	2 日	口腔感染	22	405	27	3 日	鼻腔感染
7	320	30	2 日	口腔感染	23	406	31	2 日	鼻腔感染
8	325	25	2 日	口腔感染	24	407	28	3 日	鼻腔感染
9	328	32	2 日	口腔感染	25	409	32	2 日	鼻腔感染
10	383	40	3 日	口腔感染	26	410	27	3 日	鼻腔感染
11	388	27	2 日	鼻腔感染	27	411	28	4 日	鼻腔感染
12	389	25	3 日	鼻腔感染	28	412	27	3 日	鼻腔感染
13	390	25	3 日	鼻腔感染	29	413	37	3 日	鼻腔感染
14	393	34	4 日	鼻腔感染	30	414	29	2 日	鼻腔感染
15	396	29	3 日	鼻腔感染	31	416	31	4 日	鼻腔感染
16	397	27	4 日	鼻腔感染	32	417	27	3 日	鼻腔感染

《A 报告》详细记载了 32 个受试者不同器官的感染过程、病理变化和实验结果。据“前言”所述：经皮肤感染的 54 号人体病例，病程天数为 7 天，附有 1 幅彩色器官感染路径简图。主要病理变化是：“心脏严重变性并伴间质水肿，肝脏Ⅲ度浆膜型炎症并伴有出血，肾小球肾炎并伴有表面泡状水肿等。”经口服炭疽杆菌感染的 9 个人体病例，附有 9 幅彩色器官感染路径简图，并在简图左侧头部位置标识了受试者编号。经鼻腔呼吸感染的 22 个人体病例，附有 14 幅器官感染路径彩色简图，小结部分写有：经鼻腔呼吸感染炭疽杆菌的症状原发表现为胸腹部症状，炭疽杆菌易于侵入各器官，尤其是肝脏、脾、肺部和一些皮肤组织等，已经证实在 10 个病例中有两个人的皮肤局部出现一些渗出性红斑。

在“前言”之后，记载了显微镜观察下人体器官的病理变化状况。试举几例：第 96—106 页，是通过显微镜观察 32 个受试者病例的心脏检查结果，详细记述了各病例心脏的“实质变性、水肿、萎缩”等病理变化，并附有两幅心脏检查图表和5幅病理切片图片。第107—137页，是肺部的主要病理变化检查结果，报告将病例标本分成经口服感染和经鼻腔呼吸感染两类：“经口服感染有时并未出现特殊的病理变化，如编号17、325、328；有时会出现肺部轻度充血，有时会引发轻度或重度弥散性肺泡炎，并伴有肺部组织内部分细菌的传播弥散。所有经鼻腔感染病例在经历2—5天的病程后全部死亡。”附有3个肺部检查表和10幅20—120倍放大的病理切片图片。第357—397页，为淋巴结的病理变化检查结果和病变状况：“仅有3片支气管周围淋巴结显微镜切片保留至今。”还记录了397号病例的死亡原因：“炭疽杆菌经鼻腔感染侵入消化道引发肠道紊乱，之后导致肠系膜淋巴结产生严重炎症，同时伴有大量腹水，后者是导致死亡的原因。”[32]

《A报告》详载了人体实验相关数据。如正文第1页写道：“此9名病例是通过口服含有炭疽杆菌的食物感染的，这些人几天后全部因为严重的腹部感染和腹水出血症状而死亡。”正文第9页写道：“在一些牢房中突然暴发了炭疽病疫情，接连有20个人在牢房中被含有炭疽杆菌的污浊空气感染，几天后这些人由于严重的胸腹部症状全部死亡。感染初期他们主诉患有严重的扁桃体炎症，之后由于炭疽杆菌在人体内扩散，他们出现了严重的出血症状。扩散的途径主要有两个：支气管周围和口腔周围。”[33]如前所述，《A报告》所记32名受试者由不同方式感染，1名经皮肤感染，9名经口服感染，其他22名经鼻腔感染。这些受试者在死亡之前“主诉患有严重的扁桃体炎症”，受试者感染地点是“集体牢房”。报告还附有近百幅彩色人体器官感染路径简图、病变图表和病理切片图片等。可断定，《A报告》是炭疽人体实验报告，32名受试者经过短则2天、长则7天的人体实验之后全部死亡，死亡之后又被病理解剖。

此外，《费尔报告》和《希尔报告》也记述了炭疽人体实验。《费尔报告》记载了炭疽炸弹野外人体实验：“在一次使用15名受试者的炸弹实验中，其中6人被炸死，4人被炸弹碎片感染，这4个人中有3人死亡。在另外一次使用石井式陶瓷生物弹的实验中，10名受试者中有6人逐渐呈现出明确的菌血症，其中4人是通过呼吸系统感染并死亡。”[34]据《希尔报告》记载，希尔于1947年11月24日讯问了原七三一部队总务部长兼任炭疽研究班班长的大田澄。大田澄供述了10例炭疽人体实验案例，列出了炭疽剂量、注射位置、感染率和死亡率等数据。[35]

（二）鼻疽人体感染实验

《G报告》为鼻疽菌人体实验报告，“G”代指“Glanders”，意为鼻疽菌。报告全文共有376页，用英书写，详细记载了21个人体实验受试者病例的病理变化情况。

1.《G报告》的构成及内容

《G报告》正文共372页，另有封面1页、目录1页、封底空白页两页。所载内容分为两部分：第1—72页为“前言”，记载了21个受试者病例的基本信息和病变状况；第73—372页为显微镜观察记录，详细记录了受试者的心脏、肺脏、扁桃体、肝脏、胃、肠、脾脏、肾脏、胰脏、肾上腺、甲状腺、睾丸、脑垂体、皮肤、淋巴结及其他器官的感染程度和病理变化。详见表4—4。

表4—4 《G报告》的构成及内容

序	页码范围	所记内容	序	页码范围	所记内容
1	封面	档案保存地等信息	11	243—257	肾脏的病理变化
2	目录	前言和微观详细调查	12	258—277	胰脏的病理变化
3	1	前言：调查病例摘要	13	278—289	肾上腺的病理变化
4	2—72	前言：进程	14	290—307	甲状腺的病理变化
5	73—80	心脏的病理变化	15	308—317	睾丸的病理变化
6	81—146	肺脏的病理变化	16	318—326	脑垂体的病理变化
7	147—156	扁桃体的病理变化	17	327—336	皮肤的病理变化
8	157—180	肝脏的病理变化	18	337—352	淋巴结的病理变化
9	181—203	胃、肠的病理变化	19	353—372	其他器官的病理变化
10	204—242	脾脏的病理变化	20	封底	共两页，无内容

2.受试者状况及病理变化

《G报告》记载21个鼻疽人体实验受试者病例，同《A报告》一样，这些受试者病例全部为男性，仅记有编号、年龄、病程和感染路径等信息，其他信息全部被

◎ 图4—4 《G报告》封面（美国国会图书馆藏）。

人为隐去。受试者病例除178、221号未记载年龄之外，其他19名皆有明确的年龄记载，年龄最小者23岁，年龄最大者40岁，平均年龄约30岁。其中从实验到死亡之间的病程天数最短4天，编号224，为经皮肤感染病例；病程天数最长105天，为经鼻感染病例，编号727。详见表4—5。

表4—5 《G报告》受试者基本情况

序	编号	年龄	病程	感染模式	序	编号	年龄	病程	感染模式
1	16	25	13日	皮肤感染	12	205	23	37日	皮肤感染
2	50	30	16日	皮肤感染	13	207	30	18日	皮肤感染
3	85	25	21日	皮肤感染	14	221	青年	24日	皮肤感染
4	146	35	39日	皮肤感染	15	222	25	10日	皮肤感染
5	152	40	46日	皮肤感染	16	224	33	4日	皮肤感染
6	167	40	15日	皮肤感染	17	229	32	9日	经鼻感染
7	176	38	12日	经鼻感染	18	254	27	20日	皮肤感染
8	178	未载	10日	经鼻感染	19	256	25	45日	皮肤感染
9	180	28	12日	皮肤感染	20	727	25	105日	经鼻感染
10	190	30	10日	皮肤感染	21	731	25	3个月	经鼻感染
11	193	35	25日	皮肤感染					

《G报告》将受试者病程状况分成四种类型：急性期、亚急性期、亚慢性期和较慢性期。

一是急性期。病程0—14天，共8个病例。经皮肤感染5例，报告所载缺失一个经皮肤感染病例，其他受试者编号为224、180、190、16。经鼻感染3例，受试者编号为176、178、229。病理变化特征：伴有败血病中毒症状，器官临近部分局部存在败血病变，不存在明显的器质性病变；部分病例出现严重的中毒性病变，并伴有因不同器官内转移造成的严重渗出性病变。

二是亚急性期。病程14—28天，共7个经皮肤感染病例，受试者编号为167、50、254、85、207、221、193。病理变化特征：在大约两周后出现明显严重的全身转移，尤其是肺部局部病变，并伴有频繁发生的出血胸膜炎；由于全身转移，发生局部严重渗出性病变，尤其是肺部和肝脏。221和193号病例发生了鼻疽感染并伴随转移性肌肉脓肿，引发了严重的临床症状，最终致其死亡。7个病例均发生了肺部转移感染，血管壁由于转移性血栓坏死，血管周肺部组织坏死，侵入肺泡毛细血管，形成细粒状鼻疽病结节，以及多病灶细粒状小叶性肺炎。有4例出现出血渗出性胸膜炎，肝脏内发生转移性病变。有6例形成多处细粒状鼻疽病结节或造成严重薄壁组织病变。

三是亚慢性期。病程28天—7周，共3个经鼻感染病例，受试者编号为205、146、152。病理变化特征：主要表现为急性渗出性病变。继发性肺炎，动脉内膜炎坏死，继发出血性白细胞肺炎，有时伴有纤维性胸膜炎，浆膜型肝炎，以及多处严重渗出性鼻疽结节，并伴有伤口感染、肌肉脓肿、转移性脓包病。其中205号病例存在持续性肌肉脓肿扩散和面部转移性脓包病；146号病例存在多处脓包病，主要位于面部、头部、膝关节、局部皮肤组织、局部骨膜组织，尤其是上臂部位；152号病例出现多处严重持续性转移性肌肉脓肿和弥散性脓肿。

四是较慢性期。病程7周—数月，共3个病例。经皮肤感染2例，受试者编号为727、731。经鼻感染1例，受试者编号为256。病理变化特征：由全身转移造成的肺部、肝脏、肠、淋巴结、肾脏、肌肉、甲状腺等转移性病变，这些器质性变化可分为渗出性和高度增生性两类。

综上，《G报告》载有经皮肤感染和经鼻感染的21个人体实验病例，详细记录了受试者的器官感染和病理变化，病程状况分为急性期、亚急性期、亚慢性期和较慢性期；附有多幅手工绘制的人体彩图和病理切片照片，照片上还标记了红、黄、蓝等不同颜色的传染路径。据此，完全可以认定《G报告》是鼻疽人体实验报告，21名受试者被迫经历了鼻疽实验之后全部死亡，这无疑是七三一部队医学犯罪的实证。

总体来看，美国保存的人体实验报告具有非常重要的证据价值，补充和丰富了七三一部队医学犯罪的证据链条。特别是《A报告》和《G报告》记载了53例受试者被强制实施人体实验的详细过程，无论从受试者选择、感染路径、病理变化到死亡过程，还是从实验目的、实验性质、实验方法、实验过程和实验结果来看，完全是致人死亡的医学犯罪。更为重要的是，这两个报告是非常完整的人体实验报告，其执笔者、保管机构、文本来源、流转路径清晰明确，具备相当的完整性、真实性和准确性，是七三一部队医学犯罪的重要史证。从医学史的角度来看，《A报告》和《G报告》有别于此前学界发现的其他史料，体现出七三一部队战争犯罪和反人道犯罪的鲜明特征，从目标、性质、结果三个方面显示了人体实验的根本动机及其隐秘过程。如在人体实验的动机方面，这种直接使用人类活体感染炭疽杆菌和鼻疽杆菌的实验与研究，具有较强的实战针对性和防疫目的性，“很可能是为了掌握在不同途径下感染炭疽菌和鼻疽菌的致死时间、临床症状和病理变化”。[36]

综上所述，据美国馆藏的七三一部队人体实验报告，可以断定七三一部队采取直接口服、针剂注射和环境感染等方式进行了大规模炭疽、鼻疽、鼠疫、伤寒、甲乙型副伤寒、细菌性痢疾和霍乱等人体实验，并在实验报告中记载了感染力、直接感染、免疫实验、喷洒实验、炸弹实验、意外感染、实验室感染、媒介物感染等详细数据。由此可知，七三一部队人体实验的主要目标：一是以生物战防御和攻击为目标的深层次观察，即把炭疽杆菌和鼻疽杆菌等作为生物制剂，通过呼吸系统和皮肤感染来观察感染路径并测定感染效果，进而做出攻击性生物制剂的优先选择。这在《费尔报告》中有明确体现。费尔有针对性地记录了鼠疫、炭疽、伤寒、痢疾、霍乱的感染方式和感染效果等相关信息。二是进行传染病学、流行病学和病理学等深度医学研究。从受试者选择、实验设计、病理解剖到报告最终完成，全部采取医学的技术手段。据此取得的“研究成果”发表于《陆军军医学校防疫研究报告》《日本传染病学会杂志》[37]和《军医团杂志》等有影响力的内部刊物或学术期刊，成为评价研究者学术水平的重要指标，从而有助于确立研究者的学术地位和社会地位。

第二次世界大战之后，七三一部队人体实验犯罪的组织者、参与者和关联者，几乎没有被追究战争责任，在美国的包庇下逃脱了应有的制裁，反而成为日本医学院校、医药公司、私人医院的重要力量。他们几乎没有对二战期间的人体实验展开反省。长期以来，人体实验的真相就这样被隐瞒、被掩盖了下来，这给日本社会特别是医学界带来深远影响。据《展示集：战争与医学》记载：“侵华战争时期及战后对医学伦理的反省是必不可少的重要课题，尤其像日本的医学会、医生协会参与侵华战争的史实，以及日本的医学工作者和医生进行的人体实验、活体解剖等，考虑到战后也在继承这些事情，所以真诚地反省是必不可少的。但真挚地面对七三一部队问题，并从中吸取教训的努力在这60年间未曾进行过。”[38]1947年9月，45个国家医学会组织了世界医学会议，会议代表认为德国与日本医学会成员在二战中曾有残暴行径，所以做出决议德、日两国医学会加入世界医学会时要发表反省声明。1951年，日本医学会加入世界医学会时正式发表声明：“代表日本医生的日本医生会，借此机会公然指责战争时期对敌国人进行的残酷行为，并谴责那些曾经发生过的对患者的残酷行为。”[39]对于这段声明，《展示集：战争与医学》评论道：“这是作为组织唯一一次言及了这类问题，不过，这怎么也不能看成是日本医学者、医生对战争中行为的真挚反省，也不能说是从这里汲取了教训，并成为今后医学医疗应有的姿态，成为做出医学伦理反省的内容。”[40]事实上，日本医学界仍然选择回避，似乎希望曾经的医的暴行会随着时间的推移渐渐被遗忘，期待着到了那个遗忘的时候，以七三一部队为代表的医学犯罪者和他们的后继者也会由此得以彻底解脱。重新审视日本医学会1951年的声明，怎么看都是为了加入世界医生会的权宜之计，不得不做出的一个应时应景且根本没有打算兑现的承诺。

从20世纪50年代到70年代，几乎无人提及七三一部队的历史，日本社会也完全不知道人体实验到底是怎么回事。直到20世纪80年代初，日本知名作家森村诚一描绘七三一部队的纪实作品《恶魔的饱食》[41]问世，在日本出乎意料地售出了300余万册，使得日本国内经历了从不知道到知道再到彻底震惊的过程。美国学者麦克·法兰兹布劳教授（Michael J. Franzblau）2005年提出日本医学界应对七三一部队问题做出深刻反省：“避而不答七三一部队问题就等于丧失体面。”[42]日本学者莇昭三教授在《十五年战争中的医学犯罪与今天我们所面临的课题》一文中写道：“参与过战时医学犯罪的医生和医学者，即便感到那些行为是违反人道的，但既然没有深刻认识到这一点，他们已不可算是专家，甚至出于对医局等集团的归属思想而进行人体实验的那些人不能称为医生，又不能称为科学家。当时虽然还未确定《纽伦堡法则》，即使没有相关规则，但医学伦理的不损害人命原则应该始终是医生、医学者加以判断的第一原则。”[43]莇昭三在文章结尾处掷地有声地指出：“虽然战后七三一部队问题被披露出来，但是日本医学者、医生们还在袒护，还在深埋心底而不露，这与他们的卑屈心态不无关系。特别是，如果他们当时就知道七三一部队的所作所为，也就是说，因为共有了这个公开的秘密，所以他们一直保持沉默的话，那么他们的沉默便是犯罪的继续。于是，我们可以判定，当时的医学者、医生们犯下的原罪，被战后的医学者、医生们延承下来了。”[44]

注 释

1. 森村誠一:《裁かれた七三一部隊》，第 73 頁。

2. *Trials of War Criminals before the Nuremberg Military Tribunals under Control Council Law*, Vol.2, No.10, Washington, D. C.: U. S. Government Printing Office, 1949, p.175.

3. 中国帰還者連絡協議会、新読書社編:《侵略：中国における日本戦犯の告白》，東京：新読書社，2002 年，第 27—28 頁。

4.《前日本陆军军人因准备和使用细菌武器被控案审判材料》，第 171—173 页。

5. 中央档案馆等合编:《日本帝国主义侵华档案资料选编・细菌战与毒气战》，第 103 页。

6. 中央档案馆等合编:《日本帝国主义侵华档案资料选编・细菌战与毒气战》，第 95—96 页。

7.《前日本陆军军人因准备和使用细菌武器被控案审判材料》，第 389 页。橘武夫，曾任佳木斯宪兵队长，伪满洲国政府顾问，宪兵大佐。

8.《前日本陆军军人因准备和使用细菌武器被控案审判材料》，第 21 页。

9. 中国帰還者連絡協議会、新読書社編:《侵略：中国における日本戦犯の告白》，第 32 頁。

10. 雨下实验，指降雨式散布实验。

11. Dr. Norbert H. Fell, *Brief Summary of New Information About Japanese BW Activitie,* Location: 290/03/19/02, RG#175, ENTRY#67A4900, Box 196, NARA, College Park, MD, USA.

12. Dr. Norbert H. Fell, *Brief Summary of New Information About Japanese BW Activities,* Location: 290/03/19/02, RG#175, ENTRY#67A4900, Box 196, NARA, College Park, MD, USA.

13. Dr. Norbert H. Fell, *Brief Summary of New Information About Japanese BW Activities,* Location: 290/03/19/02, RG#175, ENTRY#67A4900, Box 196, NARA, College Park, MD, USA.

14. Dr. Norbert H. Fell, *Brief Summary of New Information About Japanese BW Activities,* Location: 290/03/19/02, RG#175, ENTRY#67A4900, Box 196, NARA, College Park, MD, USA.

15. Dr. Norbert H. Fell, *Brief Summary of New Information About Japanese BW Activities,* Location: 290/03/19/02, RG#175, ENTRY#67A4900, Box 196, NARA, College Park, MD, USA.

16. Dr. Norbert H. Fell, *Brief Summary of New Information About Japanese BW Activities,* Location: 290/03/19/02, RG#175, ENTRY#67A4900, Box 196, NARA, College Park, MD, USA.

17. Dr. Norbert H. Fell, *Brief Summary of New Information About Japanese BW Activities,* Location: 290/03/19/02, RG#175, ENTRY#67A4900, Box 196, NARA, College Park, MD, USA.

18. Dr. Norbert H. Fell, *Brief Summary of New Information About Japanese BW Activities,* Location: 290/03/19/02, RG#175, ENTRY#67A4900, Box 196, NARA, College Park, MD, USA.

19. Dr. Norbert H. Fell, *Brief Summary of New Information About Japanese BW Activities,* Location: 290/03/19/02, RG#175, ENTRY#67A4900, Box 196, NARA, College Park, MD, USA.

20. RADM Thomas B. Inglis, *Naval Aspects of Biological Warfare*, Location: 190/25/17/07, RG#330, ENTRY#199, Box 103, NARA, College Park, MD, USA.

21. 篠塚良雄、高柳美知子:《日本にも戦争があった：七三一部隊元少年隊員の告白》，東京：新日本出版社，2004年，第78—86頁。

22. 中国帰還者連絡協議会、新読書社編:《侵略：中国における日本戦犯の告白》，第34—35頁。

23. 篠塚良雄、高柳美知子:《日本にも戦争があった：七三一部隊元少年隊員の告白》，第88—96頁。

24. 森村誠一:《悪魔の飽食》，第101—103、106—108頁。

25. 具体研究成果可分为三种类型：一是日本学者从战争加害者的视角开展的

考证性研究。与本文直接相关的有莇昭三:《"A" レポート及び"G" レポート(《ダグウェイ文書》)について》,《15年戦争と日本の医学医療研究会会誌》2011年 第12巻 第1号; Takashi Tsuchiya, "Why Japanese Doctors Performed Human Experiments in China 1933-1945," *Eubios Journal of Asian and International Bioethics*, Vol. 10, No. 6, 2000。二是伦理学视角下的研究，代表性文章有Jing-Bao Nie, "Challenges of Japanese Doctors' Human Experimentation in China for East-Asian and Chinese Bioethics: Commentary on Tsuchiya," *Eubios Journal of Asian and International Bioethics*, Vol. 11, No. 1, 2001; "The United States Cover-up of Japanese Wartime Medical Atrocities: Complicity Committed in the National Interest and Two Proposals for Contemporary Action," *The American Journal of Bioethics*, Vol. 6, No. 3, 2006。三是罪证史和医学史视角下的研究。主要有曹喜顺:《日本关东军七三一部队人体实验问题考察研究》，渤海大学硕士学位论文，2012年；李伦、何瑛:《二战期间侵华日军人体实验的伦理审视》,《伦理学研究》2015年第5期；杨彦君:《关于七三一部队炭疽实验A报告的初步解读》,《北方文物》2015年第3期；张艳荣、杨薇、李志平:《日本731部队细菌战及人体实验研究报告概要解读》,《中华医史杂志》2016年第6期；鲁丹、赵倩:《从〈希尔报告〉看七三一部队人体实验》,《黑龙江档案》2021年第2期；王彤竹:《美国馆藏日本细菌战调查报告初步释读》,《武陵学刊》2021年第6期。另外，影印和摘译类的史料集主要有近藤昭二編:《731部隊・細菌戦資料集成(CD-ROM)》；杨彦君主编:《七三一部队炭疽菌实验A报告(英文版)》《七三一部队鼻疽菌实验G报告(英文版)》，中国和平出版社，2015年；王希亮、周丽艳编译:《侵华日军731部队细菌战资料选编》，社会科学文献出版社，2015年；近藤昭二、王选主编:《日本生物武器作战调查资料》。

26. 桑德斯，美国德特里克基地中校，研究专长是微生物学，为美国国防部派往日本调查生物战的第一任调查官，其于1945年9月抵达东京，讯问了日本参谋本部、陆军省医务局、陆军军医学校和七三一部队相关人员，于当年10月完成《日本科学情报调查报告：生物战》，即《桑德斯报告》。

27. 汤普森，美国德特里克基地兽医中校，1946年初接替桑德斯赴日本调查七三一部队，曾讯问石井四郎、北野政次等核心成员，并于1946年5月31日撰写了《关于日本生物战研究和准备状况的报告》，即《汤普森报告》。

28. 费尔，美国德特里克基地植物实验部主任，研究专长是微生物学和传染病学，于 1947 年 4 月受命于美国国防部前往东京调查；先后讯问了日本陆军军医学校、七三一部队、一〇〇部队的石井四郎、增田知贞、金子顺一、内藤良一、若松有次郎等核心成员，于当年 6 月 20 日完成《日本生物战活动最新资料概要》，即《费尔报告》。

29. 希尔，美国德特里克基地基础科学部主任、微生物学家，于 1947 年 10 月 28 日前往东京接替费尔，是美国国防部派往日本的第四任调查官，其调查了七三一部队、陆军军医学校和国立卫生研究所相关人员之后，于当年 12 月 12 日完成《生物战调查总结报告》，即《希尔报告》。

30. Report of“A”, Report of“G”, Location: 2910, RG# IWG Ref. Coll., NARA, College Park, MD, USA.

31. 此前中外学界在使用美国档案过程中曾出现一些失误和不足。如美国学者哈里斯在《死亡工厂：1932—1945 年日本生物战与美国的掩盖》一书中将《A报告》和《G报告》误认为是一〇〇部队的人体实验报告；秦世强的博士学位论文《侵华日军第 100 细菌部队历史考察》也误把《A报告》和《G报告》作为一〇〇部队人体实验犯罪证据。日本学者在研究七三一部队人体实验犯罪过程中往往忽视《A报告》和《G报告》的证据价值，仅有莇昭三据此撰写了一篇学术短文《关于达格威档案：〈A报告〉和〈G报告〉》。显而易见，从医学犯罪证据视角考察《A报告》和《G报告》是非常必要的。

32. *Report of“A”*, Location: 2910, RG# IWG Ref. Coll., NARA, College Park, MD, USA, p. 388.

33. *Report of“A”*, Location: 2910, RG# IWG Ref. Coll., NARA, College Park, MD, USA, p. 9.

34. Dr. Norbert H. Fell, *Brief Summary of New Information About Japanese BW Activities,* Location: 290/03/19/02, RG#175, ENTRY#67A4900, Box 196, NARA, College Park, MD, USA, p. 5.

35. Dr. Edwin V. Hill & Dr. Joseph Victor, *Summary Report on B W Investigations*,

Location: 290/03/19/03, RG#175, ENTRY#67A4900, Box 217, NARA, College Park, MD, USA.

36. 莇昭三:《“A”レポート及び“G”レポート(《ダグウェイ文書》)について》,《15年戦争と日本の医学医療研究会会誌》2011年第12巻第1号，第12頁。

37.《日本传染病学会杂志》，日本传染病学会机关刊物，1926年10月创刊，主要刊载学会会员关于感染症领域的研究成果，1970年1月更名为《感染症学杂志》。

38. 第27回日本医学会総会出展《戦争と医学》展実行委員会編:《パネル集：戦争と医学》，名古屋：三恵社，2012年，第1頁。

39. 第27回日本医学会総会出展《戦争と医学》展実行委員会編:《パネル集：戦争と医学》，第1頁。

40. 第27回日本医学会総会出展《戦争と医学》展実行委員会編:《パネル集：戦争と医学》，第1頁。

41. 森村誠一:《悪魔の飽食》。

42. Michael J. Franzblau:《Biological and Chemical Warfare During the Sino-japanese War 1932—45》,《15年戦争と日本の医学医療研究会会誌》2005年第5巻第2号，第13—14頁。

43. 莇昭三:《十五年戦争中の“医学犯罪”と私たちの今日の課題》,《15年戦争と日本の医学医療研究会会誌》2008年第8巻第2号，第27頁。

44. 莇昭三:《十五年戦争中の“医学犯罪”と私たちの今日の課題》,《15年戦争と日本の医学医療研究会会誌》2008年第8巻第2号，第28頁。

第五章

细菌战准备、实施及危害

我的哥哥方运登1941年死于常德鼠疫，感染鼠疫时才8岁。哥哥死亡后，我的奶奶非常悲痛，因此精神失常，常常一个人在夜间穿街走巷呼唤着方运登的名字，希望他能回家。我是小孩子的时候，奶奶还时常牵着我的手在街上呼唤哥哥的名字……[1]

——常德细菌战受害者方运胜回忆

1933—1945年，七三一部队违背《陆战法规和惯例公约》《日内瓦议定书》等国际公法，准备和发动了大规模细菌战。七三一部队是日本策划、组织和实施细菌战争的核心机构，是细菌武器研究、制造和使用的军事基地，是发动细菌战的策源地。七三一部队为准备和实施细菌战，对细菌炸弹、细菌战剂及细菌战术进行了大规模室内实验和野外实验，征购和饲养大量黄鼠、白鼠、兔子等实验动物，培育了跳蚤、虱子、苍蝇、蚊子等传染媒介物，对鼠疫、霍乱、伤寒、炭疽、鼻疽、结核病等数十种传染病展开大规模测试和研究。细菌战是日本对外军事侵略的重要作战手段。从范围来看，吉林农安、大赉，浙江衢县、宁波，湖南常德，江西上饶、广丰、玉山是细菌战重灾区。从危害来看，细菌战导致上述区域爆发疫病大流行，尸横遍野、万物萧条，给中国人民带来重大的伤亡，严重危害了自然生态环境，给人类生存与发展带来巨大危机。

一、细菌武器的研发

七三一部队以细菌作战为目的，专门设立基础研究部、细菌实验部和细菌生产部。在日本陆军省和关东军的大力扶持下，秘密进行大规模细菌武器的研发和生产。在细菌武器研发关键环节，如细菌战剂、细菌战术、防疫给水等领域，七三一部队同样得到当时日本医学界、科技界和教育界的人力物力支持。正如美国人格伦登（Grunden）在他的博士论文《太阳旗下的科学：二战期间日本的武器研发及其科研机构》中指出的那样："石井四郎作为细菌战领域的专家，其得到军队派系永田铁山、小泉亲彦等人支持，享有广泛的权力和高度的自治权，其与京都帝国大学、东京帝国大学的医学专家展开合作，并且获得了充裕的经费支持。”[2]

（一）细菌战剂测试

细菌战剂是细菌武器的核心填充物，七三一部队在研制过程中主要考虑细菌战剂的生产成本、传染效果、运输安全、实战应用等因素。七三一部队采用当时日本和德国最先进的医疗设备，按照生物制品的研究流程和生产标准，建成集细菌战剂研究、生产、储存、运输和使用于一体的完备系统。在细菌战剂研究和实验的基础上，七三一部队还开展投掷细菌炸弹，喷洒细菌云雾，空投染菌物、染菌媒介物等进攻性细菌战战术研究，以及防毒面罩、防护服、滤水器、给水设备等防御性细菌战装备研究。

有关细菌战剂研制状况，七三一部队核心成员增田知贞[3]、内藤良一、北条圆了、石光薰等在战时研究报告中多有记述，美国文本《汤普森报告》《费尔报告》和《希尔报告》亦有明确记载，川岛清、柄泽十三夫、西俊英等在伯力审判上也有呈堂证供。关于七三一部队的细菌战剂类型，《汤普森报告》中记录了七三一部队研制了伤寒、痢疾、霍乱、鼠疫、百日咳、气性坏疽、破伤风、白喉等近 20 种传染病的细菌战剂。《费尔报告》记录了七三一部队进行了炭疽、鼠疫、伤寒、甲型副伤寒、乙型副伤寒、痢疾、霍乱、马鼻疽和流行性出血热等 9 种传染病人体实验，有直接感染实验、免疫实验、炸弹实验、喷洒实验和稳定性实验等。希尔的记载更为具体清晰。他在讯问了 22 名七三一部队成员之后，写成《关于生物战调查的总结报告》（即《希尔报告》），其中记载了 25 种细菌战剂类型，参见表 5—1。

表 5—1 《希尔报告》记载的细菌战剂类型[4]

序	战剂类型	英文名称	被问讯者
1	伤寒	Typhoid	冈本耕造、田部井和
2	痢疾	Dysentery	上田正明、增田知贞、小岛三郎、田部井和
3	霍乱	Cholera	石川太刀雄丸、冈本耕造
4	鼠疫	Plague	石井四郎、高桥正彦、冈本耕造、石川太刀雄丸

（续表）

序	战剂类型	英文名称	被问讯者
5	炭疽	Anthrax	大田澄
6	鼻疽	Glanders	石井四郎、石川太刀雄丸
7	破伤风	Tetanus	石井四郎等
8	结核	Tuberculosis	二木秀雄、石井四郎
9	兔热病	Tularemia	石井四郎
10	斑疹伤寒	Typhus	笠原四郎、有田正义、北野政次、石川太刀雄丸等
11	流行性出血热	Songo	笠原四郎、北野政次、石川太刀雄丸
12	气性坏疽	Gas Gangrene	石井四郎
13	天花	Smallpox	石井四郎、石川太刀雄丸
14	气溶胶	Aerosols	高桥正彦、金子顺一
15	肉毒杆菌	Botulism	石井四郎
16	河豚毒	Fugu Toxin	增田知贞
17	流行性感冒	Influenza	石井四郎
18	脑脊髓膜炎	Meningococcus	石井四郎、石川太刀雄丸
19	黏蛋白	Mucin	上田正明、内野仙治
20	植物病	Plant Diseases	八木泽行正
21	沙门氏菌	Salmonella	早川清、田部井和、小岛三郎
22	脑膜炎	Tick encephalitis	笠原四郎、北野政次
23	恙虫病	Tsutsugamushi	笠原四郎
24	布鲁氏菌病	Brucellosis	石井四郎、山野内裕次郎、冈本耕造、早川清
25	消毒剂	Decontamination	津山义文

增田知贞战后曾向美军提交研究报告《细菌战》，该报告撰写于 1942 年 12 月 15 日。增田知贞在这个报告中认为，有四种类型的生物制剂可用于细菌战。一是细菌类：鼠疫、霍乱、伤寒、痢疾、马鼻疽、炭疽、波状热、土拉菌病、肺结核、破伤风、气性坏疽、肉毒杆菌毒素、白喉、葡萄球菌、链球菌、流行性脑脊髓膜炎；二是原生物类：韦尔病、回归热、性病、印度痘、疟疾、黑热病；三是立克次氏体类：斑疹伤寒、暴发性斑疹伤寒、恙虫病、落基山斑疹热；四是病毒类：登革热、黄热病、天花、口蹄疫、狂犬病、流行性脑膜炎、流行性贫血。[5]另外，北

条圆了于1947年4月10日接受了费尔的调查，提供了1941年撰写的《关于细菌战》。北条在《关于细菌战》中记述道："可以考虑将以下细菌用于细菌战。一是针对人类的菌种，有霍乱弧菌、痢疾杆菌、副伤寒杆菌、波状热、鼠疫杆菌、兔热菌、伤寒沙门杆菌、黄热病；二是针对动物的菌种，有炭疽杆菌、马鼻疽病、牛肺疫、口足病；三是用于植物的菌种，有小麦'锈菌'、马铃薯腐菌、软腐杆菌、马铃薯和其他孢菌。"[6]

关于细菌战剂的生产能力，七三一部队细菌生产部长川岛清少将在伯力审判法庭供认："该部在一个月之内可制造出：鼠疫细菌三百公斤或伤寒症细菌八百至九百公斤，炭疽热细菌五百至七百公斤，霍乱症细菌达一吨。"[7]关于细菌生产部第一分部的实际产量，柄泽十三夫供述："每月内可培养如下数量的某一种细菌：鼠疫菌一百公斤，炭疽热菌二百公斤，伤寒菌三百公斤，副伤寒菌（A）三百公斤，霍乱菌三百三十公斤，赤痢菌三百公斤。"[8]1942年，七三一部队在浙赣发动细菌战时，川岛清负责的细菌生产部培育了130千克副伤寒菌和炭疽菌供日军使用。[9]如果川岛清和柄泽十三夫在伯力的供词准确无误的话，那么通过上述数据就能够判断细菌战剂的主要类型和生产规模，主要类型为炭疽、鼠疫、伤寒、副伤寒、霍乱和赤痢6种，生产规模为每月100千克到1000千克不等。如果七三一部队生产的细菌战剂全部用于细菌战争的话，那么将给人类带来如同欧洲14世纪黑死病大流行一样的灭顶之灾。

（二）细菌武器测试

"七七"事变后，为了配合日本全面侵华战争，七三一部队加快细菌武器研制的步伐，扩大实验室测试和野外实验的规模。七三一部队在1941—1942年，多次在野外环境下测试石井式陶瓷细菌炸弹，包括在静止状态下的引爆以及飞机空投后的空中爆炸。据《汤普森报告》记载：七三一部队在一次野外实验中，将放置在高度为15米的静止炸弹引爆，同时让马和羊在下风向啃食被污染的草，实验导致近70%的马匹和90%的羊死亡。在风速5秒/米的情况下，使用飞机空投细菌炸弹，炸弹在200—300米的高空中爆炸，扩散面积为24000—48000

平方米。在风速为 5 秒/米、高度为 15 米的静止状态下引爆炸弹，扩散面积为 10000—18000 平方米。[10]

据《费尔报告》记载，七三一部队曾以炭疽菌、鼠疫菌、伤寒菌作为细菌战剂在安达特别实验场进行了野外实验，通过静止引爆实验和空中投弹实验，实地测试了细菌炸弹和细菌战剂的攻击效能。在一次石井式陶瓷细菌炸弹野外实验中，戴着头盔、穿着防弹衣的 15 名受试者被绑在木桩上，七三一部队通过静态引爆和空中投弹两种方式测试。这次实验导致 6 名受试者直接被炸死，4 名受试者被炸伤并感染炭疽杆菌，感染者中有 3 个人死亡。另外一次野外实验使用了 10 名受试者，其中 4 名受试者因呼吸道感染而死亡，死者中距离炸弹爆破点最近者为 25 米。[11]

七三一部队还多次进行鼠疫细菌炸弹实验，通过野外实验得出测试数据，进而改良攻击型细菌武器，并得出了“直接投放鼠疫杆菌并不是有效的细菌攻击方式”的结论。在美国文本中有这样的记录：石井式陶瓷细菌炸弹中染疫跳蚤有 80%会在爆炸后幸存，染疫跳蚤最多可存活 30 天，在此期间具有较强传染性。跳蚤一旦咬伤人就会导致感染，将受试者关在每平方米有 20 只鼠疫跳蚤的房间内，10 名受试者中有 6 名因感染鼠疫死亡；将这些跳蚤与 10 名受试者放在 10 平方米的房间，有 8 名受试者被跳蚤咬伤，有 6 名受试者因感染鼠疫死亡。[12]

总而言之，七三一部队为大规模实施细菌作战，在细菌武器研究和设计中，始终将生产量高、易于运输、攻击力强、破坏力久作为标准。1937—1942 年，七三一部队在细菌战剂的种类选择、不同环境下的攻击效果、细菌炸弹的存储运输等方面展开了大规模实验室研究和野外测试，这在美国文本中有着非常详细的记载。美国国家档案馆保存的细菌炸弹设计图纸、测试数据和实验报告，清晰地记录了细菌武器研究和测试的隐秘过程。当然，换一个角度来看，美国文本的记录折射出美国对生物战利益的自身关切。在石井式陶瓷细菌炸弹图纸右下方信息栏标注：“根据石井四郎中将提供的草图绘制，绘制地点为美国马里兰州弗雷德里克·德特里克营E部队，绘制时间为 1946 年 4 月 26 日，绘制部门为化学战部队（CWS），绘制人为E. T. S。”[13]显而易见，美军绘制细菌炸弹图纸同美国生物武器研究和实验项目有着非常密切的关联。

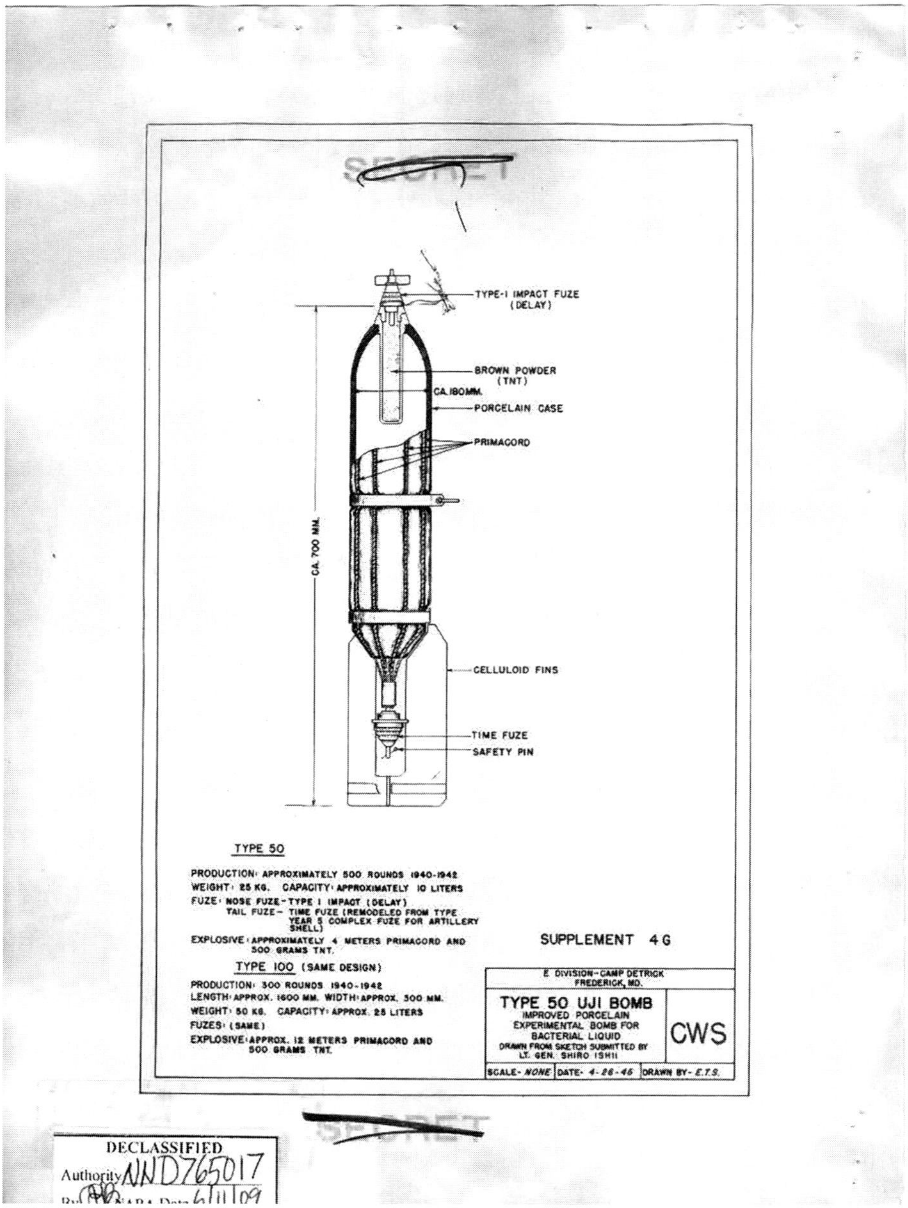

◎ 图 5—1　UJI50 型细菌炸弹图纸（美国国家档案馆藏）。

（三）细菌炸弹生产

1937—1942 年，七三一部队至少生产 2470 枚细菌炸弹，进行过 9 种类型细菌炸弹的研究和测试，如I型、RO型、U型、GA型、老型UJI、UJI50 型、UJI100 型等（表 5—2）。

表 5—2　细菌炸弹类型及产量[14]

序	炸弹型号	产量	生产年份
1	I型	300	1937
2	RO型	300	1937
3	HA型	500	1938
4	NI型	200	1939
5	老型UJI	300	1938
6	UJI50 型	500	1940—1941
7	UJI100 型	300	1940—1942
8	GA型	50	1940
9	U型	20	1939

在细菌炸弹类型选择上，七三一部队通过大规模野外测试，逐步改良细菌炸弹设计方案，最终将石井式陶瓷细菌炸弹确定为主要类型。石井式陶瓷细菌炸弹又名UJI50 型炸弹，即宇治 50 型炸弹。同石井式滤水机一样，石井四郎曾直接参与该细菌炸弹的设计研发。据上表所见，1940—1941 年，七三一部队生产了 500 枚石井式陶瓷细菌炸弹。《汤普森报告》还记载道："石井式陶瓷细菌弹采用陶瓷或硅藻土烧制弹壳，重 25 千克，有效载荷 10 升，弹体长 69.6 厘米，其鼻部装有冲击延时装置以及含有 500 克三硝基甲苯（TNT）炸药的爆炸管。"[15]可以使用炸弹尾部的计时引信点燃 4 米长的导爆索，如尾部引信和导爆索失灵，炸弹鼻部爆炸装置的冲击仍可确保引爆炸弹，并将炸弹内的细菌填充物扩散。

二、细菌战的实施

随着《井本日志》和《金子顺一论文集》等战时资料的发现，中国防疫资料的挖掘以及对细菌战受害地的大范围调查，中日学界长期面临的学术困境在一定程度上得以扭转。然而，不容忽视的是，虽然依据《井本日记》和《金子顺一论文集》所记可以确认七三一部队细菌战的真实存在，但是井本熊男[16]和金子顺一[17]的记录也仅仅折射出细菌作战的一个侧面。当然细菌作战的整体规模、范围、危害及其深远影响远远不止于此中所见，亟待挖掘更多的新资料和新证据，也需要利用历史学、生物学、医学史、军事学的理论与方法，从横向和纵向两个层面开展跨学科研究。

（一）金子顺一细菌战报告

《金子顺一论文集》共计335页，所载8篇研究报告分别是:《“降雨”式播撒的基础考察》《低空降雨式播撒实验》《PX效果略算法》《关于液滴在纸面上的斑痕》《印度客蚤下落状态的摄影分析》《高空播撒中地面浓度的推算》《火药力所产生的液体飞散状况》和《分离自白鼠的肠炎沙门氏菌菌型》，前7篇发表在《陆军军医学校防疫研究报告》第1部，最后一篇发表在《陆军军医学校防疫研究报告》第2部。这8篇研究报告是金子顺一在七三一部队服役期间完成，报告封面标识有“军事秘密”或“秘”字样，标题下方标有“陆军军医学校防疫研究室部长石井少将”字样。1944年12月15日，金子顺一将《“降雨”式播撒的基础考察》作为主论文，其他7篇报告作为参考论文向东京大学申请博士学位。1948年11月10日，东京大学教授会全员27人一致通过论文审查。东京大学于1949年1月10日授予金子顺一医学博士学位，主论文和参考论文随后被日本国立国会图书馆保存。

2011年10月15日，日本学者奈须重雄[18]首次对外公开《金子顺一论文集》。金子顺一在《PX效果略算法》一文中使用了《既往作战效果概略表》（表5—3），

◎ 图 5—2 石井式陶瓷细菌炸弹弹壳（东北烈士纪念馆藏）。

其中详细记录七三一部队对中国军民实施6次鼠疫攻击的情况。据此可列出七三一部队实施细菌攻击的时间、地点、战剂类型和致死人数。

第一次细菌攻击，1940年6月4日，攻击目标农安，使用鼠疫跳蚤0.005千克，感染致死8人，疫情流行致死607人。

第二次细菌攻击，1940年6月4日至6月7日，攻击目标农安、大赉，使用鼠疫跳蚤0.01千克，感染致死12人，疫情流行致死2424人。

第三次细菌攻击，1940年10月4日，攻击目标衢县，使用鼠疫跳蚤8千克，感染致死219人，疫情流行致死9060人。

第四次细菌攻击，1940年10月27日，攻击目标宁波，使用鼠疫跳蚤2千克，感染致死104人，疫情流行致死1450人。

第五次细菌攻击，1941年11月4日，攻击目标常德，使用鼠疫跳蚤1.6千克，感染致死310人，疫情流行致死2500人。

第六次细菌攻击，1942年8月19日—8月21日，攻击目标为广信、广丰、玉山，使用鼠疫跳蚤0.131千克，感染致死42人，疫情流行致死2910人。

依据上述统计数字，七三一部队在6次鼠疫菌攻击中导致上述8个区域感染致死695人，疫情流行致死18951人，死亡总人数达19646人。

表5—3 既往作战效果概略表[19]

攻击	目标	PX kg	效果		1.0kg换算值		
			一次	二次	Rpr	R	Cep
1940.6.4	农安	0.005	8	607	1600	123000	76.9
1940.6.4	农安、大赉	0.010	12	2424	1200	243600	203
1940.10.4	衢县	8.0	219	9060	26	1159	44.2
1940.10.27	宁波	2.0	104	1450	52	777	14.9
1941.11.4	常德	1.6	310	2500	194	1756	9.1
1942.8.19—21	广信、广丰、玉山	0.131	42	2910	321	22550	70.3

波多野澄雄在《〈陆军军医学校防疫研究报告〉的历史意义》一文中认为："《PX效果略算法》记录了日军1940—1942年在中国浙江、湖南等地实施细菌战，这一记录与日本另外发现的历史文献《井本日记》等相关记录吻合，因此揭示了日

军在中国实施细菌战的真实史实。”在这篇文章的最后，波多野澄雄呼吁：“关于细菌战这个问题，政府的公开立场是承认七三一部队存在的事实，但‘表述进行细菌战的资料是目前无法确认的’。现在金子顺一论文的发现应该可以迫使政府重新考虑这一立场。”[20]奈须重雄在《日军细菌战部队的建立及对华细菌战》一文中，依据《PX效果略算法》和《井本日记》等资料，以时间为序梳理出农安生物战和大赉生物战历程表[21]。根据金子顺一论文所引数据，完全可以认定：1940 年到 1942 年间，七三一部队在农安、大赉、衢州、宁波、常德、广信、广丰、玉山等 8 个区域进行鼠疫细菌战的客观史实。日本知名学者常石敬一在 2022 年出版的《731 部队全史：石井机关与军学官产共同体》[22]一书中引用了金子顺一报告，并与奈须重雄持有同样的观点，即七三一部队曾在农安、衢州、宁波、常德、广信、广丰、玉山等区域发动了鼠疫细菌战。

（二）对衢州细菌战的调查

据目前所见，关于衢州细菌战资料有三部分：一是加害方日本的战时史料，如井本熊男的《井本日记》、金子顺一的细菌战报告等。二是受害方中国的资料，战时的史料有国民政府军政部、卫生署、浙江、衢县之间往来公文、新闻报道和防疫调查报告等；战后的史料有田村良雄的笔供材料，衢州市卫生防疫站的细菌战死难者调查材料。三是第三方史料，有美国国家档案馆保存的战时调查史料，俄罗斯保存的川岛清、柄泽十三夫等人在伯力审判的供词等。

七三一部队与一六四四部队在衢州地区实施了两次大规模细菌战。第一次是 1940 年 10 月 4 日，日军飞机沿着衢州城西的西安门、下营街、水亭街、上营街、县西街、美俗坊等地居民区，撒下大批带鼠疫菌的麦子、黄豆、麦麸、碎布、棉花、跳蚤纸包以及宣传单等物品，导致衢州暴发大规模鼠疫疫情。第二次是 1942 年 5 月 26 日，日军飞机再次空投鼠疫跳蚤，同时秘密出动“远征队”在浙赣交通沿线居民区撒布鼠疫跳蚤，在水井、食物中及生活区域投放霍乱、伤寒、痢疾、炭疽等病菌。

关于衢州地区细菌战有关情况，比较早的记录见于国民政府卫生署署长容启荣编制的《浙江鼠疫调查报告书》，收录了《衢县鼠疫患者登记表》，记载了鼠疫确诊病例的检验过程。据《浙江鼠疫调查报告书》所记："福建省卫生处防疫专员柯主光，于患者蔡金初死后一小时内，行淋巴穿刺镜检，得革兰姆阴性杆菌。在室温中用洋菜及血液洋菜培养，亦获得成功。后又将培养物接种于天竺鼠腹壁，该动物于接种十八小时后死亡，解剖检查时，发现腹壁充血，且呈糜烂状态；于左侧鼠蹊部发现淋巴腺肿胀充血；副肾及脾脏稍充血及肿胀等病理现象；又将脾脏及淋巴腺肿内容物作涂片检查，见有鼠疫杆菌。故此次衢县鼠疫之诊断，得以确实证明。"[23]

前文所述的金子顺一报告对衢县细菌战已有明确记载。另据《井本日记》"昭和十七年保号指导计划"记载，日军攻击目标包括了"丽水、玉山、衢县、桂林、南宁沿岸飞行基地"。[24]关于细菌战攻击的地点，1942 年 8 月 28 日，井本雄男记载为"保号的实施现状，衢县TPA跳蚤"。[25]据日本中央大学商学部教授吉见义明研究，T指的是伤寒和副伤寒，PA跳蚤即鼠疫毒化跳蚤。[26]也就是说，七三一部队和一六四四部队在衢州地区实施的两次细菌武器作战，均有明确的日文资料记载。

1998—2000 年，衢州市卫生防疫站站长邱明轩主持了衢州地区细菌战受害状况的田野调查。邱明轩记录到："衢州市卫生防疫站于 1998 年对衢州市的 6 个县（市、区）、141 个乡镇（街道）、3087 个村，任意抽出 30 个乡镇（街道）中的 231 个村，进行细菌战死难者回顾性调查登记工作，调查范围总人口 215618 人。2000 年 8 月 30 日，调查工作结束，确认细菌战死难者名单 5294 名（凡死难者家属已外迁或死者姓名、年龄、死亡日期不详者均未予以登记）；其中死于鼠疫 1501 名，死于霍乱 909 名，死于伤寒与副伤寒 2272 名，死于痢疾 407 名，死于炭疽病 205 名。"[27]

可以说，《井本日志》、金子顺一的报告和《浙江鼠疫调查报告书》等史料，以及衢州市卫生防疫站的调查，形成了互为佐证的逻辑链条，这对确认日军在衢州实施细菌战并造成数千军民的死亡具有重要的证据价值。

需要进一步说明的是，邱明轩主导的田野调查，认为有 5294 人死于日军细菌战，既包括对 1940 年 10 月 4 日细菌攻击死难者的统计，也包括对 1942 年 5 月 26 日细菌攻击死难者的统计。而金子顺一对衢县细菌战致死者的统计应是 1940 年的数据。关于细菌战死难者人数的统计：一是鉴于日军发动细菌攻击的绝密性，战时资料的严重缺失导致难以认定准确的死亡人数。二是战后细菌战调查必然要受到时间、地域和认定等方面的局限，全面统计战时细菌战死难者的难度较大，仅能在一定范围内和一定程度上统计细菌战死难者人数。三是基于调查统计的真实性和准确性考量，恐怕还要压缩一部分可能存疑的受害者统计数字。如邱明轩在调查报告中指出的："凡死难者家属已外迁或死者姓名、年龄、死亡日期不详者均未予以登记。"基于上述三种原因，致使细菌战死难者战后统计数字远低于实际人数。如果将其置于计量史学视野下，细菌战受害人数统计恐怕是一个永远也难以精确的历史谜题。不过，从金子顺一报告背后隐隐浮现出的"七三一部队数据测试统计操作规程"来探究，特别是在其参考文献中标识的"浅见：'保'号作战效果情报（昭和十八年十一月）"和"昭和十五年至十七年'保'号作战战斗详报"，可以认定"保"号作战的记载是有据可考的。由此可推断，关于日军细菌战的攻击范围、受害区域和死亡人数的调查，还应从战时日本细菌战史料中钩沉真相，而战后的调查统计应作为不可或缺的证据补充。

（三）对常德细菌战的调查

1941 年 11 月 4 日，七三一部队成员驾驶飞机在湖南常德上空投下了谷麦、跳蚤、棉絮、纸片等物品，投掷地点主要集中在常德城区的鸡鸭巷、关庙街和东门一带。时任贵阳战时卫生人员训练所检验组主任的陈文贵，带领调查队自贵阳赶赴常德展开调查，并于 1941 年 12 月 12 日撰写了《湖南常德鼠疫报告书》，记述了常德疫情的状况。陈文贵在报告总结中写道："（疫情）于十一月十一日后（敌机散掷谷麦后之第七日）在常德流行。此数病例之各种涂片标本，后经陈文贵医师复查，认为确有类似鼠疫杆菌。"[28]随后，陈文贵通过对鼠疫病例的尸体解剖、细菌培养、动物接种试验，得出结论："据病历及涂片检验之结果，第一、二、三、四、五病例均似腺鼠疫，第六病例则经证实确为腺鼠疫。"[29]陈文贵还编制《常德腺鼠疫六病例研究与调查结果简表》，进一步探究常德此前是否流行鼠疫、常德鼠疫是否由其他疫区传入、常德鼠疫是否因敌机投掷传染物所致等关键问题。陈文贵最终认

◎ 图 5—3 1941 年 10 月，七三一部队教育队干部训练“南方作战”出动前集体合影。

定：“根据前述各节，获得结论如下：1.十一月十一日至二十四日间常德确有腺鼠疫流行。2.鼠疫传染来源系由敌机于十一月四日晨掷下之鼠疫传染物内有鼠疫传染性之蚤。”[30]

金子顺一报告对常德细菌战也有明确的记载。另据《井本日记》所记：

> 接到 11 月 4 日目的地方向天气情况良好的报告，一架 97 轻型机出发。5 点 30 分起飞，6 点 50 分抵达。雾浓，放低高度进行搜索，因海拔 800 米附近有云层，在 1000 米以下实施（增田少佐操纵，一侧箱子打开不充分，将其投在洞庭湖），谷子 36 公斤，其后岛村参谋进行搜索。11 月 6 日，常德附近中毒流行（飞机在常德附近撒布，与之接触的人引起剧烈中毒）。11 月 20 日前后，鼠疫流行越发凶猛，各战区收集卫生材料。判定：如果命中，确实会发病。[31]

除此之外，井本熊男记载了 1942 年 5 月 27 日，参谋本部举行了“‘保’号碰头会”，石井四郎少将、村上隆中佐、增田知贞中佐、小野寺义男中佐、增田美保少佐参加。[32]参谋本部第一部长田中新一少将传达了大陆指令以及注意事项。根据金子顺一、井本熊男的记载，可以确认七三一部队在常德实施细菌战的具体执行者、攻击时间、攻击方式和死亡人数等基本史实。

1996年11月，常德成立民间组织常德细菌战受害调查委员会，主要由退休教师、医生、工人和受害者家属组成。调查委员会的调查显示：“从1996年11月开始搜寻细菌战受害者及历史见证人，到2002年5月，第一批死亡名单送往日本法庭，前后进行了近7年的大规模、大范围的调查。调查人员足迹遍及常德市周围10个县、56个乡、486个村，调查座谈30万人次以上，整理了15000多份控诉材料，在经过多次全面系统的过滤审核后，确定了第一批7643人的死亡名册。”[33]调查委员会编制《中国湖南常德侵华日军七三一部队细菌战受害者及家属名册》，详细记载受害者姓名、性别、死亡时间、死亡地点及证明人等信息，这在一定范围内揭示常德细菌战受害的有关情况。

综上所述，1940—1942年，七三一部队、一六四四部队与其他日军将鼠疫菌、霍乱菌、伤寒菌等作为细菌制剂，采用了飞机投洒、地面污染、水井投放等多种方式，联合实施大规模实验性细菌战和实战性细菌战，给中国军民带来重大伤亡和深重灾难。据目前所见的中文、日文、英文、俄文资料，可认定七三一部队和一六四四部队等在今农安、衢州、宁波、常德、上饶等地实施了细菌战。需要指出的是，细菌战实施的范围并不限于上述地区，更多受害地的确认还需要挖掘新证据和新史料。尤为不能忽视的是，细菌战引发大规模疫情蔓延更是远远超出上述范围。如侵华日军细菌战义乌展览馆1999年编制《浙江省义乌市日军细菌战鼠疫死难者同胞名册（1941—1943年）》，义乌有1315人死于日军细菌战或相关疫情；浙江省云和县编制《二战期间侵华日军细菌战受害死亡同胞名册》，记载781人死于日军细菌战或相关疫情，都是非常重要的田野调查数据。

三、细菌战的危害

日军细菌战给中国军民带来重大人员伤亡，由此形成了人数众多的“受害共同体”，他们在相当长的一段时期内背负创伤记忆并饱受精神折磨。与此同时，细菌战的准备和实施严重危害自然生态环境，致使哈尔滨、衢州、常德等地在战后暴发大规模疫情，哈尔滨平房周边区域还因此形成鼠疫自然疫源地，这也给当地民众生存与发展带来严重危机。试以哈尔滨市平房区域鼠疫疫情为观察视角，考察平房鼠疫疫情的暴发和流行，鼠疫自然疫源地的形成及其综合治理，由此揭示日军细菌战造成的人口伤亡、社会压力与精神负担，以及对我国生态环境的严重破坏。

（一）鼠疫自然疫源地的形成

1938—1945 年，也就是从平房特别军事区域营建到七三一部队覆灭期间，七三一部队为准备和实施细菌战，捕捉、饲育和征购了数量庞大、种类繁多的实验动物，其中尤以黄鼠、白鼠、褐家鼠、大仓鼠、小家鼠等为最。七三一部队在此大规模研制鼠疫菌和鼠疫武器，致使哈尔滨市平房区域成为鼠疫“火药桶”。1945 年 8 月，七三一部队炸毁平房本部主要建筑设施之后，各类染疫动物和实验动物从饲养室废墟中逃出，特别是染疫鼠类和染疫蚤类四处逃窜，导致平房区域自 1946 年 7 月至 1954 年 5 月暴发大规模鼠疫流行，造成当地居民大量死亡，致使当地原有的物种、环境发生剧烈变化，平房及周边区域由非自然疫源地向自然疫源地发展，最终形成鼠疫自然疫源地。

平房鼠疫疫情流行分为两个阶段：第一阶段是 1946 年 7—10 月，鼠疫疫情致死 129 例，仅治愈 1 例。疫情主要集中在平房农村区域的后二道沟屯、义发源屯和东井子屯。这三个自然屯距七三一部队分别是 3.8 千米、3.9 千米和 4.8 千米。第二阶段是 1950—1954 年，鼠疫疫情致死 20 例，治愈 11 例。疫情以正红旗五屯、张

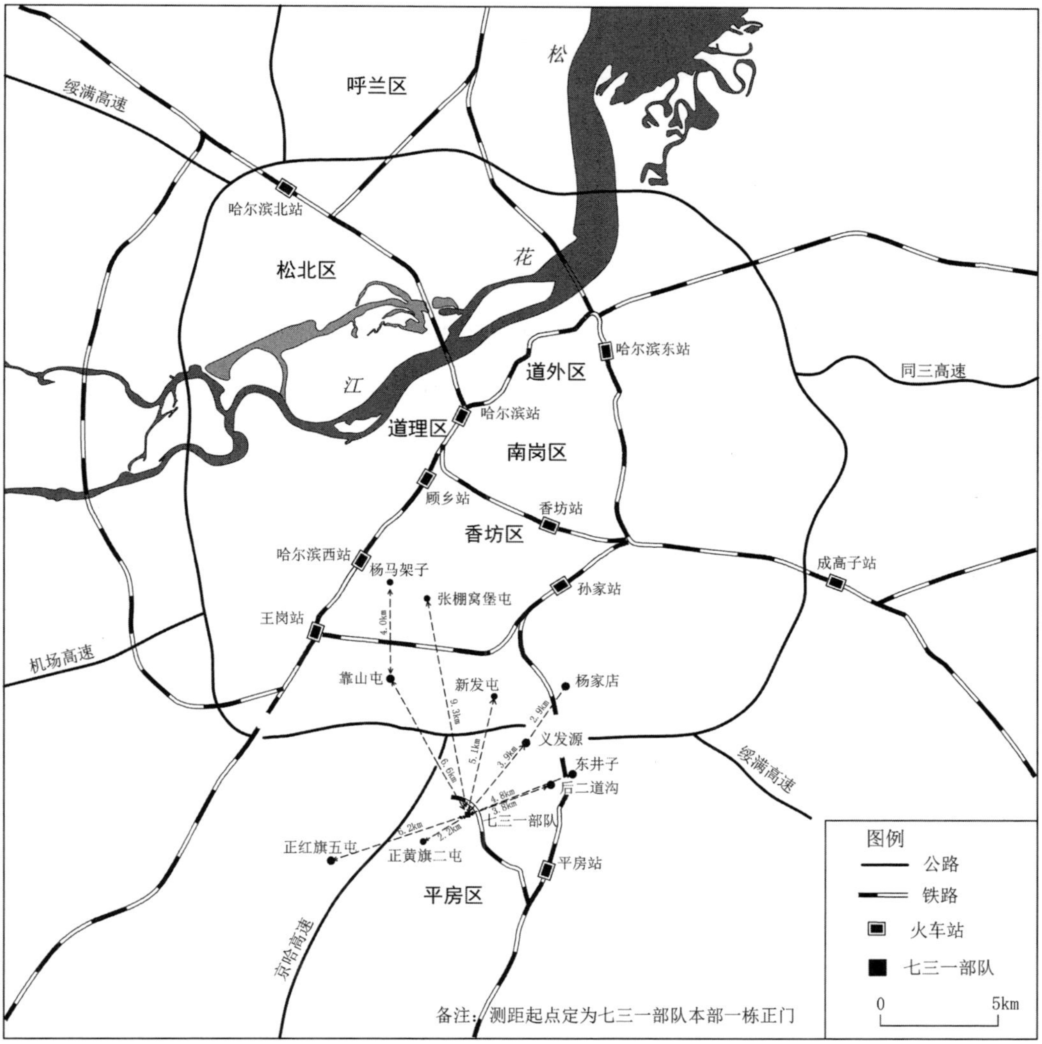

◎ 图 5—4　平房鼠疫流行状况（尤洪才绘制）。

棚窝堡屯、新发屯最为集中。这三个自然屯距七三一部队分别是 6.2 千米、9.3 千米和 5.1 千米（图 5—4）。

上述两个阶段，鼠疫疫情均呈现出以七三一部队本部为中心的扇形分布特征。第一阶段鼠疫疫情暴发后主要呈带状分布，第二阶段鼠疫疫情暴发后呈点状分布，虽然第二阶段疫情死亡率仍然很高，但较第一阶段已明显下降。

七三一部队大规模的动物实验、人体实验和野外实验，是平房鼠疫自然疫源地形成的前提条件。据《中国鼠疫流行史》记载："哈尔滨市郊的鼠疫疫源地是人为形成的……1945年日寇投降前夕，为了毁灭其罪证，将该细菌工厂破坏，使染疫鼠蚤逃窜，因而造成了平房地区的鼠疫流行。"[34]佟德敬接受笔者采访时谈道："平房从来都没有白鼠，白鼠都是用来做实验的，当时在附近村屯出现了混合种，也就是黑白相间的老鼠，这种老鼠是杂交的，是细菌工厂里跑出来的白鼠和当地的老鼠杂交之后产生的。这说明七三一细菌工厂里跑出来的白鼠，影响了当地原有老鼠的生态和种群。从七三一部队跑出来的老鼠带有鼠疫菌的可能性是非常大的，一些带有鼠疫的跳蚤也会随之跑出来的。"[35]佟德敬的证言至少可以说明两个问题：一是平房地区原本没有白鼠，却突然大量出现用于实验的白鼠，这些白鼠应是七三一部队的实验用鼠。二是平房地区出现了黑白相间的老鼠，说明本地鼠的生态和种群已经发生严重改变。另据佟德敬调查，正红旗五屯染疫者发病时间和死亡时间的间隔较短，患者发病日期非常接近，符合原发性鼠疫传染病的一般特征。

金东君接受笔者采访时说道："疫源是七三一部队细菌工厂里的鼠疫菌。细菌工厂破坏以后，携带鼠疫菌的老鼠出来了，跳蚤出来了，一些实验设备也出来了。当时遗址里有很多铁丝网做的鼠笼子。哈尔滨不是鼠疫疫源地，平房鼠疫是自发的，不是外来传入的。"[36]《鼠疫》一书对此记载道："哈尔滨人为疫源地从形成至终熄共历时15年（1945—1959），人的流行波及16个村屯，出现鼠间鼠疫疫点11处。分组统计方法是，将1—5年内发现的疫点同七三一部队间的距离算做第一级；将6—10年内发现的疫点同七三一部队间的距离算做第二级；将11—15年内发现的疫点同七三一部队间的距离算做第三级。结果表明，三级之间鼠疫的平均流行速度并不完全一致。第一级组的平均流行速度为2408米；第二级组的平均流行速度为711.8米；第三级组的平均速度为901.1米。这就说明，鼠间鼠疫的流行速度，经1—5年平均向外传播2408米，最远距离可向外传播5250（米），而后则逐年递减，相对地慢了下来。从一般推理来说，流行速度逐年相对缓慢是合乎逻辑的。因为一方面，鼠间鼠疫的流行可以导致存活鼠种群免疫的增强，更主要的是灭鼠活动使鼠疫密度下降，阻滞了鼠间鼠疫的流行，致使流行速度减缓。"[37]

平房鼠疫自然疫源地所处区域为封闭式疫区，疫区的地理环境限定了鼠疫自然疫源地的基本范围。据哈尔滨市地方病防治站调查研究：“经大量流行病学调查，证实了疫源地主要宿主为达乌尔黄鼠，通过跳蚤叮咬人后传播。疫源地面积为22075公顷，分布18个乡镇，252个自然屯，人口50万。以日本731部队遗址为中心，向东北、西南方向呈扇形分布。东西南有金兀术运粮河环绕，北邻松花江，形成了疫区天然屏障。疫区基本是封闭式，具有相对独立的特点。”[38]

（二）平房鼠疫自然疫源地的治理

1946年平房鼠疫疫情暴发以来，哈尔滨市各级政府、医疗机构和社会力量，针对疫情传播途径、易感人群和传染源采取了有效处置措施，在积极控制人间疫情和鼠间疫情的同时，不断加强对平房鼠疫自然疫源地的综合治理。

在应对鼠疫疫情传播途径方面，哈尔滨市着力整顿城区和农村的卫生环境。如在1948年春季、夏季、秋季，哈尔滨市分别发动群众开展城市大清扫运动，加强对餐馆、澡堂、旅馆等公共场所的卫生管理，在农村采取了保护水源、集中处理粪便、改善室内卫生以及整治村屯卫生环境等措施。

在保护易感人群方面，哈尔滨市组织医疗队在城乡开展大规模疫苗接种，快速减少易感人群的总体数量，有效抑制疫情的传播速度和波及范围。1947年9月，哈尔滨市卫生局成立71个疫苗接种小组，9月21日至10月6日在全市范围内接种约40.8万人次；10月7日至10日对全市机关团体、学校和部分城市居民进行补充接种；10月11日至14日在全市开展疫苗未接种排查工作。[39]1948年初，哈尔滨市卫生局成立了166个疫苗接种小组，在哈尔滨市辖下的新阳区、道里区、太平区等10个区开展普遍接种，当年总接种434086人次，占全市总人口的66.3%，详见表5—4。

表 5—4 1948 年哈尔滨市预防接种统计表[40]

地区类别	总人口数（千）	注射人数（千）	注射率（%）
新阳区	86.950	55.470	63.8
道里区	70.830	44.637	63.0
西傅家区	123.110	80.970	65.8
东傅家区	120.142	94.054	78.3
太平区	74.244	48.938	65.9
顾乡区	28.001	19.010	67.9
南岗区	55.296	32.037	57.9
马家区	41.682	25.488	61.1
松浦区	22.816	15.000	65.7
香坊区	31.567	18.482	58.5
计	654.638	434.086	66.3

说明：以上表格来源于 1982 年哈尔滨市地方病防治站编制的《哈尔滨市地方病防治站站志》第 71 页。另，原文所记顾乡区注射率为 68%，计算有误，更正为 67.9%；马家区注射率为 61.2%，计算有误，更正为 61.1%；香坊区注射率为 58.4%，计算有误，更正为 58.5%。

在鼠疫自然疫源地治理方面，哈尔滨投入大量人力、物力、财力。鼠类是鼠疫杆菌的主要宿主，跳蚤是鼠疫传播的媒介物，有效控制鼠类和蚤类的大范围活动，对疫源地人间疫情、鼠间疫情防控有着重要作用。1950—1959 年，在平房地区疫源检索中，从黄鼠、大仓鼠、褐家鼠、小家鼠体内都分离出鼠疫杆菌，共发现疫鼠 33 只。监测检验结果表明：多种鼠类染有鼠疫菌，达乌尔黄鼠是鼠疫病原的主要宿主。鼠间疫情不间断传播严重影响了平房及周边区域的卫生安全，鼠类的大范围活动又致使传染范围持续扩大，鼠疫菌已经大范围感染该地区鼠类，形成了鼠疫自然疫源地，存在暴发大规模鼠疫流行的潜在风险。

为了有效应对平房鼠疫自然疫源地疫情，哈尔滨市发动群众开展灭鼠灭蚤运动，采取突击和经常相结合的办法，每年开展三次大规模集中灭鼠运动。与此同时，哈尔滨市也展开了垫箱柜、垫柴堆、垫粮食囤的“三垫”动员，抹墙、抹炕缝、抹地面的“三抹”动员，有效地控制了鼠类、蚤类的生存空间、种群数量和分布密度，从而改变鼠类和跳蚤赖以生存的生态环境。

表 5—5 1952—1965 年达乌尔黄鼠密度调查[41]

年份	密度（只/公顷）	年份	密度（只/公顷）
1952	18.10	1959	1.76
1953	21.15	1960	1.05
1954	12.67	1961	0.96
1955	15.00	1962	0.30
1956	17.60	1963	0.27
1957	5.00	1964	0.05
1958	0.40	1965	0.10

据上表所示，1952—1965 年的灭鼠运动，使得鼠疫病原的主要宿主达乌尔黄鼠的密度，从每公顷 18.1 只下降到每公顷 0.1 只。这些措施大幅减少了黄鼠的数量和分布的密度，有效阻断了鼠间鼠疫的流行，黄鼠分布呈现出“由连续的带状分布，改变为孤立的点状分布”[42]的生态变迁。通过“灭鼠灭蚤”运动和“三垫三抹”动员，逐步提高了当地群众的卫生意识和危机意识，初步建立起突发状况协同响应机制，同时基层各卫生组织和防疫一线人员初步建立疫情报告网，形成了发现疑似病人、急症病人、自死鼠实时逐级向上报告的例行制度。

自哈尔滨市平房鼠疫自然疫源地形成以来，各级政府逐年投入大量人力、物力，用以开展疫源地拔源工作。在此过程中，城乡居民生活环境不断改善，全民疫苗接种工作积极推广。同时，通过长期的开垦荒地、兴修水库、植树造林和乡村改造，彻底改变了原有鼠疫自然疫源地的植被结构，从而有效改变了鼠疫宿主黄鼠的生存环境。这些综合举措，对于疫源地的拔源至关重要。据统计：“在 1962—1982 年，黄鼠密度一直低于 0.3 只/hm^2（公顷），且未检出鼠疫菌。但是，在 1983—1994 年，又检出 27 份阳性血清，故该地区鼠疫疫源仍然存在。”[43]因此，平房区域的鼠疫疫源在 1994 年之前仍然存在，且具有一定的固着性和反复性特点。经过长期的灭鼠拔源和环境整治，平房鼠疫自然疫源地范围内的鼠类密度逐年下降，20 世纪 90 年代较 50 年代密度下降了 98.54%，并已达到国家规定的密度标准，基本实现杜绝人间鼠疫、控制鼠间鼠疫的局面。据资料显示：“2000 年共解剖黄鼠 1548 只，其中做细菌培养 547 份，培养蚤 72 组、302 匹，均未检出鼠疫菌。全年共做IHA1245份，全部为黄鼠血清，结果均为阴性。”[44]这意味着，平房区域鼠疫自然疫源地的“拔源持久战”取得胜利，但这时第二次世界大战已经结束了55年。

正是七三一部队准备并发动细菌战的罪恶行径，才导致平房鼠疫疫源地的形成，而平房鼠疫疫源地的“拔源”工作，既给当地各级政府带来沉重的经济负担，也给当地人民带来了巨大的生存压力和精神压力。在1946—1994年这长达近半个世纪的时间里，哈尔滨承担疫情防控与疫源地拔源的艰巨任务，投入大量人力、物力、财力。在各级政府和社会力量共同努力下，取得疫情防控和疫源地拔源的最终胜利。在这个漫长而充满艰辛的历史进程中，既有值得总结的历史经验，如防疫决策机构的有效运行，社会动员机制的形成；也有克服历史灾难之后的启示，如各级卫生组织的常设，对鼠疫疫源地的科学监测等。值得肯定的是，中华人民共和国成立之后，中央人民政府卫生部、东北人民政府卫生部、哈尔滨市卫生局、哈尔滨市地方病防治站等各级卫生机构，将平房鼠疫自然疫源地的拔源工作长期作为工作重点。哈尔滨市还将其辖下的卫生防疫机构，如防疫站、卫生所、卫生队等编为常设机构，这保证了鼠疫疫源地治理的连续性和有效性，亦保障了城乡居民的生命安全、社会进步和经济发展。

注　释

1. 陈致远、柳毅:《常德城区细菌战受害者口述历史调查 12 例》,《湖南文理学院学报》2006 年第 2 期。

2. Walter Eugene Grunden, *Science under the Rising Sun: Weapons Development and the Organization of Scientific Research in World War II Japan*.

3. 增田知贞，陆军军医大佐，1901 年生，毕业于京都帝国大学医学部，医学博士，1937—1939 年任七三一部队第三部部长、器材供应部部长，曾任一六四四部队部队长，战后接受美军调查官汤普森、费尔、希尔的调查，1953 年 4 月死于车祸。

4. Dr. Edwin V. Hill & Dr. Joseph Victor, *Summary Report on B W Investigations*, Location: 290/03/19/03, RG#175, ENTRY#67A4900, Box 217, NARA, College Park, MD, USA.

5. Masuda Tomosada, *Bacteriological Warfare*, Location: 2910, RG#IWG Ref.Coll., NARA, College Park, MD, USA.

6. CPT C. Henze, *Interrogation of Colonel, Enryo HOJO*, Location: 270/13/31/05, RG#319, ENTRY#85, Box 7264, NARA, College Park, MD, USA.

7.《前日本陆军军人因准备和使用细菌武器被控案审判材料》，第 261 页。

8.《前日本陆军军人因准备和使用细菌武器被控案审判材料》，第 69 页。

9.《前日本陆军军人因准备和使用细菌武器被控案审判材料》，第 61 页。

10. LTC Arvo T. Thompson, *Report on Japanese Biological Warfare (BW) Activities*, Location: 2910, RG#IWG Ref. Coll, NARA, College Park, MD, USA, pp. 15-16.

11. Dr. Norbert H. Fell, *Brief Summary of New Information About Japanese BW Activities,* Location: 290/03/19/02, RG#175, ENTRY#67A4900, Box 196, NARA, College Park, MD, USA.

12. Dr. Norbert H. Fell, *Brief Summary of New Information About Japanese BW Activities,* Location: 290/03/19/02, RG#175, ENTRY#67A4900, Box 196, NARA, College Park, MD, USA.

13. LTC Arvo T. Thompson, *Report on Japanese Biological Warfare (BW) Activities*, Location: 2910, RG#IWG Ref. Coll, NARA, College Park, MD, USA, part “SUPPLEMENT 4G”.

14. LTC Arvo T. Thompson, *Report on Japanese Biological Warfare (BW) Activities*, Location: 2910, RG#IWG Ref. Coll, NARA, College Park, MD, USA, p. 11.

15. LTC Arvo T. Thompson, *Report on Japanese Biological Warfare (BW) Activities*, Location: 2910, RG#IWG Ref. Coll, NARA, College Park, MD, USA, p. 15.

16. 井本熊男（1903 年 5 月 1 日—2000 年 2 月 3 日），出生于日本山口县，1925 年毕业于陆军士官学校，1935 年任参谋本部部员，1939 年 10 月任中国派遣军参谋，1940 年 10 月任参谋本部作战课课员，1942 年 12 月任第八方面军参谋，1944 年晋升为陆军大佐。

17. 金子顺一，1913 年 3 月 9 日生，1936 年 3 月 21 日毕业于东京帝国大学医学部，1937 年 7 月至 1940 年 7 月任职于七三一部队细菌实验部，1938 年 7 月 15 日晋升为陆军军医大尉，主要负责细菌武器研发和野外细菌实验；曾转任一六四四部队、陆军省医务局、陆军第九技术研究所，1942 年 8 月 1 日晋升为陆军军医少佐。战后接受美军桑德斯、汤普森、费尔、希尔的秘密调查，后在武田药品工业株式会社工作，主要从事疫苗和动物实验研究。

18. 奈须重雄，日本民间团体七三一部队细菌战资料中心理事。

19. 原表收录于金子顺一的《PX效果略算法》第 6 页。据奈须重雄考证：“广信、广丰、玉山的效果（二次）9210 为 2910 的误输入。”见奈须重雄、谢彩虹：《日军细菌战部队的建立及对华细菌战》，《军事历史研究》2015 年第 1 期。本文采用奈须重雄的考证结果，表格已做修改。

20. 波多野澄雄著、孙凤龙译：《〈陆军军医学校防疫研究报告〉的历史意义》，《武陵学刊》2017 年第 1 期。波多野澄雄，日本国立公文书馆亚洲历史资料中心前主任，日本筑波大学名誉教授。

21. 奈须重雄、谢彩虹：《日军细菌战部队的建立及对华细菌战》，《军事历史研究》2015 年第 1 期。

22. 常石敬一：《731 部隊全史：石井機関と軍学官産共同体》。

23. 中央档案馆等合编:《日本帝国主义侵华档案资料选编・细菌战与毒气战》，第201页。

24. 吉見義明、伊香俊哉:《七三一部隊と天皇・陸軍中央》，東京：岩波書店，1995年，第37頁。

25. 吉見義明、伊香俊哉:《七三一部隊と天皇・陸軍中央》，第40—41頁。

26. 吉見義明、伊香俊哉:《七三一部隊と天皇・陸軍中央》，第40—41頁。

27. 据邱明轩2008年11月21日提供的文字材料整理。邱明轩曾将此段文字作为书面证词提交日本东京地方法院，其书面证词全文收录于杨彦君主编《日本细菌战档案选编（下）》第779—791页。

28. 中央档案馆等合编:《日本帝国主义侵华档案资料选编・细菌战与毒气战》，第233页。

29. 中央档案馆等合编:《日本帝国主义侵华档案资料选编・细菌战与毒气战》，第229页。

30. 中央档案馆等合编:《日本帝国主义侵华档案资料选编・细菌战与毒气战》，第235页。

31. 吉見義明、伊香俊哉:《七三一部隊と天皇・陸軍中央》，第30頁。

32. 吉見義明、伊香俊哉:《七三一部隊と天皇・陸軍中央》，第38頁。

33. 刘雅玲、陈玉芳:《常德生物战疫死人数的七年调查——7643人的死亡名单是如何产生的》，《常德师范学院学报（社会科学版）》2003年第3期。

34. 中国医学科学院流行病学微生物学研究所:《中国鼠疫流行史》（上册），1981年内部印行，第193页。

35. 佟德敬，1920年生，毕业于哈尔滨医科大学，1946年为哈尔滨市鼠疫防疫部成员，1950年为松江省卫生处防疫科科长，负责正红旗五屯的鼠疫疫情防控，曾任松江省防疫站站长。所述内容系由笔者根据录音材料整理，访谈时间为2008年7月8日。

36. 金东君，1923年8月30日生于黑龙江省方正县，1945年毕业于哈尔滨医科大学医学部，1946年为哈尔滨市立医院儿科医师，1946年、1947年参加哈尔滨市鼠疫防疫部，主要负责疫区病人检诊、尸体检验工作，1951年任哈尔滨市传染病医院副院长，2021 年 10 月 7 日去世。所述内容系由笔者根据录音材料整理，访谈时间为 2008 年 8 月 4 日。

37. 纪树立主编：《鼠疫》，人民卫生出版社，1988 年，第 87 页。

38. 刘占忠、赵耀、陈曙光：《哈尔滨市鼠疫防治工作 55 年回顾》，《中国地方病防治杂志》2002 年第 4 期。

39. 哈尔滨特别市防疫委员会宣传科编：《关于哈市防疫工作总结梗概》（1947 年 12 月），辽宁省档案馆藏，编号：ZA19—1—4。

40.《哈尔滨市地方病防治站站志》，1982 年内部印行，第 71 页。

41. 本表根据李仲来、杨岩、陈曙光的《哈尔滨郊区人为鼠疫疫源地鼠类种群动态分析》（《兽类学报》1999 年 2 月第 1 期）制作。

42. 李仲来、杨岩、陈曙光：《哈尔滨郊区人为鼠疫疫源地鼠类种群动态分析》，《兽类学报》1999 年 2 月第 1 期。

43. 李仲来、杨岩、陈曙光：《哈尔滨郊区人为鼠疫疫源地蚤类种群动态分析》，《昆虫学报》2001 年第 4 期。

44. 陈曙光、张庆年、关琳：《哈尔滨鼠疫自然疫源地调查分析》，《中国地方病防治杂志》2000 年第 6 期。

第六章

美国对七三一部队的调查

调查中收集的证据在很大程度上补充、完善了之前所获得的信息，这是日本科学研究人员花费几百万美元历经数年获得的研究成果。这些数据都是通过接种细菌传染病病原体获得的人体感染率，由于进行这种人体实验会受到良心的谴责，所以在我们（美国）的实验室里无法获得。为获得这些数据，我们花费了25万日元，但是这与实际研究的成本相比实在微不足道。[1]

——埃德温·希尔（Edwin V. Hill）

1945年8月15日，日本天皇裕仁以广播发布《终战诏书》的形式，宣布接受《波茨坦公告》，无条件投降，第二次世界大战进入尾声。美国总统杜鲁门任命麦克阿瑟为驻日盟军最高司令官。9月2日，麦克阿瑟在日本东京湾“密苏里”号战列舰上举行受降仪式，日本外相重光葵、参谋总长梅津美治郎代表日本签署投降书。9月9日，日本“中国派遣军”总司令官冈村宁次代表日本在南京向中国投降。

二战结束之后，以美苏为首的两大集团迅速进入冷战阶段，世界格局发生巨大变化，正是在这种时代背景下，美国主导了对日本的战后处理。

◎ 图6—1　1945年9月2日，盟军在日本东京湾“密苏里”号战列舰上举行受降仪式，日本外相重光葵、参谋总长梅津美治郎代表日本签署投降书。

一、桑德斯的调查

二战期间，美国已侦知日本秘密从事细菌战活动并保持密切关注。“密苏里”号签字仪式刚刚结束不久，美国国防部便立即派出桑德斯和科尔等军事技术专家前往日本调查细菌战。

桑德斯为美国德特里克基地微生物学专家，军医中校，其在东京先后讯问参谋本部、陆军省医务局、陆军军医学校、七三一部队的有关成员。1945 年 9 月 20 日，桑德斯讯问了陆军军医学校井上隆朝大佐，10 月 1 日讯问了内藤良一中佐、新妻清一中佐，10 月 7 日讯问了金子顺一少佐，10 月 9 日讯问了增田知贞大佐；另外还讯问了梅津美治郎、河边虎四郎、下村定等陆海军高级军官。11 月 1 日，桑德斯执笔完成了《日本科技情报调查报告·生物战》，也就是通常所说的《桑德斯报告》。

◎ 图 6—2 莫瑞·桑德斯中校。

桑德斯中校作为美国派往东京的第一任调查官，获取了七三一部队一部分机密情报。桑德斯记录了七三一部队的研究范围、指挥系统、部队职责、人员构成、组织结构和整体规模等相关信息，还评估了日军疫苗和细菌的生产能力，绘制了平房地区略图和细菌炸弹图纸等。美军在掌握这些信息的基础上，开始频繁地接触七三一部队核心成员。桑德斯在日本调查期间也一直寻找石井四郎，但是直到他完成《桑德斯报告》，还是没有发现石井四郎的踪迹，为此他不得不求助驻日美军的情报部门。

1945 年 11 月 10 日，石井四郎在他的老家千叶县山武郡千代田村为自己举办了一场假葬礼，之后便在千代田村村长的帮助下潜伏起来，这显然是为了躲避桑德斯等人的追查。然而，12月3日，盟军总司令部谍报部门就通过情报线人得知石井四郎的葬礼是假的。12月28日，美军的情报记载：“石井四郎离开哈尔滨时拥有大约100万元的巨额现金，情报线人因为石井四郎没有作为战犯被逮捕而感到很诧异。”[2]1946年1月7日，美军的情报记载：“按照美国国防部1946年1月6日的意见，石井四郎在满洲指挥过细菌战实验活动，应予以逮捕并审问。盟总对敌谍报部的记录未能揭示石井四郎的行踪，也没有向日本政府提出逮捕石井四郎引渡给美军的要求。”[3]1月8日，美军情报线人提供了石井四郎的行踪：“石井四郎去了金泽地区，金泽大学病理学教授石川太刀雄丸知道石井四郎的行踪。”[4] 1月9日，美军通过东京中央联络办公室得到情报：“日本帝国政府欲将石井四郎带到东京交由盟军最高司令官处置，石井四郎到达东京后，日本帝国政府将立刻通知总部。如果1946年1月16日午夜前石井四郎还未到达，日本帝国政府将递交详细报告，包括石井将军的行踪、未出现的原因，并由此推断其到达的日期。”[5]

虽然日本政府承诺了最后期限，但是到了1月16日，东京中央联络办公室只是象征性地询问了石川太刀雄丸，仍然没有得到石井四郎的任何信息。1月19日，远东国际军事法庭正式成立，颁布了《远东国际军事法庭宪章》。1月21日，美军的情报显示：“盟总参谋二部要求得到细菌战相关资料，并希望能够搜集更多有价值的情报。”[6] 此时东京审判即将开始，石井四郎依旧杳无音讯，美国情报部门认为东京中央联络办公室无法向美军报告石井四郎的行踪及其到达东京的日期，为此美军决定自行追踪。大约在2月初，美军终于发现了石井四郎，此后美军的情报部门便持续监视石井四郎。

二、汤普森的调查

桑德斯中校返回美国以后，美国国防部又派遣汤普森中校前往日本继续调

◎ 图6—3 1946年2月5日，汤普森（右一）中校在石井四郎家中调查，右二为石井清子。

查七三一部队。汤普森是美国德特里克基地兽医中校，精通细菌战研究。1946年2月5日，汤普森中校前往石井四郎家中调查。据《汤普森报告》记载，这是美军第一次讯问石井四郎，但这次讯问竟是在友好的气氛下进行的。

汤普森：你是否在陆军军医学校和哈尔滨进行过细菌战研究？

石井四郎：细菌战研究只是在哈尔滨进行的，陆军军医学校所从事的是普通预防医学的研究。

汤普森：京都帝国大学有相关研究吗？

石井四郎：该大学教授对此不感兴趣，所以没有进行。

汤普森：研究工作仅限于哈尔滨研究所吗？

石井四郎：对，只在哈尔滨。我部队中的一些人和其他对此一无所知的人散布谣言说，我们进行了许多关于细菌战的秘密工作，甚至夸大其词说部队已经部署一整套细菌战进攻计划，培养大量细菌，生产了大批炸弹，并为此目的集结许多飞机，我想告诉你这些都绝非事实。

汤普森：换句话说，除哈尔滨研究所外，你们没在其他地方展开细菌战研究？

石井四郎：是的。

汤普森：你认为敌方会实施细菌战吗？

石井四郎：我认为有一些国家可能会。

汤普森：哪些国家？

石井四郎：苏联和中国。因为他们曾经使用过，所以我认为他们会再次使用。

汤普森问：你认为美国会实施细菌战吗？

石井四郎：我认为不会。

汤普森：为什么？

石井四郎：美国财力物力丰富，理应使用更科学的战争手段。

汤普森：你认为细菌战有实用性吗？

石井四郎：实施细菌战，必须具备大量的财力物力。

汤普森：你认为细菌战会成为将来各国应对的问题吗？

石井四郎：在一场胜算已定的战争中，没有必要使用细菌战；然而在一场注定失败的战争中，又没有有效实施细菌战的机会。细菌战研究需要大量人力、物力和财力，但几乎没有数据能证明细菌战的有效性。我不知道细菌战能否在大规模战争中有效，但在小规模战争中可能有效。

汤普森：你指的是破坏活动吗？

石井四郎：某些破坏活动，如向井中投入细菌，就可能产生影响。

汤普森：这种方法都能奏效吗？

石井四郎：我认为这种破坏方法可以通过我发明的净水法来控制。我从广播中听说苏联已经完成了细菌战的准备，这着实令人恐慌，但不知道这是事实，还是刊登在《红星》或其他报纸上的威慑信息。我不知道他们在细菌战方面的研究进展到哪一步了，如果他们用细菌战来进攻，也不知会使用何种细菌。

汤普森：你认为苏联人最有可能使用哪种细菌？

石井四郎：兔热病、斑疹伤寒、霍乱、炭疽和鼠疫菌。

汤普森：为什么你认为苏联人可能使用这些生物体？

石井四郎：从苏联返回的情报人员报告说，苏联人已经将这些生物体应用到细菌战备战过程中。

汤普森：大规模生产斑疹伤寒杆菌可行吗？

石井四郎：如果能大量繁殖虱子，就能大规模生产斑疹伤寒杆菌，德国和瑞士的疫苗就是通过虱子获取斑疹伤寒杆菌的。但繁殖这种虱子的一大难题是，必须要用被感染的人类血液感染虱子。威尔氏病菌也是以同样方法培养的，因此很难获取大量的样本。如果一个国家足够富足，那么它可以将此疾病转化为一种极具威胁性的武器。

汤普森：有针对食用作物的细菌战研究吗？

石井四郎：我们从没做过此类研究，我们的工作是保证士兵的安全。

汤普森：其他人做过此类研究吗？

石井四郎：我不知道。

汤普森：你们曾用动物做细菌的传播媒介吗？

石井四郎：我们从没用大型动物做过此类实验，但用过小型动物，我们部队没有兽医。

汤普森：兽医实验室做有关细菌战的实验吗？

石井四郎：我不知道，因为这是机密，所以各部队之间都没有交流，甚至我的部队中的人在研究什么彼此都不知道，只有我、增田大佐和其他一两个人知道。

汤普森：其他这一两个人是谁？

石井四郎：有些人对所做的工作有所怀疑，但也不清楚。只有增田知贞大佐和我知道。

汤普森：细菌战研究所（七三一部队）中哪个部负责细菌战研究？

石井四郎：实验设计出来后，我们从各个部挑选出大量人员来进行这项工作。他们只是暂时集合到一起，实验结束后就地解散。

汤普森：从事这项工作的人都知道工作性质吗？

石井四郎：他们没有被告知在进行什么工作。因为正常工作被打扰，不能继续进行自己的实验，他们表示抗议。

汤普森：如果参加这项实验的人员被告知实验目的，工作会不会有更大的进展？

石井四郎：如果他们知道了，便会退缩或要求更多的报酬。他们不是专业技术人员，通常是从普通士兵中挑选出来的。

汤普森：服从命令是军人的天职，你没有命令他们去做这项工作吗？

石井四郎：我不能给他们下命令，他们不是现役军人，而是后备军人。分部中那些才是现役军人，总部的不是。

汤普森：海军方面配合做了哪些细菌战的研究工作？

石井四郎：我们之间没有任何合作。[7]

汤普森在《远东国际军事法庭宪章》颁布之后找到并讯问石井四郎，必然会给石井四郎造成极大压力。通过上述对话，可以看出石井四郎在整个讯问过程中谎话连篇，他既不敢全面否认犯罪，又不愿意承认所有事实，在关键问题上要么闪烁其词，要么避重就轻，妄图借此逃脱战犯审判，以期掩盖犯罪事实免于责任追究。此时石井四郎内心应是充满了恐惧，他知道自己随时都有可能走上受审席，是否同汤普森合作，以及如何合作，关系到他和七三一部队所有成员的命运，因此在讯问过程中他不断尝试将话题引导到苏联细菌战上，企图将细菌战调查复杂化，采用浑水摸鱼的伎俩窥测美国人的真实意图。

在讯问石井四郎的第二天，汤普森马不停蹄地讯问了北野政次。有一种很大的可能，汤普森在讯问石井四郎的时候，就已经特别注意到石井曾说“只有我、增田大佐和其他一两个人知道”，那么“其他一两个人”必然包括北野政次，汤普森当然不会轻易地无视这样的重要情报。

汤普森：除哈尔滨外，哪个研究所还进行细菌战研究？

北野政次：由于细菌战研究的保密性，其他研究所没有参与其中。

汤普森：很难想象细菌战研究仅限于哈尔滨这一个研究所，因为日本同样机密的研究都是在多个研究所进行的。

北野政次：细菌战研究是受限制的，《日内瓦公约》明令禁止，因此未曾授权。

汤普森：那是谁批准哈尔滨研究所进行细菌战研究的？

北野政次：石井。[8]

汤普森面对的是两任七三一部队部队长石井四郎和北野政次，毫无疑问，他们都知晓七三一部队的所有机密。汤普森围绕七三一部队的核心人员开展问讯，无疑是找到了桑德斯没有找到的捷径。

汤普森正面接触石井四郎和北野政次的同时，美军的情报系统潜伏在隐蔽战线下仍然在持续追踪石井四郎。

3 月 11 日，美军情报记载："石井四郎回到千叶县的家中需要向美国方面报告住址，技术情报部门可能再次对其进行讯问，石井四郎需要随时准备接受讯问。"[9]

3 月 16 日，情报记载："石井四郎并没有向美国方面报告行踪，称因卧病在床而滞留东京，石井清子称将在石井四郎病愈后返回千叶县家中并报告行踪。"[10]

4 月 1 日，情报显示："石井四郎并没有向美军报告其在千叶县的地址。"[11]

5 月 31 日，汤普森完成了《关于日本生物战研究和准备状况的报告》[12]，记录了七三一部队人员配置、组织构成、研究范围以及细菌战有关信息。通过多次问讯石井四郎，汤普森得到了比《桑德斯报告》更多更重要的情报。这一秘密过程的详细情况已难以得知，但石井四郎从避谈细菌战、人体实验到积极配合汤普森的调查，短时期内发生如此巨大变化，除了受到美军施加的压力之外，还有一个原因应是他得到了"调查不会作为战争罪行证据来使用"[13]的某种暗示。

三、费尔的调查

1946 年 9 月 12—19 日，苏联调查员库多里亚切夫上校、尼基辛上尉在哈巴罗夫斯克战俘营讯问了川岛清和柄泽十三夫，获知大量细菌战情报线索，并通过情报渠道将细菌战线索传递给正在参加东京审判的苏联代表。

（一）苏联的提议和美国的反应

1947 年 1 月 7 日，远东国际军事法庭苏联助理检察官瓦西里耶夫（A. N. Vasiliev）少将，通过国际检察局调查部向盟军总司令部第二参谋部副参谋长威洛比（Charles A. Willoughby）少将发出请求函，瓦西里耶夫提出讯问石井四郎、菊池齐和大田澄，要求提供村上隆和中留金臧的住址，并明确说国际检察局苏联处已经掌握了日军实施细菌战有关材料，在呈交给东京法庭之前希望进行补充讯问。瓦西里耶夫的书面提议，使美军情报工作负责人威洛比意识到，苏联人已经注意到了七三一部队的罪行，或许苏联也正在探知美军的动向。对这次苏联有所准备地突然提出要求，美国人急于了解苏联细菌战情报的底牌，苏联人是怎么知道的？苏联人到底掌握些什么？为此，美国远东司令部情报部中校马奎尔主动约谈了苏联人。

◎ 图 6—4　七三一部队第一部部长菊池齐（左二）在奉天战俘营。

1月15日上午9时，在东京的原陆军省大楼，盟总国际检察处沃多夫（D. L. WalDorf）、马奎尔（R. P. McQuail），美国化学战办公室少校凯勒（O. V. Keller），苏联上校斯米尔诺夫（Leon N. Smirnov），以及两名译员召开了会议。斯米尔诺夫申明讯问日本人的理由，苏军通过审讯战俘掌握了细菌战情报，“以上情报对俄国人来说是非常荒谬的，引起俄国细菌战专家的关注，他们重新进行了讯问并考察了平房的废墟最终确认了情报”。[14]马奎尔中校问：“平房的废墟是因为遭到了轰炸还是由于战斗而毁坏的呢?”[15]斯米尔诺夫答：“平房被日本人彻底摧毁，这些日本人试图掩盖所有证据。所有文件也都销毁了，因此我们的专家甚至都懒得再去给废墟拍摄照片了，损毁得太彻底了。”[16]斯米尔诺夫还补充道：“在纽伦堡审判中，一名德国专家证人称，以跳蚤传播斑疹伤寒是公认的细菌战最佳战法。日本人似乎也掌握了这种技术，而得到这个情报对美国和苏联来说都是有价值的。”[17]或许斯米尔诺夫并没有意识到，马奎尔提出的“平房的废墟”问题直接关系到美军的评估。如

◎ 图6—5 纽伦堡医学审判庭审现场。

果苏军在战斗中破坏了平房细菌战基地，必定会有部队文件和细菌战情报被缴获，那么苏军掌握细菌战情报的范围则难以评估。如果是七三一部队自行摧毁平房本部，细菌战情报数据有两种可能，一种可能是被提前转移，另一种可能是现地直接销毁，那么苏联不会得到更多有价值的直接情报。

在细菌战情报浮出水面之前，美军已经秘密调查了16个月，调查的效果与预期的目标有多少差距，调查的程度和实际的情况有多少差异，构成了美国权衡利弊进而制定应对策略的参考要素。一方面，美国试图主导东京审判并得到苏联的支持，一定程度上需要采取妥协的方式处理正面冲突，不能让细菌战事件直接影响到与苏联之间的合作。另一方面，美国希望达成独占细菌战情报的预设目标，又担心引起苏联的觊觎和穷追不舍，形成细菌战情报被迫公开的不利局面。为此，美国远东军司令部通过军事急电请示华盛顿。

1947年2月7日，美国远东军总司令麦克阿瑟给华盛顿陆军参谋长发去编号为C-69946的请示电文：

> 这个请求是基于身份不明的战俘那里获得的情报而提出的，他们声称由上述三名日本人授权和实施的人体实验造成了2000名中国人的死亡。苏联人认为他们提出对战争罪行进行补充审判的要求一定会得到美国政府的批准。苏联人也承认他们对战俘所描述的日本人在平房大规模生产斑疹伤寒、霍乱以及携带斑疹伤寒的跳蚤等事项感兴趣。我们这边得出的结论是，苏联人不能得到美国尚不知晓的情报，而美国可以从监督苏联人的讯问中获得其他情报信息。根据1946年7月24日URAD WX95147号电报第3E段和第5段的内容，要求做出是否允许苏联讯问的决定。[18]

2月9日，美国参谋长联席会议将麦克阿瑟发来的电文，以“关于许可苏联检察官讯问某些日本人的请求”为题，转发给国务院、陆军部、海军部协调委员会（以下简称“协调委员会”），并要求将此事作为紧急事项来考虑。

2月11日，协调委员会向远东分委员会下发命令，要求其针对麦克阿瑟的电报草拟回复意见。

2月26日，协调委员会远东分委员会完成了《关于许可苏联检察官讯问某些日本人的请求协调委员会远东分委员会报告》，并上报协调委员会。远东分委员会在报告中提出：先行对菊池齐和大田澄讯问，重要情报不能透露给苏联，不得对苏联提及美方的讯问。另外还附加了一条，同意苏联此次讯问是美国政府做出的友好举动，并且明确要求苏联“下不为例”。

3月27日，苏联不断催促美国回复意见，威洛比写道：“苏联人几乎每天都反复询问，令人如此不悦。”[19]在此期间，瓦西里耶夫希望同威洛比会面，威洛比予以拒绝，只派出了两名总参谋部上校与瓦西里耶夫会面。

3月27日，美国参谋长联席会议以编号W-94446电文回复了麦克阿瑟C-69946号电文：第一，由能胜任的美方人员先行对菊池大佐和大田大佐进行讯问。在征得远东军司令部同意的前提下，陆军部派遣特训专家代表进行讯问并监督苏联讯问。第二，如果在对菊池齐和大田澄的先期讯问中，出现了一些极其重要的情报信息，则不得将此情报透露给苏联，同时应告知他们不得向苏联透露此类情报。第三，在苏联讯问之前，必须指示日本细菌战专家，不得向苏联提及美国此前的讯问。[20]

接到参谋长联席会议的电文之后，驻日盟军总司令部总参谋部拒绝将石井四郎和大田澄移交给苏联，同时提出美国和苏联将开展联合讯问，声称这是“友好政府做出的友好举动”，但是这样的情况“下不为例”。

（二）费尔的调查与东京密谋

4月1日，美军化学战部队惠灵顿上校选定费尔接替汤普森继续开展调查。诺伯特·H. 费尔，在美国芝加哥大学取得博士学位，以微生物学和传染病学为主要研究方向，美国德特里克基地植物实验部主任。

4月13日，费尔抵达东京，他仔细研究了桑德斯和汤普森的报告，随后展开了新一轮的讯问。

4月21日，费尔和马奎尔中校问讯了龟井贯一郎[21]。龟井说：“我最初作为口译者参加桑德斯中校的调查，在后续阶段我努力说服日本人提供所有情报。我认为，接受讯问的人在回避问题，提供的情报并不完整，并且推卸了责任，这都是因为他们害怕自己被列为战犯。日本刚刚投降，关于细菌战的讯问接踵而至，大家都忧心忡忡，不愿意畅所欲言。美国人来了以后，时局大好，日本开始复苏，所以我认为相关日本人一旦得到保证，即他们提供的情报不会作为战犯的证据，那么贵国将能得到更多情报。”[22]

4月22日，费尔问讯了增田知贞。亀井转译了增田的供述：“这些实验都是在人的身体上实施的，受试者都是被判处死刑的‘满洲’犯人；参与这些人体实验的人员都发过誓，绝不泄露这些秘密。”[23]

4月24日，亀井鼓动费尔说：“增田、金子和内藤了解绝大部分细菌武器的内情，如果将他们带往美国，他们可以凭借记忆恢复所有记录。”从常识上来讲，通过记忆恢复所有记录是不可能的，然而这也可以看作是资料、是可以恢复的另外一种表达。[24]

4月28日，费尔讯问了增田知贞、金子顺一、内藤良一，并给了他们一份提纲，要求提交书面答复。

4月29日，增田知贞、金子顺一、内藤良一再次接受费尔讯问。内藤良一说：“我们愿意合作，也清楚我们要感谢盟总，但是我们对自己的朋友也有责任。我们都发过誓绝不泄露有关人体实验的情报，担心我们当中某些人会因此而当作战犯遭到起诉。我们不知道其他人在多大程度上是否愿意给我们以保证，不过贵方如果能够给予我们书面豁免文件，或许我们都能够拿到自己想要的一切。”[25]费尔当即向他们口头保证不会追究战争罪行，并且要求补充部分情报。

4月30日，增田知贞、内藤良一和金子顺一提交了书面声明。增田说：“昨天会面之后，我与朋友交流过，获准告知贵方为何人体实验情报至今未予披露。早在1938年，也就是刚刚开始人体实验的时候，所有参与该项目的人都发誓永远不泄露任何细节。桑德斯博士得到的并不是错误的情报，只是他没有获得全部的情报。考虑到目前的世界局势，我认为美国和苏联必将有一方统治世界，我认为胜出的应该是美国，所以我希望与美国合作并帮助他们。因此，我认为之前的誓言不再有效。”[26]增田为了争取费尔的进一步信任，写了一封信给费尔。增田说：“既然贵方想要获得四名日本人掌握的情报，而又不希望我们与他们接触，那么我就替贵方写一封信，告诉他们把情报都交给贵方。”[27]

5月1日，费尔讯问菊池齐。费尔记录如下：“他（菊池齐）显得很紧张，面露惧色，在回答美军的问题时，要么坚称自己一无所知，要么不予承认，没有主动供述任何有价值的情报。”[28]

5月2日，费尔再次讯问菊池齐。费尔告诉菊池齐，他将接受苏联方面的讯问。菊池听到这句话之后，请求回到住所调整一下自己的状态，明天再来接受讯问。菊池向日籍译员吉桥透露：“当前很害怕再多说些什么，因为他可能会被其他审讯员指控说谎。”[29]

5月6日，在费尔的策划和极力推动之下，美国远东司令部向美国陆军部情报总局阿登·怀特（Alden Waitt）少将发了一封军事急电，编号是C-52423，主要内容如下：

1.从日本人那里获得的报告书在此确认了苏联呈给美国的审讯资料包含了有关苏联战俘川岛（清）和柄泽（十三夫）的报告书。

2.三名日本人知晓并描述同是经石井四郎默认的人体实验；针对中国军队实施的野外实验至少在三个地方发生。由可靠线人提供的报告中指出了研究项目的实验规模，1945年8月在平房销毁了400千克的干燥微生物，开展了植物细菌战的研究。石井四郎作出的不情愿的声明表明他有上级（可能是日本陆军参谋本部），且上级知晓并授权该研究项目。石井四郎声称如果以书面形式豁免他、上级及其部下的战争罪行，那么他可以详细描述该研究项目。石井四郎还声明，他拥有大量的高级理论知识，包括细菌战在防御和进攻方面的战略和战术的运用，研究用于远东地区的最佳细菌战剂，以及细菌战在寒冷地区的使用。

3—A.到目前为止，通过问讯，利用日本对苏联的畏惧以及同美国合作的愿望获得了报告书。大部分资料包括珍贵的人体实验、细菌战技术资料，以及细菌战毁灭农作物的研究资料，或许也可以通过这种方式从那些不希望遭受战争罪行审判的日本军人那里获得。

3—B.其他包括从石井四郎那里获得的报告书等资料，可以通过告知相关日本人以下消息来获得，即相关资料将通过情报渠道进行留存，不会作为战争罪行证据来使用。

3—C.包括石井四郎及其上级的计划和理论资料等，或许可以通过书面豁

DECLASSIFIED ... JCS LTR OF

TOP SECRET

GB CAW/RPM/mjd

CINCFE 6 May 1947

WDCID (PASS TO CGMLC) TOO: 061015

. . . . OPERATIONAL PRIORITY

(C-52423) Request MID pass to Major General Alden Waitt. Re JCS Radio W 94446, SWNCC 351/1 and Doctor Fells letters via air courier to General Waitt 29 April and 3 May 1947. This radio is in five parts.

Part One--Statements obtained from Japanese here confirm statements of USSR prisoners Kawashima and Karasawa contained in copies of interrogations given US by USSR.

Part Two--Experiments on humans were known to and described by three Japanese and confirmed tacitly by Ishii; field trials against Chinese Army took place on at least three occasions; scope of program indicated by report of reliable informant Matsuda that 400 kilograms of dried Anthrax organisms destroyed at Pingfan in August 1945; and research on use of BW against plant life was carried out. Reluctant statements by Ishii indicate he had superiors (possibly General Staff) who knew and authorized the program. Ishii states that if guaranteed immunity from "War Crimes" in documentary form for himself, superiors and subordinates, he can describe program in detail. Ishii claims to have extensive theoretical high-level knowledge including strategic and tactical use of BW on defense and offense, backed by some research on best BW agents to employ by geographical areas of Far East, the use of BW in cold climates.

Part Three--A. Statements so far have been obtained by persuasion, exploitation of Japanese fear of USSR, and desire to cooperate with US. Large part of data including most of the valuable technical BW information as to results of human experiments and research in BW for crop destruction probably can be obtained in this manner from low echelon Japanese personnel not believed liable to "War Crimes" trials.

B. Additional data, possibly including some statements from Ishii probably can be obtained by informing Japanese involved that information will be retained in Intelligence channels and will not, be employed as "War Crimes" evidence.

-1-

C
O
P
Y

MAR '48 - YW/-97605 - replies
WAR 80671 refers
W-99277 refers
W-98097 refers

TOP SECRET

"WC" 147 INDEXED BY MacARTHUR ARCHIVES

◎ 图6—6 1947年5月6日，美国远东司令部给美国陆军部情报总局发送的军事急电C-52423之一（美国国家档案馆藏）。

~~TOP SECRET~~

C. Complete story, to include plans and theories of Ishii and superiors,, probably can be obtained by documentary immunity to Ishii and associates. Ishii also can assist in securing complete cooperation of his former subordinat es.

Part Four—None of above influences joint interrogations to be held shortly with USSR under provisions of your Radio W-94446.

Part Five—Adoption of method in part Three—B. above recommended by CINCFE. Request reply soonest.

OFFICIAL:

R. M. LEVY
Colonel, AGD
Adjutant General

APPROVED BY:

G. S. MYERS
Colonel, GSC
Executive Off, G-2

Dist:
5-AG
1-G-2 File
1-G-2 Return

REFERENCE RADIO W-94446

DECLASSIFIED PER JCS LTR OF 20 AUG. 75

MACARTHUR ARCHIVES

6 May 1947

MEMORANDUM FOR RECORD:

1. War Department Radio W-94446 and SWNCC 351/1 authorized joint interrogations of certain Japanese on BW with USSR, but not on basis of "war crimes". BW information of type described below follows your JCS directive and requires reference to War Department.

2. USSR interest arises from interrogations of two captured Japanese formerly associated with BW. Copies of these interrogations were given to US. Preliminary investigation confirm authenticity of USSR interrogations and indicate Japanese activity in

a. Human experiments.
b. Field trials against Chinese
c. Large scale program.
d. Research on BW by crop destruction.
e. Possible that Japanese General Staff knew and authorized program.
f. Thought and research devoted to strategic and tactical use of BW.

-2-

COPY

~~TOP SECRET~~

"WC" 147

◎ 图6—7 1947年5月6日，美国远东司令部给美国陆军部情报总局发送的军事急电C-52423之二（美国国家档案馆藏）。

免石井四郎及其同伙罪行的方式来获得。

4.根据国防部94446号来电的内容，上述内容不会影响即将被苏联掌握的联合问讯资料。

5.远东司令部建议采用3—B所述的方法。请尽快回复。[30]

C-52423号电文另附一份备忘录，在这份备忘录中，费尔建议："一些有关理论性、战略性和战术性资料等，将通过情报渠道进行留存，不会作为战争罪行的证据来使用。"[31]获取这些资料采取的方式是："以书面形式豁免有关高级别官员的战争罪行。"[32]

5月8日，费尔讯问石井四郎。费尔、马奎尔、吉桥等前往石井四郎的家中，当时"石井四郎卧床不起，看上去健康欠佳"。费尔向石井说明了问讯的主要事项：一是此次调查是为了收集科学技术情报，而不是调查战争罪行。二是讯问员熟悉石井之前的声明。三是美方对石井此前隐瞒的情报感兴趣。四是希望石井能够说明有关人体实验的情况，以及对中国军队发起的生物武器实验。五是川岛清和柄泽十三夫已经向苏联人交代了他们所知的情报。石井提出："我对平房负有完全责任。我不希望看到我的上级和下属为在平房发生过的事情而惹上麻烦。如果贵方能够给我、我的上级和下属出具书面豁免文件，我会把所有的情报都给贵方。增田、金子和内藤，只要是贵方认识的人，都会给贵方提供大量情报。我愿意被美方聘用为生物武器专家，为了应对将来与苏联发生的战争，我会将自己20年的研究和所得都拿出来。"[33]

5月9日，费尔再次讯问石井四郎。费尔给了石井一份提纲，列出了美方需要的情报信息。当吉桥将提纲念给石井听的时候，石井打断了四次，提出了一些疑问和看法。费尔在报告中记述道："石井心里尚有疑虑，在没有书面豁免文件的情况下就完全合作是否明智。但是，看起来在石井获得书面豁免文件之前，他还是会就问卷回答一些问题。"[34]

5月10日，费尔讯问村上隆、大田澄和碇常重。村上隆第一次接受美国人的讯问，他说道："我销毁了自己所有的文件，现在必须全部依赖记忆了。"[35]大田澄说："我会考虑一下之后再和增田知贞商议，然后再回来与贵方会谈。"费尔在备忘录中评价道："大田看上去精明能干，是一名愿意合作的专业人员；而且他回答问题直截了当，在陈述中表现得忠实可靠。”碇常重说：“我已经很久没有想起该部队了，我刚刚从外地回来，长途跋涉，旅途劳顿，还没有做好心理准备接受细致的讯问。我需要思考，好好回忆一下。”[36]

为了应对接下来苏联的讯问，费尔向石井四郎、村上隆和大田澄提出不得向苏联提及美军的问讯以及透露有价值的细菌战情报。村上隆态度明确：“我会依照贵方指引予以合作，否认有关的情报对我来说不是难事，因为我主要负责行政事务。”[37]大田澄回应道：“非常感激贵方的帮助，我需要几天时间在思想上准备好即将到来的讯问。”[38]

（三）明面妥协和暗面对抗

5 月 12 日，苏联检察官斯米尔诺夫上校在费尔、马奎尔等人的监听下讯问了村上隆。摘录如下：

斯米尔诺夫：在我弄清楚你的职位与职责后我会问你更多的问题。作为第二部部长，你一定是出色地完成了你的职责。我同意你说的，即你是按照上级的命令来完成你的任务，安排他人接受命令。所以我认为你应该能够告诉我们是谁发布的命令，又是谁对培育跳蚤最感兴趣。这个人是谁？你不可能对此事完全一无所知。

村上隆：如果我说你自己去想象吧，这也许不太礼貌。我已经说过了，对此我无法回答更多了。

斯米尔诺夫：你是说让我们自己去想象。这是否意味着你无法回答更多，抑或仅仅是因为你不想告诉我们更多的事情……你在仔细思考后还有什么要说的吗？

村上隆：现在我没有什么要说的。

斯米尔诺夫：是谁第一个想到细菌战的？

村上隆：我不知道……

斯米尔诺夫：我们并不是要问你是否亲自做过这样的实验，我们想知道这个部队是否进行过这样的实验。

村上隆：我不知道。

斯米尔诺夫：我们不能理解你为什么不说实情。

村上隆：对于我不知道的事情我无法告诉你……

斯米尔诺夫：请仔细想想，以不让你自己陷入尴尬的境遇。因为有其他人已经在此事上做过证了。我们会慢慢等待你的答复。

村上隆：我还是想不起来。

斯米尔诺夫：我必须要再次提醒你一味地否认就会让你自己陷入非常尴尬的境地。为什么你不能对此作证呢？其他人在某种程度上已经说出了一些具体细节。警告你说出你所知道的全部事情。

村上隆：很抱歉我耽误了很多时间，但请给我足够的时间来想想。

斯米尔诺夫：当然，我们已经考虑了需要的时间。

村上隆：我记得的事情，没有什么需要补充的了。[39]

斯米尔诺夫之前已经拿到了川岛清和柄泽十三夫的证词，因此在整个讯问中他有着非常明确的预设目标。村上隆此前已经接受费尔的秘密讯问和授意，一概否认斯米尔诺夫列举的所有内容。在讯问中一旦涉及具体细节，村上隆要么顾左右而言他，要么完全不予承认，毫无遮掩地回避所有问题的关键部分，即使在斯米尔诺夫宣读川岛清和柄泽十三夫证词的情况下，村上隆也毫不妥协。

5 月 16 日，斯米尔诺夫讯问了大田澄，摘录如下：

斯米尔诺夫：为什么该部队要培育如此多的跳蚤？

大田澄：我认为跳蚤的数量不是很多。对于有大量跳蚤的事情，我并不知道。

斯米尔诺夫：你见过跳蚤班的活动吗？

大田澄：不，没见过。

斯米尔诺夫：培育跳蚤的目的是什么？

大田澄：我认为首要原因是进行鼠疫防治的研究工作，这是一个无法分割的问题。

斯米尔诺夫：那么跳蚤是鼠疫传播的媒介物，是吗？

大田澄：是的，我认为跳蚤作为鼠疫传播的媒介是众所周知的事实。

斯米尔诺夫：鼠疫菌会感染什么物体呢？

大田澄：我不知道也没有见过。当然，鼠疫研究中会使用老鼠，难道不是吗？

斯米尔诺夫：为什么要向部队输送已经被判死刑的中国人？

大田澄：从没有这样的人来过部队。

斯米尔诺夫：你有很好的记忆力，但一旦涉及这些重要问题的时候，你的记忆力就减退了。

大田澄：大多数我听过或见过的事情我都记得，但是我没有见过或听过的事情我自然不记得。

斯米尔诺夫：刚才所问的问题是你见过、听过并参与其中的事情。

大田澄：不，绝对不是。

斯米尔诺夫：你一定知道关于这些实验的一些事情。

大田澄：我毫不知情，我从没听过也没见过这种事情……

斯米尔诺夫：部队里有监狱关押中国人吗？

大田澄：绝对没有。

斯米尔诺夫：那么这个大院里都有什么建筑呢？

大田澄：仓库。

斯米尔诺夫：仓库里有什么？

大田澄：仓库里有用于实验室的化学材料，非循环使用的物品以及一些机器。

斯米尔诺夫：这些建筑里有人吗？

大田澄：没有。

斯米尔诺夫：你没有如实回答问题，很奇怪你竟然隐瞒事实。

大田澄：我没想要隐瞒。[40]

斯米尔诺夫同美国人一起讯问大田澄之后间隔近一个月，才于6月13日讯问石井四郎。摘录如下：

斯米尔诺夫：难道你没有强调过将跳蚤用作进攻型细菌战的武器吗？

石井四郎：细菌战吗？

斯米尔诺夫：是的，进攻型和防御型。

石井四郎：我明白了。我认为防治鼠疫流行是绝对必要的，但从研究工作中断定将其用作进攻型武器是没有价值的。理由就是鼠疫菌在几小时就会灭亡，跳蚤在四星期内也会灭亡。这是我认定其不稳定的原因，也是为什么我认为只需要考虑防御方面事宜的原因。因为跳蚤的不稳定性，我得出的结论就是灭绝老鼠就能够解决问题了。我认为跳蚤不可能有益的使用。

斯米尔诺夫：你们做了何种实验确定将跳蚤用作细菌武器是没有价值的呢？

石井四郎：在疫病防治中，当采取了措施灭绝老鼠后，跳蚤立即就会灭亡。老鼠很怕消毒水，很容易就会灭亡。因此我认为其不宜使用，因为它不能存活数年时间。我是在长春鼠疫防治工作中发现，通过使用灭虫剂跳蚤也很容易灭绝。

斯米尔诺夫：我知道你的部队十分热衷于大量生产跳蚤。远征队出征时，携带了5公斤的跳蚤，那么难以想象培育跳蚤仅仅是出于防御的目的。

石井四郎：不是的，绝对是出于防御目的。我不知道谁这么想象的，也不知道他说过些什么。但就整个部队而言，这绝对是防御措施，除此以外，别无其他。

斯米尔诺夫：为什么远征队出征华中地区要携带近五公斤的跳蚤？

石井四郎：我不知道是谁称重的，也不知道是谁看过跳蚤被称重的，但是没有携带跳蚤，我想这不过是一种想象，我不知道。

斯米尔诺夫：你坚称这只是一个谣言吗？哪怕参加过远征队的碇常重中佐及高桥正彦少佐都就此事实做过证言了。

石井四郎：从未发生过这样的事情。我不知道碇常重中佐如何称重。我无法相信，我认为这不是实情。

斯米尔诺夫：碇常重中佐没有说他们携带了5公斤的跳蚤，但是，他说他们携带了大量的跳蚤。高桥少佐和柄泽少佐说过远征队出发时携带了 5 公斤的跳蚤。

石井四郎：说谎。我不相信。如果高桥说了你们刚才说的话，你们能把他带到我面前来吗？如果我问他用什么方法对跳蚤进行称重或者用什么容器携带，问题就会得到澄清。我认为问题出现的原因是当事情从一方传达到另一方时，最初语气是“难道不是吗？”逐渐演变为“可能如此”再变为“一定如此”等……无论如何，这是他们根据自己的想象做出的陈述吗？我无法相信。

斯米尔诺夫：那么，任何人都可以进入部队区域码？当部队持有毒性细菌时，允许他人进入吗？

石井四郎：不可以，有门卫把守。如果没有通行许可证的话，这个人是不可以进入的。

斯米尔诺夫：谁来把守用于人体实验的实验对象呢？

石井四郎：部队里没有这样的人。

斯米尔诺夫：但根据“满洲”警察、官员的证言，部队接收了一些关押犯。

石井四郎：我不知道。

斯米尔诺夫：这些关押犯被关在最大的楼体里吗？

石井四郎：不是这样的，这个说法是错误的，那是仓库。

斯米尔诺夫：不是错误的。川岛清少将是你的一名部下，他作证说那里有关押犯人的地方。他是日军少将，所以知道很多事情。

石井四郎：我从没见过也没听说过那样的地方。我知道那里有一个仓库，而且我也不知道川岛清都在那里看到了什么。在我管理期间，部队里没有关押犯，但是我后来离开了，所以情况我就不是很清楚了。在我在位期间绝对没有关押犯人。我认为这是一个错误的说辞。

斯米尔诺夫：疫苗的强度如何确定？进行什么实验来确定？

石井四郎：首先会在老鼠、荷兰猪、兔子、山羊身上进行疫苗试验。在动物身上进行实验成功后，部队会进行疫苗制作，然后关东军的士兵都会进行疫苗的接种。但是有时在向整个关东军队员进行接种前，我们部队的队员会提前接种。如果没有在动物和人身上进行实验，就无法确定其有效性。

斯米尔诺夫：你认为这些犯人是你们部队的前队员吗?

石井四郎：不，我不这样认为。

斯米尔诺夫：我想让你听听川岛清少将的证言："在部队的两栋楼里关押了150名到200名的犯人，部队每年大概接收500到600名左右的犯人，因此在我在部队期间，部队大概接收到1000到1500名左右的犯人。在对犯人进行决绝前，会将其用于人体实验。如果实验对象活了下来，那么他会用于另一个实验。在这些犯人身上进行了霍乱菌、伤寒菌、斑疹伤寒菌以及鼠疫菌等实验，而且我也亲眼目睹过一些安达野外试验场上进行的人体实验的过程。因为我见过这些事实，我可以对其真实性作证。"

石井四郎：不是真的。

斯米尔诺夫：为什么像川岛清少将这样在日军中如此重要地位的人，会作这样的证言？首先，他与你无仇，不是吗？川岛清少将拥有广博的细菌学知识，对部队进行的实验也非常了解。

石井四郎：因为我记不清了，所以我不知道。后来当我第二次被任命为部队长时，我发现他对我有敌意。

斯米尔诺夫：他对你有什么样的敌意?

石井四郎：我不明白也根本不能理解，直到今天我还在想这件事情，但至少应该有原因吧。我不明白，但不管怎样，他曾经军衔要高于我，但后来我超过了他。

斯米尔诺夫：他在军队的时间很长吗?

石井四郎：是的，很长。他比我年长——大概大我几岁。当然我所说的理由仅仅是我的推断，我不能轻易做出结论，而且我不知道川岛清是怎样的想法，但我后来超越了他让我感觉很糟糕。我对川岛清的评价不错，他是我之前在陆军军医学校的老师，后来我担任了部队长，军衔比他高，这让我因此感到很糟糕，但我认为这不是原因。我不清楚他的想法，因为我感觉糟糕，但我认为这不是理由……

斯米尔诺夫：不管怎样，川岛少将对于部队活动的事情还是能够给我们很多情报。

石井四郎：我不能苟同。我不知道，我的想法刚好相反。我认为他没有真正进行自己的研究而是道听途说。那些真正参与工作的人不可能说出这么多的，因为工作进展不是十分顺利。通过道听途说他人的话，最初陈述的“可能是”，演变为“是”，最后变为“肯定是”。我认为也许他的陈述就属于最后的这个阶段。

斯米尔诺夫：但如果川岛清作证说他亲自见过警卫室及其内部，亲自见证过人体实验，那么当然你不能说他的言论仅仅是道听途说来的了，是吗？

石井四郎：我不清楚其真实性。很奇怪川岛知道一些我并不知道的事情。我认为部队的官兵不知道这个事情。也许接收了一些关押犯吧，但那时我不知道，很奇怪他竟然说出了我们都不知道的事情。

斯米尔诺夫：但其他队员也十分清楚，只有石井中将不知道。

石井四郎：我不这么认为。

斯米尔诺夫：也许为了有助于回忆，将这些证人一起带到这里，一起接受问讯可能会更有益吧。今天的问讯结束。[41]

石井四郎为了敷衍斯米尔诺夫而信口开河，经常偏离主题、混淆是非，借此规避一些难以绕开的敏感问题。斯米尔诺夫试图扰乱石井四郎的思路而使用大量反问句对其质问，不过，石井四郎显然没有受到太大影响。美军的鼓励和授意，使得石井四郎早就下定决心与苏联对抗到底，断然否定人体实验、细菌炸弹和细菌实战等讯问内容，经常以“我认为这不过是一种想象”“无稽之谈”来搪塞斯米尔诺夫。细菌战始作俑者的石井四郎最后竟然声称：“我们从未想过准备细菌战，我想说明的是，我们所进行的工作都是防御性措施。”[42]

通览斯米尔诺夫的三份讯问记录，从讯问开始到讯问结束，斯米尔诺夫一直聚焦细菌战情报，如细菌雨、鼠疫、霍乱、伤寒、炭疽等实验效果，疫苗生产、跳蚤培养、生物感染和细菌实战的实测数据，完全没有涉及犯罪证据、战争责任、东京审判等相关话题。这意味着，斯米尔诺夫的讯问同美军的秘密调查，在目的上没有什么本质差别，都是为了获取日本人的细菌战情报。这亦可从斯米尔诺夫讯问石井四郎时看出端倪：“我们对细菌雨洒落的区域不感兴趣，而是对细菌雨的效果感兴趣。”[43]

显而易见，费尔是美国本土特派的细菌战专家，而斯米尔诺夫在讯问中明显不具备足够的细菌战知识。斯米尔诺夫甚至都没有向石井四郎等人提出细菌战报告、文本数据和医学情报等核心内容。换言之，苏联没有派出一个与费尔旗鼓相当的细菌战专家，这或许就注定了讯问难以达到预期的目标。斯米尔诺夫得到的口供数据，因为缺乏真实性和准确性，几乎没有任何情报价值，相当于一无所获。这些口供内容涉及的范围并没有超出此前川岛清和柄泽十三夫的证词。联合讯问的开展，意味着美国向苏联做出了妥协的“姿态”，苏联未得到有价值的情报，无可奈何只得暂且罢休，美苏在东京的直接交涉也戛然而止。

（四）美国的决策和交易的达成

6 月 20 日，费尔完成了调查总结报告《日本细菌战活动最新资料概要》[44]，即《费尔报告》。主要内容有以下三个方面：一是七三一部队用炭疽、鼠疫、伤寒、痢疾、霍乱和马鼻疽等细菌进行人体实验的效果，这部分文字占整个报告的 70%。二是植物细菌战与农学家、生物学家、昆虫学家之间的关系，人或动物在植物细菌战中的防御、应对和影响等问题。三是石井四郎撰写了一篇关于整个细菌战项目的论文，内容涉及他在细菌战方面 20 年的活动，细菌武器应用方面的战略构想和战术观点，以及在不同的地理环境下如何应用这些武器，特别是在严寒地区如何使用细菌武器。

联合讯问前后，美国内设机构之间仍在围绕书面豁免问题进行继续讨论。

6 月 3 日，美国陆军部为确认石井四郎等人是否成为东京法庭关注的对象，向远东司令部发出编号 C-53169 号电文：

> 必须将所有可能针对石井四郎或其部队成员所犯的战争罪行证据，或指控的详细资料通过电报形式以最快的速度提供。[45]

6 月 6 日，美国远东司令部回复了美国陆军部：

石井四郎的部下既未受到任何“战犯嫌疑”的控诉或监禁，也不存在指控他们的充分证据。石井四郎的上级可能包括正在远东国际军事法庭接受审判之人，如1939—1944年间担任关东军司令官的梅津美治郎、1934—1936年间担任关东军司令官的南次郎、1932—1934年间担任关东军参谋长的小矶国昭，以及1937—1938年间担任关东军参谋长的东条英机。

时至今日，我们的盟国并未对石井四郎或其同伙的战争罪行提出指控。不管是石井四郎还是其同伙都未被列入等待审判的日本重大战犯名单之中。[46]

6月22日，美国陆军部又给远东司令部发去电文（WAR80671），要求提供更多的信息：

在做出1947年5月6日52423号电中所提出的决定之前，必须掌握有关石井四郎领导的细菌战部队参与活动的所有证据，而根据地面战争的相关规定这些活动将被视为战争罪行。[47]

同日，美国远东司令部回复陆军部，表达了驻日美军希望得到情报的急切心情：“任何压力都将会对当前有价值的细菌战和化学战情报带来威胁。”[48]随后，麦克阿瑟又强调：“激进的审判势必损害美国的国家利益。”[49]

6月26日，协调委员会远东分委员会召开工作组会议，韦特（Edw. Wetter）和斯塔伯菲尔德（H. I. Stubblefield）根据会议讨论的结果，第二天就拟定了《关于保存日本细菌战情报渠道的建议程序》的秘密文本。在这个秘密文本中，远东委员会评估了美国获得的细菌战情报：一、来自石井和他的部下处获得的数据已经证明具有极高的价值，其可以印证并充实美国在细菌战领域几个阶段的研究成果，也有可能为未来研究确立新领域。二、这份日本人的情报是唯一已知的数据渠道，数据信息来自科学可控的实验，实验亦表明生物试剂作用于人类的直接效果，过去唯有通过动物实验获得的数据来评估生物试剂的效果，此类评估无法做出定论，完整性也远不及人体实验所获得的结果。三、除了获得人体实验的结果以外，也可以从日本人针对动物和植物所做的实验中获得重要的数据。[50]

关于战争罪指控和书面豁免问题，在《关于保存日本细菌战情报渠道的建议程序》中记载了美国国务院、陆军部、空军部、民政事务部成员提出的意见。

国务院成员认为：一、在不对石井和其他日本人作出任何承诺的情况下，继续以现有方式获取所有可能的情报；二、如此获取的情报信息继续在情报渠道中保留；三、美国当局不应针对石井及其同伙提出战争罪指控。[51]陆军部战争罪行处胡伯特（C. F. Hubbert）认为：如果同石井及其部下达成协议，将细菌战情报通过情报渠道留存，美国政府不对细菌战相关人员进行战争罪的指控；这对美国国家安全而言具有重要价值，因为石井及其同伙已经提供并将继续提供细菌战情报。[52]空军部R. A. 费雷（Fearey）重申了美国的目标，既要阻止苏联获得细菌战情报，又要尽可能获得全部细菌战情报，提出“现在正是为了更大的利益而放弃正义诉求的时候”[53]。他认为：给予石井及其部下的豁免纯粹是美国的豁免，该豁免绝不会损害中国、苏联或任何其他国家随时起诉的权利。如果他们起诉了，我们也可以“未得到赖以为凭的证据”来规避责任。民政事务部轮值成员切泽尔丹（R. M. Cheseldine）认为：如果告知石井四郎及其同伙，从他们那里获得的报告书等相关资料将通过情报渠道进行留存，不会作为战争罪行证据来使用的话，那么日后美国政府可能会陷入十分尴尬的局面。然而，美国的国家安全是头等重要的。[54]

最终，远东分委员会得出结论：日本细菌战实验的情报信息，对于美国的细菌战研究项目具有极大的价值；出于国家安全考虑，不建议让其他国家获得这些情报以及对日本细菌战专家进行战争罪的指控；日本细菌战数据的价值对于美国国家安全的重要性，要远远超过自战争罪审判中所能够获取的价值。[55]

四、希尔的调查

1947 年 10 月 28 日，美军德特里克基地埃德温·希尔（Edwin V. Hill，美国德

◎ 图6—8 费尔（前排左一）和希尔（前排右二）。

特里克基地基础实验部主任，微生物学家）和约瑟夫·维克多（美国病理学家）多抵达东京，他们接替了费尔。10月29日—11月25日，他们先后讯问了石井四郎、北野政次、大田澄和增田知贞等22人，撰写了《生物战调查总结报告》（即《希尔报告》），并于1947年12月提交给美国国防部。

希尔调查的目的，是完善和补充桑德斯、汤普森、费尔等人的报告，进而证实七三一部队提交的各项报告的准确性和完整性。希尔在最后总结中写道：

调查中收集的证据在很大程度上补充、完善了之前所获得的信息，这是日本科学研究人员花费几百万美元历经数年获得的研究成果。这些数据都是通过接种细菌传染病病原体获得的人体感染率，由于进行这种人体实验会受到良心的谴责，所以在我们（美国）的实验室里无法获得。为获得这些数据，我们花费了25万日元，但是这与实际研究的成本相比实在微不足道。[56]

1948 年 3 月 4 日，美国参谋长联席会议给远东军司令麦克阿瑟发出W-97605 号电文，正式回复了 1947 年 5 月 6 日的C-52423 号电文中提出的要求：

从您管辖的战区归来的技术专家提供的报告显示，到目前为止您所要求的必要信息和科学数据都已悉数获得。建议重新提交第三部分（3—B）和第五部分的内容，以便您在需要的时候进行深入斟酌。[57]

至此，美国参谋长联席会议、国防部、陆军部、海军部、空军部、远东司令部最终达成共识。实际上就是以获取细菌战、化学战、人体实验情报为目标，向日本人承诺不起诉战争罪，但不给予书面豁免权，并将细菌战情报秘密留存在情报渠道。正如哈里斯在《死亡工厂》一书中记述：“实际上，（美国）国务院的态度是，只要不给美国带来麻烦事（即给予战犯免责之事的暴露）留下文字记录，就可以继续与石井四郎等进行交易。”[58]美国东北俄亥俄医科大学朱莉·欧特曼（Julie Aultman）洞察了美国秉持这一态度的根本缘由，其在《何止于道歉：承认过去人体实验研究的错误行为》一文中写道：“因为道德和正义退居到了国家利益和国家安全之后，这是一个价值优先的问题，而不是道德本身的问题。”[59]东京审判于 1948 年 11 月 12 日正式结束，亦可将其看作是美苏围绕生物战情报交涉的终点。在美国的掩盖和交易之下，石井四郎等原七三一部队队员从此逍遥法外。

从 1945 年 9 月到 1948 年 11 月，从东京与华盛顿往来函电可以看出，美国最终达成了预期目标：一方面排斥了苏联，单独占有了日本细菌战情报；另一方面避免了细菌战情报的对外公开。在细菌战事件调查中，苏联虽然讯问了石井四郎、大田澄和村上隆，但在美军的事先授意和现场监督下，石井四郎等人极不配合讯问，使其没能得到有价值的细菌战情报。苏联由此尝试引渡和起诉石井等人，同时倒逼美国公开细菌战证据。不过，美国远东司令部威洛比、马奎尔等技高一筹，早已窥知苏联人底牌，致使苏联在与美国的交涉中完全处于下风，这也让苏联人一直耿耿于怀，直到一年后发起了伯力审判。

注 释

1. Dr. Edwin V. Hill & Dr. Joseph Victor, *Summary Report on B W Investigations*, Location: 290/03/19/03, RG#175, ENTRY#67A4900, Box 217, NARA, College Park, MD, USA.

2. *Lt. Gen. Ishii (Japanese Army Medical Corps)*, Location: 270/84/16/05, RG#319, Entry#184B, Box 549, NARA, College Park, MD, USA.

3. *441st CIC Investigation on Whereabouts of Lt. Gen Shiro Ishii*, Location: 270/84/16/05, RG#319, Entry#184B, Box 549, NARA, College Park, MD, USA.

4. *GHQ, AFPAC Report on Whereabouts of Shiro Ishii*, Location: 270/84/16/05, RG#319, Entry#184B, Box 549, NARA, College Park, MD, USA.

5. *GHQ, SCAP Letter to Central Liaison Office, Tokyo re Shiro Ishii*, Location: 270/84/16/05, RG#319, Entry#184B, Box 549, NARA, College Park, MD, USA.

6. *Biological Warfare Activities, Cover Sheet Transmitting Report*, Location: 270/84/16/05, RG#319, Entry#184B, Box 549, NARA, College Park, MD, USA.

7. 近藤昭二编:《731 部隊・細菌戦資料集成（CD-ROM）》。

8. 近藤昭二编:《731 部隊・細菌戦資料集成（CD-ROM）》。

9. *441st CIC Report Shiro Ishii Has Failed to Report Because He Is Confined to Tokyo Because of Illness*, Location: 270/84/16/05, RG#319, Entry#184B, Box 549, NARA, College Park, MD, USA.

10. *441st CIC Report Shiro Ishii Has Failed to Report Because He Is Confined to Tokyo Because of Illness*, Location: 270/84/16/05, RG#319, Entry#184B, Box 549, NARA, College Park, MD, USA.

11. *441st CIC Report Shiro Ishii Has Failed to Report Because He Is Confined to Tokyo Because of Illness*, Location: 270/84/16/05, RG#319, Entry#184B, Box 549, NARA, College Park, MD, USA.

12. LTC Arvo T. Thompson, *Report on Japanese Biological Warfare (BW) Activities*, Location: 2910, RG#IWG Ref. Coll, NARA, College Park, MD, USA.

13. *Message C-52423 USSR Witnesses Kawashima & Karasawa Confirm Japanese BW Human Experiments, Which Ishii Characterizes as "Field Trials", Ishii Agrees to Describe BW Program in Return for Immunity*, Location: 290/24/02/03, RG#331, Entry#1901, Box 1, NARA, College Park,MD, USA.

14. *Bacteriological Warfare Experiments by Japanese, Summarizes Meeting with Russians over Their Requests to Interrogate* ISHII & OTA, Location: 290/24/02/03, RG#331, Entry#1901, Box 1, NARA, College Park, MD, USA.

15. *Bacteriological Warfare Experiments by Japanese, Summarizes Meeting with Russians over Their Requests to Interrogate* ISHII & OTA, Location: 290/24/02/03, RG#331, Entry#1901, Box 1, NARA, College Park, MD, USA.

16. *Bacteriological Warfare Experiments by Japanese, Summarizes Meeting with Russians over Their Requests to Interrogate* ISHII & OTA, Location: 290/24/02/03, RG#331, Entry#1901, Box 1, NARA, College Park, MD, USA.

17. *Bacteriological Warfare Experiments by Japanese, Summarizes Meeting with Russians over Their Requests to Interrogate* ISHII & OTA, Location: 290/24/02/03, RG#331, Entry#1901, Box 1, NARA, College Park, MD, USA.

18. *Copy of Message C-69946 Reports USSR Prosecutor's Request to Interrogate ISHII, Kikughi [sic], & OTA about BW at Pingfan, also about Human Experiments Leading to Deaths of 2000 Chinese & Manchurians,* Location: 290/24/02/03, RG#331, Entry#1901, Box 1, NARA, College Park, MD, USA.

19. *Memo for Record: "USSR Request to Interrogate and Arrest Japanese Bacteriological Warfare Experts,"* Location: 290/24/02/03, RG#331, Entry#1901, Box 1, NARA, College Park, MD, USA.

20. *Outgoing Classified Message [WAR 94446]*, Location: 270/02/13/07, RG#153, Entry#145, Box 73, NARA, College Park, MD, USA.

21. 龟井贯一郎，生于 1892 年 11 月 10 日，毕业于东京帝国大学，后在美国哥伦比亚大学取得博士学位，会说一口流利的英语，具有很强的亲美倾向，最初受雇于桑德斯，费尔调查日本细菌战期间，充当了美日之间协调人的角色。

22. Norbert Fell, & R. P. McQuail, *Conversation with KAMEI, Kanichiro*, Location: 2910, RG#IWG Ref. Coll., NARA, College Park, MD, USA.

23. Norbert Fell, & R. P. McQuail, *Interrogation of MASUDA, Tomosada*, Location: 2910, RG#IWG Ref. Coll., NARA, College Park, MD, USA.

24. Norbert Fell, & R. P. McQuail, *Conversation with KAMEI, Kanichiro*, Location: 2910, RG#IWG Ref. Coll., NARA, College Park, MD, USA.

25. Norbert Fell, & R. P. McQuail, *Conversation with [?] MASUDA, KANEKO & NAITO*, Location: 2910, RG#IWG Ref. Coll., NARA, College Park, MD, USA.

26. Norbert Fell, & R. P. McQuail, *Conversation with [?] MASUDA, KANEKO & NAITO*, Location: 2910, RG#IWG Ref. Coll., NARA, College Park, MD, USA.

27. Norbert Fell, & R. P. McQuail, *Conversation with [?] MASUDA, KANEKO & NAITO*, Location: 2910, RG#IWG Ref. Coll., NARA, College Park, MD, USA.

28. Norbert Fell, & R. P. McQuail, *Interrogation of Hitoshi KIKUCHI*, Location: 2910, RG#IWG Ref. Coll., NARA, College Park, MD, USA.

29. Norbert Fell, & R. P. McQuail, *Interrogation of Hitoshi KIKUCHI*, Location: 2910, RG#IWG Ref. Coll., NARA, College Park, MD, USA.

30. *Message C-52423 USSR Witnesses Kawashima & Karasawa Confirm Japanese BW Human Experiments, Which Ishii Characterizes as "Field Trials", Ishii Agrees to Describe BW Program in Return for Immunity*, Location: 290/24/02/03, RG#331, Entry#1901, Box 1, NARA, College Park, MD, USA.

31. *Memorandum for Record re W-94446*, Location: 270/02/13/07, RG#153, Entry#145, Box 73, NARA, College Park, MD, USA.

32. *Memorandum for Record re W-94446*, Location: 270/02/13/07, RG#153, Entry#145, Box 73, NARA, College Park, MD, USA.

33. Norbert Fell, & R. P. McQuail, *Interrogation of Shiro ISHII*, Location: 2910, RG#IWG Ref. Coll., NARA, College Park, MD, USA.

34. Norbert Fell, & R. P. McQuail, *Interrogation of Shiro ISHII*, Location: 2910, RG#IWG Ref. Coll., NARA, College Park, MD, USA.

35. *Interrogation of MURAKAMI, Takashi*, Location: 2910, RG#IWG Ref. Coll, NARA, College Park, MD, USA.

36. *Interrogation of OTA, Kiyoshi [aka OTA Akira]*, Location: 2910, RG# IWG Ref. Coll, NARA, College Park, MD, USA.

37. *Interrogation of MURAKAMI, Takashi*, Location: 2910, RG#IWG Ref. Coll, NARA, College Park, MD, USA.

38. *Interrogation of OTA, Kiyoshi [aka OTA Akira]*, Location: 2910, RG#IWG Ref. Coll, NARA, College Park, MD, USA.

39. 近藤昭二、王选主编:《日本生物武器作战调查资料》(六),第3290—3305页。

40. 近藤昭二、王选主编:《日本生物武器作战调查资料》(六),第3310—3315页。

41. 近藤昭二、王选主编:《日本生物武器作战调查资料》(六),第3328—3332页。

42. 近藤昭二、王选主编:《日本生物武器作战调查资料》(六),第3321页。

43. 近藤昭二、王选主编:《日本生物武器作战调查资料》(六),第3326页。

44. *Brief Summary of New Information about Japanese BW Activities*, Location: 290/03/19/02, RG#175, Entry#67A4900, Box 196, NARA, College Park, MD, USA.

45. *Priority Action; War Crimes Branch, CAD*, Location: 270/02/13/07, RG#153, Entry#145, Box 73, NARA, College Park, MD, USA.

46. *Message C-53169 Reply to W-99277 [3 Jun 47]*, Location: 290/24/02/03, RG#331, Entry#1901, Box 1, NARA, College Park, MD, USA.

47. *Outgoing Classified Message*, Location: 270/02/13/07, RG#153, Entry#145, Box 73, NARA, College Park, MD, USA.

48. *Incoming Classified Message [CM IN 3575]*, Location: 270/02/13/07, RG#153, Entry#145, Box 73, NARA, College Park, MD, USA.

49. *Message C-53704 Replies to W-80671 and ref.* C-51169 Alerts War Crimes Branch to Dr. Fell's Statement That Aggressive Prosecution by War Crimes Will adversely Affect US Intelligence, Location: 290/24/02/03, RG#331, Entry#1901, Box 1, NARA, College Park, MD, USA.

50. *Interrogation of Certain Japanese by Russian Prosecutor*, Location: 250/68/04/05,

RG#353, Entry#503, Box53, NARA, College Park, MD, USA.

51. *Note by the Acting Secretary [SFE 188/3]*, Location: 270/02/13/07, RG#153, Entry#145, Box73, NARA, College Park, MD, USA.

52. *Memorandum for Comdr. J. B. Cresap: Interrogation of Certain Japanese by Russian Prosecutor*, Location：270/02/13/07, RG#153, Entry#145, Box 73, NARA, College Park, MD, USA.

53. *Interrogation of Certain Japanese by Russian Prosecutor [Comments on SWNCC 351/2/D]*, Location: 250/68/05/03, RG#353, Entry#514, Box 89, NARA, College Park, MD, USA.

54. *Interrogation of Certain Japanese by the Russian Prosecutor [SFE 188/4]*, Location: 390/39/14/03, RG#165, Entry#468, Box 628, NARA, College Park, MD, USA.

55. *Interrogation of Certain Japanese by Russian Prosecutor*, Location: 390/39/13/04 RG#165 Entry#468 Box 587, NARA, College Park, MD, USA.

56. Dr. Edwin V. Hill & Dr. Joseph Victor, *Summary Report on B W Investigations*, Location:290/03/19/03, RG#175, Entry#67A4900, Box 217, NARA, College Park, MD, USA.

57. *Outgoing Classified Message [CM OUT 97605]*, Location: 270/02/13/07, RG#153, Entry#145, Box 73, NARA, College Park, MD, USA.

58. 谢尔顿·H. 哈里斯著，王选等译:《死亡工厂：美国掩盖的日本细菌战犯罪》，上海人民出版社，2000 年，第 355 页。

59. Julie Aultman, "When Saying Sorry Is Not Enough: Acknowledging Past Wrongs in Human Subjects Research," *The American Journal of Bioethics*, Vol. 15, No. 6, 2015, p. 58.

第七章

七三一部队的战后轨迹

虽然战后七三一部队问题被披露出来，但是日本医学者、医生们对此仍在袒护，并且深埋心底而不露，这与他们的卑屈心态不无关系。特别是，如果他们当时就知道七三一部队的所作所为，也就是说，因为共有了这个公开的秘密，而一直保持沉默的话，那么他们的沉默便是犯罪的继续。于是，我们可以判定，当时的医学者、医生们犯下的原罪，被战后的医学者、医生们延承下来了。[1]

——原十五年战争与日本医学医疗研究会名誉干事长莇昭三

第二次世界大战之后，七三一部队医学犯罪的组织者、参与者和关联者，在美国的庇护下逃脱了应有的法律制裁，堂而皇之地在日本政府机构、军事部门、医疗机构、学术机构和高等院校等领域担任公职，成为战后初期日本社会不容忽视的重要力量。七三一部队成员因没有被追究战争责任而逍遥法外，他们几乎没有对战时的医学犯罪展开反省，人体实验和细菌战的真相就这样长期被隐瞒、被掩盖，这给日本社会特别是医学界带来深远影响。

一、“华丽”的战后

七三一部队的将官、佐官和技师多在战后从事医学和医疗相关职业，这与其医学背景有着极为密切的关联。七三一部队高等军官几乎全部为军医将校和高等技师，多毕业于东京帝国大学、京都帝国大学、庆应义塾大学等知名院校，很多人持有医学博士、理学博士、农学博士学位。这些接受过精英教育的“高材生”，在七三一部队任职期间有着经费充足、设施完备的工作条件，可以“毫无限制”和“完全自由”地开展各种大规模细菌实验、动物实验和人体实验，取得异于常态的解剖技能、医学知识和医疗经验。他们利用各种实验数据在《解剖学杂志》《军医团杂志》《细菌学杂志》《陆军军医学校防疫研究报告》发表了数千篇学术论文和研究报告，成为战时日本医学界重要的“学术成绩”，借此攫取了较高的社会地位。

（一）战后的任职状况

原七三一部队成员战后担任大学校长的至少有 9 人。如原军医大佐草味正夫任昭和药科大学校长，原军医中佐中黑秀外之、原军医少佐圆口忠雄先后任日本陆上自卫队卫生学校校长，原陆军技师吉村寿人任京都府立医科大学校长，原陆军技师山中太木任大阪市立医科大学校长，原陆军技师关根隆任东京水产大学校长。原七三一部队嘱托户田正三、正路伦之助、内野仙治分别任金泽大学校长、兵库县立医科大学校长、名古屋市立大学校长。

原七三一部队成员战后担任大学医学部长和研究所长的至少有 14 人。如原军医中佐田中英雄任大阪市立大学医学部长，原陆军技师石川太刀雄丸任金泽大学医学部长，原陆军技师冈本耕造任京都大学医学部长，原陆军技师妹尾左知丸任冈山大学医学部部长，原陆军技师笠原四郎任北里研究所副所长，原七三一部队嘱托小林六造、小岛三郎、中村敬三、小宫义孝、柳泽谦、福见秀雄、村田良介和宍户亮等都曾担任日本国立预防卫生研究所所长。

原七三一部队成员战后担任日本医学协会社团主要职务者至少有 8 人。如原陆军技师安东洪次任日本实验动物研究会理事长、国际实验动物委员会日本代表、国际实验动物委员会亚洲太平洋会议名誉会长等，原陆军技师朝比奈正二郎任日本卫生动物学会会长和日本昆虫学会会长，原陆军技师冈本耕造任第 59 届日本病理学会总会会长，原陆军技师山中太木任日本细菌学会会长，原陆军技师吉村寿人任日本生物气象学会会长，原陆军技师妹尾左知丸先后担任日本细胞生物学会会长、日本病理学会会长和日本血液学会会长。原七三一部队嘱托绪方富雄、田宫猛雄，分别任第 36 届日本病理学会总会会长、日本医学会会长。

原七三一部队成员战后担任高等学府医学部、农学部和理学部教授的有近百人。如原军医少佐肥野藤信三任长崎医科大学教授，原军医少佐增田美保任日本防卫大学教授。原陆军技师所安夫、宫川正，原嘱托细谷省吾任东京大学医学部教授。原陆军技师田部井和、凑正男、浜田稔战后任京都大学医学部和农学部教授，原陆军技师春日忠善任北里研究所教授，原陆军技师濑尾末雄任三重大学医学部教授，原陆军技师篠田统任三重县立医专教授等。

原七三一部队成员战后开设私立医院和创办医药企业者有数十人。如原军医大佐园田太郎开设园田医院，原军医大佐北条圆了开设香贯医院，原军医中佐西俊英开设西医院，原军医中佐江口丰洁开设江口医院，原军医少佐高桥传开设高桥医院，原军医少佐樋渡喜一开设樋渡医院，原军医少佐野口圭一开设野口妇产科医院，原陆军技师贵宝院秋雄开设贵宝院医院，原军医少将川岛清、原军医少佐榊原秀夫、细矢博也都自办医院对外营业。原七三一部队成员还有多人创办医药企业。如原军医少佐铃木重夫任东京卫生研究所社长，原陆军技师国行昌赖任日本制药KK公司社长。

此外，还有多人在政府机构任职。如原军医少佐植村肇任日本文部省教科书主任调查官，原军医少佐长友浪男任北海道卫生部部长，原军医少佐金子顺一任日本防卫厅主任研究员等。

（二）战后的"辉煌人生"

从战时走向战后的原七三一部队"医学者"，尤其是跻身日本医学界高层的他们，利用其在七三一部队期间取得的知识和经验获取学术地位、经济地位和政治地位。如前所述原七三一部队的军医将校战后多在高等院校和医药企业担任重要职务，既有人担任大学校长、医学部长和协会会长，又有人开设私人医院，创办医药公司、疫苗公司和医学研究所等。这与他们在七三一部队任职期间积累的医疗技术和管理经验有必然关联，他们借此在战后获得日本社会的尊重和礼遇，并利用"战友情怀"彼此提携、互助互利。从原七三一部队成员的战后活动、社会地位和个人影响来看，他们已经成为日本医学界上流阶层的重要组成部分。如内藤良一、北野政次、吉村寿人等都是战后医学界的佼佼者。

他们在战后创办了为数众多的医药企业，其中影响最大的是日本血液银行。1950 年 11 月，内滕良一、二木秀雄（原七三一部队结核研究班班长）和宫本光一（日本特殊工业株式会社原社长）等人，在东京创办了生产血液制剂的医药股份公司"Blood Bank株式会社"（即血液银行）。内滕良一何许人也？他是石井四郎的东京代理人，日本陆军军医学校防疫研究室主任，"石井部队东京出张所"负责人。内藤良一的公司雇佣原七三一部队成员有数十人之多，如原军医中将北野政次担任东京分社社长、原军医少佐野口圭一担任名古屋分社社长、原陆军技师大田黑猪一郎担任京都分社社长等。朝鲜战争爆发后，内滕良一利用同美军的特殊关系，向“联合国军”输送干燥血浆，借此大发战争横财。日本血液银行1964年更名为绿十字株式会社。20世纪80年代，日本发生了血液制品导致患者感染艾滋病事件，震惊了整个日本，受害者向法院提起诉讼，绿十字就是被告之一，这场旷日持久的官司，时至今日仍是余波未平。

原七三一部队第二任部队长北野政次于1955年加入“精魂会”，在战后曾任日本人探险队第一期南极特别委员会委员、文部省百日咳研究会成员、绿十字株式会社东京分社社长等。1971年，日本记者本多胜一多方查找证据，特别是在中国医科大学得到了北野政次进行人体实验的医学证据。本多胜一回到日本之后，电话采访了北野政次，北野政次则以否认、沉默和不作回应的态度敷衍本多胜一。日本TBS电视台也曾希望采访北野政次，但北野政次拒绝了面访。他在与记者通电话时说道：“我想忘记七三一部队的那些事，不想再回忆了。”TBS记者问道：“您是指人体实验的事情吗?”北野答道：“是的，但我不想再提起了。”在相当长的时间内，关于北野政次的公开材料再也没有出现过。1986年5月17日，北野政次病死，时年92岁。2022年2月25日，常石敬一出版《731部队全史：石井机关与军学官产共同体》，在这部书的第390页记录了常石敬一在1981—1983年先后11次对北野政次的访谈。常石敬一在书中说，这些访谈记录保存在神奈川大学资料编纂室，值得进一步挖掘调查。

战后取得“辉煌成绩”的还有原陆军技师吉村寿人。吉村寿人，1936年取得京都帝国大学医学博士学位，1938年加入七三一部队，任冻伤研究班班长；战后辗转京都大学、兵库县立医科大学、京都府立医科大学、神户女子大学等高等学府，担任教授、研究所长、医学部长、校长、生物气象学会会长等重要公职。1948—1990年，吉村寿人在《日本生理学杂志》《京都府立医科大学杂志》等期刊上发表《关于人体皮肤温度分布的测定》《关于冻伤状态的研究》等百余篇学术论文，出版《PH理论与测定法》《人体生理学提要》等十余部学术著作，培养教育了众多医学生，因其显赫的成绩而获得三等“旭日勋章”，俨然是一个硕果累累、功成名就的医学名流，成为日本医学界乃至国际医学界有影响力的代表人物之一。

那么，身居社会高位的吉村寿人又是如何看待他的过去？当他回顾在七三一部队的经历时，他的历史认识又是如何？日本学者高杉晋吾 1973 年出版了《日本医疗的原罪：人体实验和战争责任》和《日本的人体实验：思想和构造》两部著作，其在出版前后电话采访了吉村寿人，实录如下：

高杉：你好，我是朝日杂志社的。

吉村：朝日杂志社的啊。

高杉：是，我姓高杉。

吉村：高杉先生。

高杉：想问您几个问题，请问可以吗？

吉村：好的。

高杉：我看苏联哈巴罗夫斯克公审记录中，有几次提到了“吉村”，这个“吉村”是不是就是指先生您啊？

吉村：我不知道哈巴罗夫斯克审判的事。

高杉：啊，是这样。

吉村：我完全不知道。

高杉：有这样的记录，请您看是不是事实呢？有一个证人叫“仓员”，“仓”是“仓库”的“仓”，“员”是“员数”的“员”。这个人说他记得监狱里收容的人有中国人、俄国人，还见过有中国妇女，他们都戴着脚镣。还说见过有三个中国人手指都没了，又见过只剩指骨的，吉村还和他说，这就是他实施冻伤实验的结果。关于这个，您怎么看？

吉村：这个我不知道。

高杉：也就是说，这里所写的“吉村”是另有其人了？

吉村：说到“吉村”，我是姓吉村，部队里有一个吉村班，在这个班中，或许有这种事，但和我是没有关系的。

高杉：这么说，先生您是七三一部队队员了。

吉村：那确实是。

高杉：啊，是这样啊。那您看，其他记录中还有几处出现了“吉村”这个名字。梶塚隆二和西俊英都曾提到过。我认为啊，先生您去中国做过冻伤实验的事是无可否认的事实。

吉村：与其说冻伤实验，不如说……那个，你知道冻伤实验是和生物有关的，是有生物性反应的。生物对寒冷的反应，叫做局部耐寒反应，就是要看局部的血管反应。

高杉：啊，是看血管的反应，是这么回事儿啊，是人体的吗？

吉村：这个以前我和《朝日新闻》的人也说过。水鸟，冬天冷的时候在水田里站着，对吧？这时我们用手碰它的脚爪，会发现它是热的。要说为什么它是热的，是因为它脚蹼的血管张开后，有温热的血液流入，所以如此。也就是说手脚对于寒冷是有这种反应的。我们就是对士兵，在哈尔滨的苦力，在兴安岭的鄂伦春族人调查，调查他们的这种反应。

高杉：是这样啊。

吉村：我们医生就是调查这个，我自己当然也调查过这个。要说这个是人体实验，确实也是人体实验。人体实验给人的感觉是凄惨的，但实际上不是这样的。

高杉：哦，有证言说被实验的人手指尖腐烂，露出骨头，这样的实验就算不是先生您做的，在七三一部队内部也有人做过这种冻伤实验吧？

吉村：没做过这种事，这种不是人体实验。

高杉：在七三一部队内部吗？

吉村：是。

高杉：啊，是这样啊。那么说，苏联哈巴罗夫斯克公审的记录是错的了？

吉村：不是，至于那个，我不知道别人干了什么，总之与我自身是没有关系的。

高杉：啊，是这么回事啊？

吉村：我意思是说，我不知道这件事。

高杉：另外，还有最近，有一个追究科学家战争责任的运动。

吉村：啊，是。

高杉：关于这件事，想请问您是怎么看的？

吉村：战争中，就像现在的越南战争也是这样，士兵们互相射击。这时候，大家都要杀死对方。这是违反人道的，这种事本来就是不对的，但你说能追究每一个开枪士兵的责任吗？不知道你是多大年龄，只要是上了岁数的，都曾经是上过战场，开过枪的吧。这样的人能被作为战犯吗？对方又怎样呢？因为战胜了，就不算是战犯了。战败的，就是战犯，就是这么回事。过去战败的人当奴隶，这不是一回事儿吗？这是可以被允许的吗？说到底，发动战争就是不对的。过去的战争对双方都有伤害，揭露这样的事，这种不打别人就会被打的事，对未来是没有好处的，双方会更加仇恨彼此的。如果本来就是仇人，要互相伤害，那揭露这样的事，就另说另讲。所以我想说，为什么一定要揭露呢？

高杉：我明白了。

吉村：对。

高杉：我想说，以石井为首的这些人搞细菌战，对俘虏做人体实验……

吉村：这个我可不知道啊。

高杉：是这样啊。对这些事都有详细记录，这个我认为是无可置疑的。

吉村：细菌战的事，我是不知道的，跟我也没关系，我也没什么可说的。

高杉：啊，是这样啊。

吉村：我想说，这次的学术会议，为什么要把我和北野先生扯进来呢。关于这件事，这段时间，我觉得很不对劲。还有，我想到的是，现在我们大学的“学园纷争”，其中也举行了审判，我被拉去做证人。所以，我认为这是某些别有用心的人为私利搞事情。这让我不得不这么想，这就是我的感想。

高杉：是这样啊。还有，先生您是生物气象学会会长吧？

吉村：那个已经辞了。干了很长时间呢。

高杉：什么时候辞职的呢？

吉村：两年前。

高杉：这个学会里有一个航空医学实验队，是吧？

吉村：有。

高杉：那是什么组织呢？是不是从属于自卫队的呢？

吉村：那个是自卫队的航空医学实验队，怎么了？

高杉：我想航空医学实验队和生物气象学会的关系……

吉村：那个和生物气象学会没有关系。

高村：但我听说，在生物气象学会上也有人发表过航空医学实验相关的内容。

吉村：那是做学问的人，做学问的人，我们不管他是自卫队的还是哪儿的，因为学问和政治是无关的。所以，我们同意其发表，这不行吗？

高村：没有说“不行”的意思，只是想确认一下这个事实。啊，很是打扰了，谢谢！[2]

1982年11月4日，《每日新闻》也采访了吉村。

记者：你们利用冷冻装置进行过冻伤的活体实验？

吉村：当时还没有那种装置。为了推行对苏战略，曾研究防寒用具能否经受住-70℃低温的问题。为此，制造了冷冻装置。

记者：听说你们对不同民族进行过冻伤预防研究？

吉村：把中指放在冰水里研究其反应的方法称作摆动反应（Hunting）。这是今天也使用的一种方法。当时根据关东军的调查，不到-4℃，不会发生冻伤。因此，我们在0℃条件下进行的实验，不是利用“马路大”来进行的，而是在当地人的合作下进行研究的，并非活体实验。我尽量不接近看管“马路大”的特别班。后来我也进行过冻伤治疗研究，是让我的部下军医中尉进行的，虽说他提出过报告，但是我也没怎么过问。他干了些什么，我不太知道。[3]

通过上述对答可以看出吉村应对媒体时的态度：吉村在无法否定的历史证据面前，便不再试图去掩饰或否认。比如，他不回避七三一部队受试者的存在，而是直接否认吉村班使用受试者做活体实验。吉村班是为研究冻伤而专门设立的研究班，吉村无法绕开吉村班的冻伤研究，但是他不承认直接参与冻伤实验，谎称是其部下军医中尉进行的，他本人并不知道细节。按照吉村的话语逻辑，就可以演绎成：“冻伤实验是‘吉村班’其他人的责任，我没有直接参与冻伤实验，不是我的责任。”记者接下来的采访和吉村的回答，更能体现出这种微妙的潜台词。

记者：虽说你本身没有进行活体实验，但你不是仍负有对部下的监督责任吗？

吉村：也许负有监督责任。但是，既然已经参加军队，那是没办法的事情。[4]

吉村使用了非常巧妙的说辞“也许负有监督责任”，从其使用“也许”这样的虚词就能够透露出，吉村就是连基本的“监督的责任”也不打算认可。实际上，吉村既否定本人直接参与的人体冻伤实验，也企图规避其应负的战争责任和医学道德，完全没有对战争期间的医学犯罪展开反省反思，其历史认识仍旧停留在“时代造成的”和“国家造成的”的阶段，从而将其犯罪行为说成是“没办法的事情”。

日本学者门胁一郎在《原京都府立医大校长吉村寿人与七三一部队》一文中写道：“他们辩解称此项实验的被实验者们，对于医学的进步、日军的耐寒性研究、冻伤康复方法研究是‘贡献者’，这种说法对个体生命持有差别对待的意味，在健康和生命的价值上脱离了平等原则，是极其自私的。侵略者从被侵略者那里掠夺了一切，不只是作为物质的生命、健康和财产，甚至连人类与生俱来的权利——基本人权也被剥夺了，他们有权这样做吗？这是根本性的错误。所有人都是平等的，无论任何人都具有维护生命和健康的权利。医学和医疗的根本目标是为实现人类所有成员具有的权利而服务贡献。无论有什么样的理由，都不允许偏离这一大道。强迫牺牲他人才能够得到的幸福是不存在的，况且强要他人的牺牲，对本人来说也不可能幸福。”[5]

二、战友会活动

第二次世界大战结束前后，七三一部队的军官、士兵和军属等乘坐火车经由哈尔滨、长春、通化、平壤等地，在釜山港分批乘船渡海逃回日本本土，最终陆续在博多、萩、仙崎、米子等处登陆，其中金泽市的野间神社是登陆人员最重要的集结地。为了应对美军的频繁调查和追踪，石井四郎、大田澄、内藤良一、野口圭一等人在此秘密交换情报并统一口径，野间神社俨然成了七三一部队的“战后总部”。2016年秋，笔者在金泽莇昭三先生的协助下，考察了野间神社。历史已经过去了70多年，早已看不到七三一部队留下的蛛丝马迹，野间神社也几乎没有人知晓石井四郎的战后故事，只留下空空如也的一间间格室。

原七三一部队成员熬过了美国长达4年的持续追踪和频繁讯问，他们通过向美军提供细菌战和人体实验情报，得以逃脱A级、B级、C级战犯审判。石井四郎等人摇身一变，与战时的“军医”“军属”“嘱托”等身份彻底隔离开来，以自由人的身份过着舒适的生活，积极转换角色投入到与占领军的合作之中，既体现出拥抱战后的积极性，也体现出背离历史的主动性。

1945—1954年，原七三一部队成员进行了较小范围的秘密联络，他们凭借战时积累的社会资源、医学经验、医疗技术在战后开启了新生活，战友之间的秘密联系在这个过程中发挥了纽带作用。1955年之后，这些战争的罪人公然成立了精魂会、房友会、波空会、三角会等战友会组织，定期在东京、京都、大阪等城市公开集会。房友会还创办内部交流会刊《房友》，记录房友会成员战后回忆和生活实态，他们时而回忆从军时光，时而探讨养生之道，展现了七三一部队部分成员战后活动的某一侧面。2017年8月13日，日本NHK电视台播出纪录片《七三一部队的真实—精英医者与人体实验》，房友会干事长三角武第一次向外界公开了房友会和《房友》杂志。我们可从《房友》中窥见七三一部队战时历史信息，也可近距离观察其战后活动状况及其历史认识。

（一）精魂会

1955年8月13日，日本宣布无条件投降10周年前夕，七三一部队第一个战友会“精魂会”堂而皇之正式成立。当日精魂会在东京都府中市多磨陵园主持建立慰灵碑“悬心平等万灵供养塔”，即“精魂塔”，精魂塔正面和背面皆无文字，仅浮铸有梵文符号5处。原七三一部队成员春日仲一在《房友》中记述:“精魂塔上刻着的梵文符号取材于佛教，指的是‘空、风、火、水、地’之五轮。”[6]精魂塔想必是出自于二木秀雄等人的精心设计，这样一个奇特的造型，既不似碑，也不似塔，又无文字，似乎寓意着不可告人的诡秘。精魂会代表为二木秀雄[7]，当时创立精魂会、建立精魂塔等共需资金1517000日元，二木秀雄个人捐赠1461100日元，其他会员出资55900日元。

1956年11月1日，精魂会向会员发出《精魂会结成报告及倡言》，对精魂会成立的目的和经过记述如下：

> 惟有志诸君思及已故队员、牺牲者之慰灵事，故有本文所言及之精魂会。每年8月15日后之周日，吾等聚于东京多磨陵园之精魂塔前，吊慰亡灵；或旧识之中有不幸者，则亦同表悼意，此为本会之目的。本会初创时即刻意避免与政治、经济之关联，唯以实现慰灵、相互联谊、滞苏联者家属慰问为初衷。精魂会发足于1955年8月15日，同日举行第一次慰灵活动……1956年8月19日，举行第二次慰灵活动，此间开始整理名簿。[8]

精魂会是在战后公开成立的第一个七三一部队战友会组织，这是原七三一部队成员战后有组织、有计划公开活动的开始。精魂会成立之后，编制了《会员名簿》，并在每年“八一五”之后的第一个星期日举办集会。据《会员名簿》记载，精魂会1956年时会员有187人，包括石井四郎、北野政次、石川太刀雄丸、冈本耕造等原七三一部队核心成员。1966—1973年，精魂会有会员242人。1973年时，精魂会代表是铃木重夫，事务所设在东京都墨田区东京卫生研究所株式会社内，而这个研究所的负责人就是铃木重夫，他曾任七三一部队第三部少佐课长。从精魂会会员构成情况来看，会员主要来自原七三一部队的军医将校和陆军技师，涵盖总务部、第一部、第二部、第三部、第四部、教育部、资材部、诊疗部等所有部门成员，另有原陆军军医学校防疫研究室、一八五五部队、一六四四部队、八六〇四部队和九四二〇部队成员参与。

（二）房友会

受精魂会成立的影响，原七三一部队少年队队员金田康志等人奔走联络，筹备成立以“少年见习技术员”为主的房友会。1957 年 11 月 15 日，房友会成立，金田康志任干事长，房友会会刊《房友》同时创刊。

1958 年 8 月 17 日，房友会在东京都府中市“岩木之家”石材店集合，共有 31 人参加成立仪式，其中石井四郎、二木秀雄、八木泽行正等以房友会顾问身份参加。房友会成立的活动流程是：

上午 9 时集合，10 时召开成立大会，干事长金田康志致辞，选出大会议长樱山裕晓和书记官山本清司，长屋喜代二作为顾问代表致祝词，干事长做房友会成立经过报告和会计报告，会员们就会务进行讨论，石井四郎致辞。13 时，精魂会与房友会至精魂塔前集合，举办“慰灵祭”并诵经文，以精魂塔为背景合影。14 时返回“岩木之家”再集合，听取精魂会八木泽行正发表会务报告，14 时 30 分结束，精魂会与房友会分开活动。房友会于 15 时 30 分抵达联谊会地点立科庄，讨论干事长、副干事长、干事人选事项，随后举办联谊会。

石井四郎在房友会成立时说道：

今天在这里看到少年队充满青春活力的样子真是高兴，借此机会我来说明一下七三一部队真正的任务和设立少年队的意义。第一，七三一部队用一句话概括就是一个肩负拯救日本国家这样重任的研究机构……拯救日本于危机之中的研究机构就是石井部队，现在因为大家曾是七三一部队队员，所以终战后撤回到日本，受到来自各方面的困扰，我对此表示诚挚的歉意。但是，我现在反过来希望大家应以曾服役于拯救国家的研究机构七三一部队为荣，我打算等待时机成熟时堂堂正正地向世界宣布这点。正像基南检察官（远东国际军事法庭首席检察官）所说的，石井部队不是战犯。[9]

远东国际军事法庭审判前后，一面对抗、一面妥协的石井四郎最终熬过了汤普森、费尔和希尔的调查。在美军放过石井的 7 年之后，石井在房友会上再次大放厥

◎ 图 7—1 《房友》第 103 号，1995 年 4 月 1 日发行（杨彦君藏）。

词“石井部队不是战犯”，石井竟厚颜无耻地说“时机成熟时”宣布“应以曾服役于拯救国家的研究机构七三一部队为荣”。石井所说的“时机成熟时”的确令人难以置信，在石井的内心之处应该是什么样的时机？或许是因为石井突然一次见到了数十名原七三一部队成员，恍惚回到了他经常发号施令的“部队长时代”，竟然忘记他本应该是接受惩罚的战犯。

房友会名为“房友”，即“平房战友”之含义，最初是以原“少年见习技术员”为主的战友会组织。房友会后来整体加入精魂会，但同时保持集会活动的独立性。房友会同时又吸纳平房三角会、南栋会、波空会等战友会组织，会员妻子或子女也可以加入房友会。精魂会会员也可以加入房友会，如精魂会二木秀雄、植村肇、增田美保、川岛清等也曾加入房友会。也就是说，房友会不仅有少年班成员，也有原军医将校，还有原成员的直系家属。如石井四郎的长子石井诚一、北野政次的长子北野寿、铃木重夫的长子铃木克己、八木泽行正的长子八木泽守正、常屋喜代二的长子常屋伸良、西俊英的妻子西光子等都纷纷加入房友会。

1958—2014 年，房友会几乎每年都召集一定规模的会员集会。1958 年 8 月 17 日，房友会举办成立大会，坂口弘任干事长。1959 年 8 月 9 日，在滋贺县大津

◎ 图 7—2　1958 年 8 月 17 日，房友会成立大会之后集体合影，第二排左起第三人是石井四郎。

◎ 图 7—3　关东军防疫给水部海拉尔支部、牡丹江支部战友会合影（1986 年 5 月 4 日摄）。

市召开第二次会议，18 人参加，其中顾问 3 名，会员 15 名，樱山裕晓任干事长。1960 年 8 月 21 日，在东京召开第三次定期大会。1961—1969 年，没有举办集会活动。1970 年 7 月 26 日，第四次定期大会在奈良市召开，出席会议 43 人，其中顾问 3 名，会员 40 名，小坂愿任干事长。1971—2014 年，房友会每年都举办集会活动，参加人数少则四五人，多则六七十人。

房友会最后一任干事长三角武，在纪录片《七三一部队的真相》中回忆了 1945 年 8 月参与销毁罪证的有关情况，他说道：

> 虽然也有被实验者很可怜之类的想法，但根本说不出口，亲眼目睹了，也不敢说。你说了就不是日本国民，就要被杀掉，当时的时代氛围就是这样的[10]……处理尸体，就是上面一声令下："少年队，过来！"然后我们就将尸体从各个房间里拖出来，将尸体摆在庭院里的铁架子上，浇上汽油全部烧掉[11]……我想，战争就是这样吗？战争是绝对不该发生的，我一直这样想，有时自己一个人落泪。[12]

森村诚一在《恶魔的饱食》中详细记述了七三一部队战友会集会的情况。1981年9月5日，房友会成立以来第一次以七三一部队为名义公然召集战友集会，共有19人参加。当时请柬封面写着："关东军第七三一部队战友会第一次全国大会。"[13]房友会聚会所在的宴会厅上挂着日本国旗，墙上粘贴着"关东军第七三一部队第一次战友会"横幅，会议日程有开幕式默哀、会员发言、宣读贺电、共同交流、集体聚餐、全员合影等。开幕式时全体起立，宛如在平房本部时的"肃穆和庄严"，在门窗紧闭的宴会厅里，为战殁者和死亡者集体默哀，"为军神石井四郎中将阁下以及七三一部队全体官兵的亡灵默哀"。[14]在这次战友会上，怀旧声音弥漫整个会场，大肆赞美"大东亚圣战"，军国主义阴魂不散，曾在伯力接受审判的川岛清也发来贺电。在这次集会上，有一名原队员在发言中说："管他呢，就算知道我们是七三一部队队员，也没有什么可怕的，我们当年是为国家而战。"[15]但也有清醒的声音，在这次战友会集会后，一名原队员说道："到了现在这个时代……有谁还会跟着太阳旗和'军神'跑？前来参加这样的战友会，只是极少数人。我们来参会本意是同原队员联络感情、增进友谊，不能再挑起战争了，七三一部队已经被历史埋葬了，不能让'军神'复活。"[16]

2018年6月9日的东京，天朗气清、惠风和畅。笔者在日本学者西里扶甬子和奈须重雄的协助下前往多磨陵园，我们很快就找到了精魂塔，在塔前看到了两束略显枯萎的菊花和百合花。这献花的人会是谁呢？带着这样的疑问，在西里扶甬子的指引下，我们前往"岩木之家"查访。"岩木之家"是一家石材店，祖孙三代都在这里经营石材，精魂塔就是在这里制作的，当时制作精魂塔的人是现任石材店主的父亲。面对我们这些不速之客的突然造访，又恰巧石材店主不在店里，只有他的儿子在，气氛显得有一些尴尬。他客气地导引我们进店，然后马上就给石材店主打电话。过了一会，石材店主怒气冲冲地回来了，他大概有80岁左右的样子，看起来不是那种面目和蔼的老人。石材店主对我们的到访非常抵触，这显然与精魂塔有很大关系。幸好，西里扶甬子做过多年的记者，有一套在采访中打开僵局的本领，在她的努力下石材店主最终不情愿地讲述了一些房友会的往事。

石材店主告诉我们，《恶魔的饱食》风靡日本之后，这家石材店因为七三一部队制作精魂塔而被大量匿名电话质问，石材店的墙上还经常被恶意涂鸦。《七三一部队的真相》播出之后，有人打电话质问石材店主，还有人莫名其妙地造访石材店。石材店主反复说，很多无关的人给他的生活带来很坏的影响。另外，“岩木之家”受房友会委托开展“慰灵祭”，每月 1 日都向精魂塔敬献鲜花，房友会的委托经费已于 2014 年全部用完。但不可思议的是，石材店主竟然自掏腰包购买鲜花，仍于每月 1 日前往精魂塔前敬献鲜花。我们在石材店大约停留了 1 个小时，石材店主自始至终连名字都没有告诉我。我留下了自己的名片之后，带着遗憾离开了这家石材店，随后我们在精魂会和房友会曾经的汇合地点——“岩木之家”前拍了一张合影。拍照的时候，石材店的大门紧闭着，刚才还在的两个人好似都从后门溜走了，也许他们还是希望继续保守七三一部队的秘密。

回到哈尔滨之后，我们委托西里扶甬子验证每月 1 日“慰灵祭”的真实性。西里扶甬子于 2019 年 2 月 1 日再次前往多磨陵园踏查，从其拍摄的照片中可以看到，精魂塔两侧立有两束正在盛开的菊花和百合花，分明是刚刚有人到这里来过。七三一部队在 1945 年 8 月已经灰飞烟灭了，但是七三一部队成员的战后活动一直到 2014 年都没有停止过，直到 2019 年，守望和慰灵的身影仍然时隐时现。第二次世界大战已经结束 80 年了，现在的日本竟然还有人公开“祭奠”军国主义的“亡灵”，主动割断真实的历史记忆，这样的现状怎能不让人警惕。战后 80 年来，原七三一部队成员陆续死去，但是这些“人证”的死亡，并不能够将他们的罪恶掩盖，档案、遗址等“物证”仍然是揭示七三一部队罪行最有力的铁证。

注　释

1. 莇昭三:《十五年戦争中の医学犯罪と私たちの今日の課題》,《15 年戦争と日本の医学医療研究会会誌》2008 年 3 月第 8 巻第 2 号，第 28 頁。

2. 谭天根据高杉晋吾电话采访吉村寿人的记录整理，在《追踪日本的奥斯威辛》和《日本医疗的原罪——人体实验和战争责任》中，可散见根据录音整理的记录，纪录片《从七三一部队到防卫医大》中也曾使用部分录音。

3.《日本生気象学会育ての親　吉村役員を解任——石井部隊での実験問われ》,《毎日新聞》1982 年 11 月 4 日。

4.《日本生気象学会育ての親　吉村役員を解任——石井部隊での実験問われ》,《毎日新聞》1982 年 11 月 4 日。

5. 門脇一郎:《京都府立医大吉村寿人元学長と 731 部隊》,《15 年戦争と日本の医学医療研究会会誌》2000 年第 1 巻第 1 号，第 42—43 頁。

6.《房友》1981 年 1 月第 63 号，第 8 頁。

7. 二木秀雄，毕业于金泽医科大学医学部，医学博士，七三一部队结核研究班班长，陆军四等技师；战后创立《日本舆论》和《政界快讯》等时局杂志；参与创办日本“血液银行”；1956 年因敲诈勒索罪被判处三年有期徒刑；1974 年在东京新宿开办“皇家诊所”；死于 1992 年 9 月 18 日，时年 84 岁，葬于多磨陵园，距精魂塔仅 100 米左右。

8.《房友》1978 年 11 月第 55 号，第 7 頁。

9.《房友・房友会成立三十周年記念特集》，1987 年，第 41—42 頁。

10. 2017 年 8 月 13 日，日本广播协会（NHK）播放的纪录片《七三一部队的真相——精英医学者与人体实验》中的片段，这句话出自第 36 分 53 秒到第 37 分 14 秒。

11. 2017 年 8 月 13 日，日本广播协会（NHK）播放的纪录片《七三一部队的真相——精英医学者与人体实验》中的片段，这句话出自第 41 分 39 秒到第 41 分 59 秒

12. 2017 年 8 月 13 日，日本广播协会（NHK）播放的纪录片《七三一部队的真

相——精英医学者与人体实验》中的片段，这句话出自第 42 分 8 秒到第 42 分 30 秒。

13. 森村誠一:《悪魔の飽食》，第 228 頁。

14. 森村誠一:《悪魔の飽食》，第 228 頁。

15. 森村誠一:《悪魔の飽食》，第 228 頁。

16. 森村誠一:《悪魔の飽食》，第 229 頁。

第八章

战后对七三一部队的追责

本法院认为，若研究本案之各项证据，至少可以认定存在下述事实：1940年（昭和十五年）至1942年（昭和十七年）期间，七三一部队和一六四四部队等对中国衢州、宁波、常德、江山等地进行了细菌武器的实战使用（细菌战）。[1]

——2002年8月27日，日本东京地方法院《判决书》

1949 年，苏联在伯力军事法庭审判了日本医学犯罪的组织者、参与者和关联者 12 人。战争审判法庭在调查、取证、审理、判决过程中出示大量物证和人证，这既是法庭判决的重要依据，也为深度揭示战时日本的人体实验犯罪和细菌战犯罪提供了重要线索。基于此，有必要将医学犯罪置于战争罪行审判视野下考察，挖掘伯力审判在日本医学犯罪追责方面的历史贡献、时代局限、现实意义，同时考察中国民间发起的人体实验诉讼、细菌战诉讼的艰难过程及其特殊价值。

一、伯力审判对七三一部队的追责

1949 年 12 月 25 日，伯力审判在哈巴罗夫斯克[2]正式开庭，山田乙三、梶塚隆二、川岛清、佐藤俊二等 12 名日本战犯被提起公诉，国家公诉人是东京审判期间苏联检察官斯米尔诺夫，证人松村知胜、橘武夫、仓员悟[3]等 16 人出庭作证，此前苏军从中国东北带走的日伪档案作为证据也呈现在法庭上。伯力法庭依据“苏联最高苏维埃主席团一九四三年四月十九日法令第一条”[4]于 12 月 30 日做出判决。

伯力法庭判决结果如下：判处关东军总司令官山田乙三大将有期徒刑 25 年，关东军军医部部长梶塚隆二中将有期徒刑 25 年，关东军兽医部部长高桥隆笃中将有期徒刑 25 年，关东军第五军军医部部长佐藤俊二少将有期徒刑 20 年，七三一部队总务部部长川岛清少将有期徒刑 25 年，七三一部队孙吴支部支部长西俊英中佐有期徒刑 18 年，七三一部队牡丹江支部支部长尾上正男少佐有期徒刑 12 年，七三一部队

◎ 图 8—1 伯力审判法庭被告席。第一排（从左到右）：三友一男、川岛清、平樱全作、山田乙三；第二排：佐藤俊二、高桥隆笃、柄泽十三夫、西俊英；第三排：尾上正男、久留岛祐司、菊地则光、梶塚隆二。

◎ 图 8—2 战犯离开伯力审判法庭。

研究班班长柄泽十三夫少佐有期徒刑20年，七三一部队牡丹江支部卫生兵久留岛祐司有期徒刑3年，七三一部队林口支部卫生兵菊地则光有期徒刑2年，一〇〇部队实验员三友一男有期徒刑15年，一〇〇部队实验员平樱全作有期徒刑10年。

伯力审判结束之后，苏联于1950年将《前日本陆军军人因准备和使用细菌武器被控案审判材料》(以下简称《审判材料》)以中、俄、德、英、日、韩等多国文字公开出版，主要内容包括起诉书、被告供词、证人证词、文件证据、公诉人演说词、检验委员会结论和军事法庭判决书等。1956年10月19日，日本和苏联在莫斯科签署《日苏共同宣言》，之后在伯力审判法庭上受审的日本战犯陆续被释放和遣返。

(一) 伯力审判对人体实验犯罪的揭示

伯力审判揭示了七三一部队进行的冻伤实验、伤寒实验、炭疽实验、鼠疫实验、细菌炸弹野外实验等，以及一〇〇部队的人体实验和动物实验。伯力法庭上出现的特别移送相关文件，如《关于特别移送的通告》《关东宪兵队作战命令二二四号》和《平野宪兵队作战命令第一号》等战时文件，是苏联从中国东北带走的日文档案之一部分。这是七三一部队同关东宪兵队秘密勾结进行人体实验的关键证据，证实了七三一部队人体实验的组织性和计划性，为伯力审判的庭审及量刑提供重要依据，也为中外学界的后续调查奠定史料基础。

关于人体细菌感染实验，七三一部队卫生兵古都良雄供称：“大约在一九四三年初，我奉第七三一部队第一部长官田部井命令，初次参加对该部队监狱内犯人作传染伤寒病的实验。我预先准备了一公升投有伤寒菌的甜水，然后把这一公升甜水用普通水冲淡，就分给约五十名中国犯人喝了。据我所记得的，他们都是战俘，其中只有几个人事先受过预防伤寒病的注射。”[5]关于细菌炸弹野外实验的情况，柄泽十三夫和西俊英都有供词。柄泽十三夫供述：“第一次是在一九四三年末，当时有十个人被押到打靶场上来，他们被绑在事先就栽在土里彼此相隔五公尺的柱子上。然后就在距离他们五十公尺以外的地方，借电流爆发了一颗开花弹。”[6]西俊英也供述了七三一部队的野外人体实验：“这十个被俘的中国人被绑在各距十至二十公尺的柱子上，然后就借电流爆发了一个炸弹。结果这十个人都被带有坏疽菌的榴霰弹所炸伤，一星期后他们全都痛苦万分地死去了。”[7]一〇〇部队第二部第六分部也进行了人体实验。证人畑木章[8]供称：“关东军第一〇〇部队名义上称为兽疫预防部，其实它是一个细菌部队，因为那里专门繁殖和培养传播鼻疽、炭疽热、牛瘟等兽疫的病菌。第一〇〇部队中曾用家畜和活人来试验细菌效能。”[9]

在伯力法庭上，战犯供述了七三一部队和一〇〇部队强制受试者进行冻伤测试、细菌感染和毒气实验，随着多语种《审判材料》的公开发行，伯力审判在国际上产生一定影响。伯力审判过去半个多世纪之后，2001年美国国家档案馆陆续解密近万页日军细菌战档案，其中就有记录七三一部队进行人体实验的报告《A报告》《G报告》和《Q报告》，记录日军细菌战的总结报告《桑德斯报告》《汤普森报告》《费尔报告》和《希尔报告》等，这些进一步印证了伯力审判相关证据的真实性。

（二）伯力审判对细菌战犯罪的揭示

伯力审判首次揭示日军在衢州和常德等地实施的细菌作战。关于衢州细菌战，川岛清在法庭上供称：“一九四二年间，第七三一部队奉关东军司令部命令，派了一个约一百人的远征队，前往华中浙赣战区去使用细菌武器反对中国军队。参加这次远征的，有第一部、第二部和第四部工作人员。我从生产部内派去了八个人。根据石井将军命令，我叫生产部制备了约一百三十公斤副伤寒菌和炭疽热菌供该远征队之用。”[10]柄泽十三夫对此也供述道：“由石井将军率领开去反对中国军队的这次远征，是在一九四二年年中举行的……当这次远征队出发之前，又按铃木少佐的命令，由我主持备办了一百三十公斤副伤寒菌和炭疽热菌，供该远征队之用。据我所知道的，在这次远征中也用过跳蚤作为传染病媒介物……为了进行这次远征，石井将军率领一队人出发到当时日军正在撤退的华中区去。远征队队员们乘日军退却之际，在行将放弃的区域内散布了细菌，好让进攻的华军染上传染病。”[11]

关于常德细菌战，川岛清在伯力审判法庭上供称：“第一次远征是在一九四一年夏季举行的。第二部部长太田大佐有次通知我说，他要到华中去，并且他当即与我告别。过后不久，他回来时又对我说过，在华中洞庭湖附近的常德城一带，曾用飞机向中国人投放过鼠疫跳蚤……此后太田大佐向第七三一部队长石井做过一次报告，他做报告时我在场。据他报告说，第七三一部队派出的远征队在常德一带用飞机投放过鼠疫跳蚤，结果发生了鼠疫流行病，有相当数量的人染上了鼠疫病，但究竟有多少人，我却不知道。”[12]另据《军事法庭判决书》记载：“一九四一年间，第七三一部队又派遣一个远征队到常德城一带去动作过，结果常德一带也受到鼠疫细菌的传染。”[13]

随着中外学者的共同努力和持续追踪，《井本日记》和《金子顺一论文集》的发现和公开，以及衢州市卫生防疫站、常德细菌战受害调查委员会的田野调查，特别是东京地方法院对日军实施细菌战的事实认定，伯力审判首次呈现出来的衢州细菌战和常德细菌战，在学界的调查、取证和研究下进一步得以证实。

（三）伯力审判的历史贡献及其局限

其一，伯力审判的历史意义和现实价值仍然值得重视。伯力审判是人类历史上首次对细菌战犯罪进行的公开审判，揭示了战时日本的细菌战犯罪和人体实验犯罪，通过法律制裁了罪行累累的日本战犯，在国际上产生了一定影响，具有重大的历史意义。伯力审判的被告关东军总司令官山田乙三，实际操控伪满洲国的军政大权，关东军军医部部长梶塚隆二负责指导七三一部队，关东军兽医部部长高桥隆笃负责指导一〇〇部队，佐藤俊二先后出任广州八六〇四部队部队长、南京一六四四部队部队长，川岛清则为七三一部队核心成员；他们作为细菌战计划的主导者和亲历者供述了细菌战研究、准备和实施的犯罪事实，有力地回击了美国在东京审判上对七三一部队犯罪的掩盖，有助于澄清历史真相和彰显公平正义，也为中外学界深入挖掘细菌战和人体实验罪证奠定了事实基础。

作为历史遗产的伯力审判，同样具有一定的现实价值，其在媒体传播、文学作品、历史研究和学术活动的不断形塑下，渐从历史事件变为社会记忆。俄罗斯还拍摄了多部以伯力审判为题材的纪录片，如 2004 年的《死亡传送带：日本七三一部队集中营》和 2008 年的《刀的哲学》。近几年来，俄新社、塔斯社和红星电视台等俄罗斯多家主流新闻媒体对伯力审判、七三一部队、医学犯罪等专题进行了深度报道，公开了伯力审判相关新资料和新证据。如俄罗斯国立录音档案馆对外公开了伯力审判音频资料，该资料为法庭审判日本战犯时的全程录音材料，计有 22 小时 5 分 57 秒。除此之外，2021 年 9 月 6 日，俄罗斯历史协会、哈巴罗夫斯克边疆区政府和俄罗斯教育部还在哈巴罗夫斯克市联合举办了“哈巴罗夫斯克审判：历史教训与现代挑战学术论坛”，来自俄罗斯、中国等地的历史学者、法律学者和社会学者参加了论坛。

其二，伯力审判的冷战特征和国际影响有待深入研究。1946 年 3 月 5 日，英国首相丘吉尔在美国富尔顿发表“铁幕演说”，拉开了冷战序幕。冷战的兴起，特别是苏联和美国在东京审判上的争执和不快，促使苏联选择在圣诞节假期进行单独审判，随后又马不停蹄地使用多种语言公布《审判材料》，显然苏联在审判之外另有所图。苏联方面曾“谨慎地选择审判地点，故意排除国际参与，因为哈巴罗夫斯克地处偏远，有效地阻止了外国记者和外交官的出席”。[14]换言之，公开审判不仅仅是揭露日本罪行，彰显苏联担当国际公平和正义的需要，更有其政治层面和外交层面的战略考量，这也是冷战环境下大国竞争的个案之一。

虽然检察官、辩护律师、公诉人、被告、证人，以及检验委员医学专家悉数出庭，但伯力审判对日本战犯公诉、审判和裁决的依据，并没有如东京审判和纽伦堡审判一样形成专门的法庭宪章，而是将苏联 1943 年 4 月 19 日制定的国内法作为伯力法庭的重要参考。这使得“法庭组织、审判规则和实体运用等方面存在一定瑕疵”。[15]伯力审判在调查取证、开庭审判、律师辩护和最终量刑等方面也有相当的不足。如人体实验和生物战的主要受害方中国没有参与其中，法庭正式审判的周期仅有 6 天，辩护律师没有进行充分辩护，12 名被告竟无一人被判处死刑或终身监禁。这些不足的背后有着相当浓厚的政治意味，制约了伯力法庭对日本战犯的责任追究，更给事实揭露和国际传播带来严重影响，沦为美国不断宣扬伯力审判具有虚假性、是政治宣传工具的借口。美国在伯力审判之后，“一方面开动国家机器，进行反宣传，不断声称这场审判是一场‘政治秀’，只是苏联的宣传伎俩而已。另一方面，通过不正当的行政或其他手段强制干预，对一些媒体的客观报道进行封锁”。[16]欧美国家受此影响，多将伯力审判批判为政治宣传工具，从而在一定程度上遮蔽了伯力审判在揭示犯罪和追究战争责任方面的独特贡献。

其三，伯力审判及《审判材料》，成为中外学界、新闻媒体记录并传播日本生物战犯罪、人体实验犯罪的起点，为后来的史证挖掘、遗址保护和陈列展览奠定史料基础。在战后日本学者、作家和记者依据《审判材料》所记，开始调查七三一部队和一〇〇部队的历史问题。如吉永玲子于1966年出版了《人体实验的恐怖：关东军女子军属的手记》，岛村乔于1967年出版了《三千人的活体实验》，曾在伯力法庭受审的三友一男于1987年出版了回忆录《细菌战之罪——伊万诺沃将官收容所虏囚记》。[17]这些纪实作品皆以《审判材料》为主要参考文献，记述了七三一部队和一〇〇部队的战时活动，揭露了细菌战部队的组织构成、人体冻伤实验、细菌战研究，以及常德细菌战、宁波细菌战和衢州细菌战等犯罪事实。

正因为伯力审判首次揭示了七三一部队进行医学犯罪的隐秘事实，促使中日学者持续追踪战时日本的医学犯罪。如《审判材料》记载了"朱之盈、吴殿兴、孙朝山被特别移送到七三一部队"，[18]使得学界在1950年第一次了解到人体实验受害者的相关信息。中国学者韩晓多年以后还据此展开调查，于1992年访谈了朱之盈的妻子敬兰芝，确认了朱之盈、吴殿兴的抗日事迹和受害事实。1997年10月，金成民在黑龙江省档案馆首次发现特别移送原始文件。1999年8月2日，黑龙江省档案馆召开新闻发布会，对外公布特别移送档案66件，涉及受害者52人。2001年9月6日，吉林省档案馆召开新闻发布会，对外公布80余件特别移送档案，涉及受害者277人。[19]可以说，中外学界之所以能够长期不断挖掘七三一部队的人体实验犯罪史证，与伯力审判资料的公开，以及新闻媒体的持续关注有着很大关联。

二、人体实验受害群体的诉讼

1995年8月7日，人体实验受害者家属王亦兵[20]、敬兰芝[21]等人赴东京起诉日本政府。这次诉讼是七三一部队、南京大屠杀、无差别轰炸事件联合在一起的诉讼案件，人体实验受害原告方有王亦兵和敬兰芝等 8 人，被告方是日本政府。在东京的法庭上，王亦兵陈述了王耀轩、王学年被害一案，敬兰芝也在法庭上陈述了朱之盈被害一案，要求日本政府谢罪和赔偿，原大连宪兵队三尾丰作为证人出庭，日本律师尾山宏、小野寺利孝、渡边春己等人作为控方律师出庭。

1999 年 9 月 22 日，日本东京地方法院公布“七三一部队 · 南京大屠杀 · 无差别轰炸事件诉讼案”的判决结果，认定七三一部队进行人体实验的事实。东京地方法院《判决书》写道：“1938 年，在‘满洲国’哈尔滨平房，七三一部队建造了有数十栋楼房的研究所和飞机场……这是为了大量生产细菌武器用于实战。为此，用被称为‘圆木’的俘虏做人体实验……对七三一细菌部队的存在及其进行的人体实验，没有任何怀疑的余地。”[22]虽然东京地方法院认定了七三一部队人体实验的事实，而且承认了七三一部队对王亦兵等原告的战争犯罪，但是驳回了原告的索赔要求。《判决书》中写道：“本庭认定原告控诉，在 1937—1945 年间，原告或其夫、父母、兄弟等遭受日军或其所属军人实施的非人道迫害行为（本案加害行为）……亲身遭受过本案加害行为的原告们的供述，以及证人三尾丰的证言所述事实极其真挚，坦诚公正……我国应真诚地向中国人民谢罪。”[23]《判决书》中还写道：“因战争引起的被害，原则上应在战后作为国家间的政治、外交问题予以解决。”[24]东京地方法院以“1972 年的《日本国政府与中华人民共和国政府联合声明》第五条协定，中华人民共和国政府宣布：为了中日两国人民的友好，放弃对日本国的战争赔偿要求”[25]为由，最终驳回了本案所有原告的赔偿请求。

王亦兵和敬兰芝等人不服东京地方法院的一审判决，上诉至东京高等法院。2005 年 4 月 19 日，东京高等法院做出二审判决，他们再次败诉。[26]王亦兵和敬兰芝后又上诉至日本最高法院。2007 年 5 月 10 日，日本最高法院做出：“驳回上诉，对本案上诉不予受理”的最终裁定。[27]虽然东京地方法院和东京高等法院驳回了原告的赔偿请求，但从法律层面认定人体实验犯罪的基本事实。这是在原告、证人和律师的共同努力下，中国民间对日本医学犯罪追责方面取得的重要阶段性成果。

败诉之后的王亦兵心情非常沉重，回到沈阳之后多次对媒体说道：“父亲死于七三一部队的人体实验，我无法想象父亲经受了怎样残酷的虐待和非人的折磨。”

2005 年夏季，笔者第一次去敬兰芝家采访，她已卧床不起，说话也含混不清。2006 年 5 月 4 日，敬兰芝带着遗憾去世，日本ABC企划委员会组织了追悼会，森村诚一、松村高夫、和田千代子等数十人参加，随后还出版了《敬兰芝纪念文集》。令人感到遗憾的是，在敬兰芝的家乡哈尔滨，却没有举办任何纪念活动。时至今日，人体实验受害者的历史记忆，随着受害者家属的离世逐渐淡出了公众视野，渐渐进入了断裂和忘却的阶段，亟待历史学者和新闻媒体将这段历史记忆唤醒。事实上，在人体实验受害者家属的记忆中，七三一部队给他们带来的创伤和痛苦一直存在，媒体采访和对日诉讼运动让他们有机会发出声音。这些声音、文字和影像记录，是受害者个体创伤记忆的载体，然而只有在“人们传播文本的时候，意义才具有现实性”。[28]

近 30 年来，学界依据历史资料调查了人体实验受害者敬恩瑞、朱之盈、李鹏阁、桑元庆、史顺臣、王耀轩、王明生、闻德清、辛玉贵、辛永良、袁美臻、张慧中、赵福元、朱云岫、朱云彤、任殿曹等 16 人的受害情况。上述受害者的家属有的提供了受害者照片，还有的提供了证言材料，侵华日军第七三一部队罪证陈列馆选择部分证言予以证据保全公证。2015 年 8 月 15 日，侵华日军第七三一部队罪证陈列馆新馆建成并对外开放，王亦兵、李凤琴和敬兰芝等人的口述史料被放入“特别移送和人体实验”展示单元，受害者的个体记忆得以固化。这个专题展览每年有数十万人参观，向社会公众讲述了人体实验受害者的个体记忆，在记录历史、传播真相和教育世人方面发挥了重要作用。也正是在这个记录、传播和不断形塑的过程中，逐渐形成了相对稳定的、真实的社会记忆。

三、细菌战受害群体的诉讼

20 世纪 90 年代，中日民间团体组织对细菌战受害地展开大范围田野调查，发起声势浩大的对日诉讼运动，这为细菌战受害创伤记忆的唤醒、传递和固化发挥了重要作用。在这个漫长的调查、取证、诉讼和传播过程中，七三一部队隐匿的细菌战证据得到深入挖掘，而在电视、报纸和互联网广泛传播之下，个体创伤记忆和群体记忆得以唤醒并进入现代社会。

（一）田野调查与个体创伤记忆的唤醒

细菌战受害地的历史记忆经历了由个体记忆向社会记忆不断形塑的过程，亲历者在战时形成的碎片化、零散的个体记忆经由当地媒体报道，国民政府卫生防疫机构的搜集和整理，以固态的文本形式留存。如常德、衢州和宁波细菌战受害的历史记忆，先载于《东南日报》《衢州日报》《大明报》等当地媒体，后又被收入国民政府组织整理的调查报告和疫情旬报之中，形成如《战时防疫联合办事处疫情旬报》《防治湘西鼠疫经过报告书》《常德鼠疫调查报告书》等战时资料。新中国成立后，受到社会条件和时局因素的制约，细菌战受害的个体记忆处于被忘却和沉寂阶段，直到 20 世纪 90 年代浙江和湖南民间开始展开大规模田野调查，这些创伤记忆才逐渐被唤醒和重构。[29] 试以常德细菌战、衢州细菌战、哈尔滨鼠疫的个体创伤记忆为例说明。

首先，关于常德细菌战的个体创伤记忆。湖南文理学院日军细菌战罪行研究所主持细菌战专题研究多年，寻访了常德细菌战受害者和知情者，形成了系列学术论文、调查报告和访谈记录等。如陈致远和柳毅展开口述史调查，他们记录了方运胜的证言："我的哥哥方运登 1941 年死于常德鼠疫，感染鼠疫时才 8 岁。哥哥死亡后，我的奶奶非常悲痛，因此精神失常，常常一个人在夜间穿街走巷呼唤着方运登的名字，希望他能回家。我是小孩子的时候，奶奶还时常牵着我的手在街上呼唤哥哥的名字。"[30]这则证言反映出细菌战受害的一个侧面，受害者本人和受害者家属在同一时空下同处在受害一方，死难者的离世给幸存者带来了长久的、沉重的精神冲击。

其次，关于衢州细菌战的个体创伤记忆。衢州细菌战的历史记忆生成于 20 世纪 40 年代，《衢州日报》《东南日报》和《大明报》等新闻媒体均有相关记载。如 1944 年 9 月 12 日《大明报》所载："本县（衢县）破石乡入秋后忽又发生痢疫

（疑似霍乱、伤寒与副伤寒），该乡中心学校低年级学生余佳中、余佳道，高年级学生余良旭，春季毕业生余连君，均先后因痢疫死去。本期新聘教员（衢州师范学校毕业生）余旭堂亦因罹患痢疫，昨晚来城县卫生院诊治，即夜亡故。目下疫势仍极严重，该校余校长贤俊昨急电县政府迅饬卫生院即日派员携带药品前往该乡破石村一带施治。”[31]

2008年，笔者在邱明轩协助下访谈了衢州细菌战受害者杨大方，他回忆道：

> 1941年3月28日，我的父亲杨惠凤染上鼠疫死亡。1941年3月下旬，父亲开始头痛发烧躺下了，马上请医生来治疗，但父亲的病情还是不断恶化。他高烧不退，吃不下、睡不着，满脸通红、淋巴肿胀，整天呻吟、痛苦万分。我母亲急得到处求医，找了各种各样民间偏方，但父亲的病情没有能够好转。3月28日，父亲发病还不到一个星期就离开了我们。那时还是孩子的我，真不相信父亲会死去，我跟着母亲苦呀苦呀。直到今天，我永远忘不了父亲临死前那双紧紧看我母亲的眼睛，父亲那双眼睛在告诉我们，他不想死，他要活呀。父亲去世后，遗体只用白布包裹，连棺材也没有，就由防疫人员运往西分花园岗深埋了。让我更加悲痛的是，父亲被埋葬的地点至今还下落不明。[32]

在相当长的时间内，杨大方并不知道父亲死于七三一部队细菌战，而认为死于当地流行的时疫。当杨大方从邱明轩的调查中知晓父亲死于细菌战之后，个体的创伤记忆被唤醒。随着田野调查的不断深入，以及频繁接触越来越多的受害者，受害共同体意识逐渐形成。杨大方的个体创伤记忆不断被强化，想要表达受害者声音的意愿也越来越强烈，这种强烈意愿促使他走进东京地方法院出庭作证。

再次，关于哈尔滨鼠疫的个体创伤记忆。1946年哈尔滨平房地区暴发鼠疫流行，后二道沟屯靖福和家族在不到20天的时间里，先后死亡12人。他回忆当年的惨景：

> 我家是平房地区的重灾户，当时家中19口人，不到20天，12口人被鼠疫杀害。我的父亲、姐姐和弟弟倒下的时候，家中又有几个人相继倒下，还活着的人，已经照顾不过来倒下的了。当时母亲在护理父亲，我守在弟弟身边。

一铺炕上，一头是父亲，另一头是弟弟，已经没有地方放姐姐了，没办法只好把她抬到草棚子里，等待死神的降临。姐姐的症状是发低烧、脖子底下起疙瘩，肿的像头一样粗，憋得大声喊叫，说不出话来，自己躺在草棚子里，一个亲人也没在身边，孤零零地在喊叫声中凄惨地死去了。拉姐姐的灵车还没有到家，父亲就停止了呼吸，没等把尸体抬下来，我的弟弟就吐了两口黑水，瞪着两只眼睛，紧随父亲和姐姐死了，永别了亲人。我的弟弟倒下后就没和亲人说上一句话，尽管我在身边怎么叫他、喊他，他一声不吭，我眼睁睁地看着弟弟死去。每当想起这些往事，想起这悲惨的情景，我就心酸流泪，悲痛万分。父亲被鼠疫折磨的呻吟声，姐姐在草棚里孤伶伶地死去，弟弟没有闭上的双眼，至今历历在目，永远不能忘记。[33]

疫情防控亲历者佟德敬也曾回忆："当时刘广升家7口死了6口，他家里只剩下一个孩子被隔离，这孩子成了孤儿，不知道以后怎么样了。"[34]鼠疫受害者靖福

◎ 图8—3 靖福和在七三一部队遗址给学生讲解家史。

和与防疫亲历者佟德敬现均已离世，关于他们的历史记录在很长时间仅存在文本之中，但仅凭文字并不能实现记忆的传递和形塑。

总体来看，由于细菌战受害者的个体创伤记忆长期没有进入社会领域，仅停留在家族创伤的个体层面，致使历史真相一直处于知者甚少的阶段。阿斯曼说："记忆是流动的而不是静止的，有些记忆随着时间发生了变化，有些则消失了。"[35]方运胜、杨大方、靖福和等的个体创伤记忆生成之后，如果没有转化为细菌战受害的社会记忆，受害者的个体记忆就极有可能渐渐消失。哈布瓦赫指出："集体记忆不是一个既定的概念，而是一个社会建构的概念。"[36]细菌战受害者的痛苦回忆和记录，理应作为重要的历史保存起来并传承下去。在唤醒受害者历史记忆的同时，应将其融入一个动态建构的过程，如能将其带入博物馆的展示单元，那么将有助于个体记忆进入社会记忆。

另外，浙江义乌、宁波、江山、东阳和丽水等地也展开了大规模细菌战受害田野调查，采集了数十万份受害者证言，编制了受害者名簿。

细菌战受害者个体记忆的起点是20世纪40年代，受中国社会变革和经济条件等多重因素影响，细菌战受害者个体记忆经历了漫长的沉寂和忘却的阶段。细菌战创伤记忆再度被唤醒，则始于20世纪90年代的田野调查及其后来的对日诉讼运动。

（二）对日诉讼

1995—1997年，王选、杨大方、邱明轩、陈致远等人就侵华日军细菌战受害情况，在浙江宁波、衢州、义乌、东阳、江山及湖南常德等地展开大范围田野调查，日本律师联合会前会长土屋公献、一濑敬一郎等人也积极参与了调查取证，他们历经了难以想象的困难，编制了细菌战死难者名册。

1997年8月11日，108名中国原告向东京地方法院提起了第一次细菌战诉讼，被告一方是日本政府。1999年12月，72名中国原告提起了第二次细菌战诉讼。两次诉讼的原告共有180名，王选为侵华日军细菌战中国受害诉讼原告团团长，土屋公献为七三一部队细菌战被害者国家赔偿诉讼辩护团团长，一濑敬一郎为辩护团秘书长。

1998年2月16日，东京地方法院第一次审理此案，一直到2001年12月26

日，东京地方法院共开庭27次。在东京的法庭上，除了原告之外，原七三一部队成员篠塚良雄、松本正一作为证人出席，中日学者辛培林、黄可泰、邱明轩、上田信、吉见义明、聂莉莉、中村明子、松村高夫、近藤昭二等也先后作为证人出席，有力地推动了法庭判决细菌战加害事实的成立。可以说，对日诉讼运动的前期准备直接推动了细菌战史证挖掘、历史研究和个体记忆的展开，细菌战受害群体也打破多年的沉默，开始公开讲述自己及家人的创伤记忆，推动了个体记忆向社会记忆的快速流动。

2002年8月27日，东京地方法院做出一审判决，认定侵华日军实施细菌战的加害事实，细菌战违反国际惯例法且为日本的国家责任，但驳回了原告的赔偿诉求。[37]值得一提的是，在东京地方法院做出判决之前，日本辩护团律师做了相当大的努力，他们不仅采集了原七三一部队成员篠塚良雄、松本正一的证言，还搜集了原参谋本部作战课朝枝繁春、井本熊男的证言。日本民间团体如731细菌战展示会实行委员会、731细菌战审判宣传委员会、ABC企划委员会也多次组织市民运动声援受害者诉讼。遥相呼应的是，中国民间也组织了对日诉讼的声援活动。在一审判决前夕，常德市组织声势浩大的签名请愿活动，共有30余万人参加了签名活动，

◎ 图8—4 2005年细菌战对日诉讼代表在东京集会（日本ABC企划委员会提供）。

仅对日索赔签名簿就装了满满 7 箱。[38]这 7 箱签名簿作为声援材料几经辗转运到东京，支援了诉讼、表达了民意，也在一定程度上影响了法院的判决。

东京地方法院做出一审判决之后，原告团于判决 3 天后即办理了上诉手续。2003 年 4 月 21 日，中国原告团向东京高等法院提交上诉文件。5 月 20 日，东京高等法院二审第一次开庭。2005 年 7 月 19 日，东京高等法院对细菌战诉讼案做出二审判决。[39]《东京高等法院判决书》记载了“本案所述细菌战造成不法行为之事实”如下：

原判决全面承认自昭和 15 年（1940 年）至昭和 17 年（1942 年）间，原日本军第七三一部队等，根据陆军总部指令，在中国各地使用细菌武器之事实，通过控诉审判的调查取证，证实了因细菌战所造成的伤害。在常德，死亡人数至少有 7643 人，对全体居民的鼠疫死亡率达到一百八十六分之一至一百分之一的残酷程度。在宁波，通过对宁波近郊 93 个村屯的调查，最终全部查明了在细菌战受害 112 名死亡者之地点；细菌战受害者们，从开明街一带封锁地区逃亡出来，避难地点比当初明确的地点范围更加的广阔，在鼠疫流行地区之外也出现了大量鼠疫死亡者；根据控诉人提供的受害状况，又新确认了 4 名死亡者；而且还确认了在死亡记录中有一名受害人，现仍生存的情况。在衢州，自昭和 15 年（1940 年）11 月至昭和 16 年（1941 年）12 月的 14 个月中，衢县县城内和近郊地区的死亡者人数有 204 人，到昭和 15 年（1940 年）12 月末，衢县鼠疫已经使县城内的 58 条道路全都受到了污染，而且污染还扩散到柯山、万田、横路、浮石、樟潭等 13 个村镇；昭和 16 年（1941 年）3 月，由于日本军队飞机轰炸衢县县城区域，居民们逃向农村，使疫情被更广泛地扩散，各控诉人以及其家族亲属居住地，由于日本军队实施的细菌战，而成为鼠疫流行地区的事实，已经分别得到确认。

尤其是本案所述之细菌战，不仅对鼠疫受害者造成巨大的肉体苦痛，还给包括各控诉人在内的亲属带来了精神苦痛。由于本案所述的细菌战而引起的精神上、肉体上苦痛，不仅发生在受害当时，而且在受害调查时，也唤起了他们心酸的记忆；所以，这种痛苦是长期的、持续的；而且可以确定，本案所述的细菌战受害，破坏了包括各受害者在内的家属的家庭及生活。[40]

东京高等法院在《本法院的判断》中还记述：

本法庭也承认从昭和15年（1940年）到昭和17年（1942年）期间，由于旧日本军第七三一部队及一六四四部队等行动……致使衢县（衢州）、义乌、东阳、崇山村、塔下洲、宁波以及常德等地出现大量鼠疫患者，致使江山出现大量霍乱患者，并发生了大量患者死亡的事实。[41]

东京高等法院在二审判决中，虽然承认了日军细菌战的加害事实，但不对原告予以任何赔偿。中国原告团不服二审判决，上诉至日本最高法院。2007年5月9日，日本最高法院做出了“驳回上诉，对本案上诉不予受理”的最终裁定。[42]

第二次世界大战结束50余年之后，东京地方法院、东京高等法院在判决中承

◎ 图8—5 东京高等法院判决之后，辩护律师在法庭外举起“承认细菌战事实，驳回原告请求”抗议条幅（日本ABC企划委员会提供）。

认了七三一部队和一六四四部队在衢州、义乌、常德、宁波等地实施细菌战并导致重大伤亡及战后影响的历史事实，但驳回了受害者要求日本内阁总理大臣签署并在报纸公开刊载《谢罪书》，以及向每名原告支付赔偿金1000万日元等全部请求。在东京法庭之外，日本律师筵本润将早已经准备好的“不当判决”条幅举了起来，表达对这次判决结果的严正抗议。日本律师土屋公献、一濑敬一郎等既资助中国受害者前往东京诉讼日本政府，又无偿提供诉讼费、辩护费用等，日本学者松村高夫、吉见义明、近藤昭二等多名学者也以证人身份出庭作证，这在大多数中国人看来似乎是不同寻常的社会运动。土屋公献在东京地方法院第一次开庭时的慷慨陈词：“舆论认为，在日本司法中‘国家利益’优先于人权的倾向十分严重”，“但是，爽快地承认以往犯下的反人道罪行，明确承担责任，向受害者谢罪，绝不违反日本的‘国家利益’。这是与亚洲邻国和世界建立信赖关系不可或缺的条件，是用金钱换取不到的巨大的‘国家利益’。所以，作为被告的日本政府不应回避，对是否使用过细菌武器做出回答。”[43]常德的受害者问土屋公献为什么要帮助中国受害者打官司，土屋的回答掷地有声：“你们错了，我不是在帮你们，我是在帮大和民族。日军在中国所犯的罪行得不到清算，中国人民心灵的创伤得不到抚慰，这种仇恨不消除，将来中国强大了，想找人复仇的话，第一个就会找我们大和民族，我们的子孙后代就要遭殃。两个国家的友好不是两国领导人握握手这么简单。这个道理日本政府没有搞明白，我们就是要帮助他们搞明白。”[44]

这次大规模的诉讼及东京地方法院、东京高等法院的裁决，经由新闻媒体和评论文章的广泛传播，特别是原告团团长王选于2002年当选感动中国十大人物，一时成为社会舆论的焦点话题。中央媒体《东方时空》《焦点访谈》和《新华视点》等多次播出专题报道；地方媒体《湖南日报》《长沙晚报》《常德晚报》《三湘都市报》和《潇湘晨报》自1997—2018年相继发表了210篇专题报道；[45]社会影响较大的《南方周末》连续制作了多期长篇报道，如《极罪：没有结束的细菌战（上、中、下）》和《中国民间对日诉讼现状》等。在新闻媒体不约而同的合力之下，有效推动了中国社会各界对细菌战受害的强烈关注，从而加速了细菌战受害的个体记忆向社会记忆的流动。

注 释

1. 東京地裁判平成14年8月27日判ワ第16684号・ワ第27579号，第29—30頁。

2. 哈巴罗夫斯克原属中国领土，即为伯力城，经由1860年的《北京条约》，被迫割让给沙皇俄国。故哈巴罗夫斯克审判也常被称为伯力审判。

3. 仓员悟，曾任哈尔滨宪兵队特务部分队长，宪兵军曹。

4.《前日本陆军军人因准备和使用细菌武器被控案审判材料》，第581页。

5.《前日本陆军军人因准备和使用细菌武器被控案审判材料》，第17页。

6.《前日本陆军军人因准备和使用细菌武器被控案审判材料》，第18页。

7.《前日本陆军军人因准备和使用细菌武器被控案审判材料》，第18页。

8. 畑木章，关东军第一〇〇部队实验员。

9.《前日本陆军军人因准备和使用细菌武器被控案审判材料》，第22页。

10. 参见杨彦君：《七三一部队人体实验报告再解析》，《抗日战争研究》2022年第3期。

11.《前日本陆军军人因准备和使用细菌武器被控案审判材料》，第26页。

12.《前日本陆军军人因准备和使用细菌武器被控案审判材料》，第269页。

13.《前日本陆军军人因准备和使用细菌武器被控案审判材料》，第577页。

14. Jing-Bao Nie, “The West’s Dismissal of the Khabarovsk Trial as ‘Communist Propaganda’: Ideology, Evidence and International Bioethics,” *Journal of Bioethical Inquiry*, Vol. 1, No. 1, 2004, p. 38.

15. 孙家红：《从“拒绝遗忘”到“正视历史”——1949年前苏联伯力城战犯审判摭论》，《社会科学论坛》2015年第11期。

16. 孙家红：《从“拒绝遗忘”到“正视历史”——1949年前苏联伯力城战犯审判摭论》，《社会科学论坛》2015年第11期。

17. 三友一男：《細菌戦の罪——イワノボ将官収容所虜囚記》，東京：泰流社，1987年。

18.《前日本陆军军人因准备和使用细菌武器被控案审判材料》，第463页。

19. 黑龙江省档案馆和吉林省档案馆保存的特别移送档案，为关东宪兵队、分队、分遣队记录的原始文件，全部使用日文书写，是证明宪兵队同七三一部队秘密勾结、共同准备人体实验的有力证据。

20. 王亦兵，人体实验受害者王耀轩的长子、王学年的堂兄。1943 年 10 月 10 日，大连宪兵队三尾丰、长沼节二等将王耀轩、王学年、李忠善、沈德龙逮捕，随后将上述 4 人特别移送。王耀轩和王学年一案，相关资料保存在大连市档案馆，经由三尾丰和长沼节二本人证实。

21. 敬兰芝，人体实验受害者朱之盈的妻子。1941 年 7 月 17 日，牡丹江宪兵队逮捕了朱之盈和敬兰芝，随后朱之盈被特别移送，敬兰芝被关押两周后释放。朱之盈一案，经由中国学者韩晓调查予以确认，见《日军 731 部队罪恶史》，黑龙江人民出版社，1991 年，第 212—214 页。

22.《東京地判平成 11.9.22 判ワ 15636 号》，中国人戦争被害賠償請求事件弁護团，中国人戦争被害者の要求を支える会編:《731 部隊・南京大虐殺・無差別爆擊事件訴訟判決文》，1999 年，第 67 頁。

23.《東京地判平成 11.9.22 判ワ 15636 号》，中国人戦争被害賠償請求事件弁護团，中国人戦争被害者の要求を支える会編:《731 部隊・南京大虐殺・無差別爆擊事件訴訟判決文》，第 53—55 頁。

24.《東京地判平成 11.9.22 判ワ 15636 号》，中国人戦争被害賠償請求事件弁護团，中国人戦争被害者の要求を支える会編:《731 部隊・南京大虐殺・無差別爆擊事件訴訟判決文》，第 143 頁。

25.《東京地判平成 11.9.22 判ワ 15636 号》，中国人戦争被害賠償請求事件弁護团，中国人戦争被害者の要求を支える会編:《731 部隊・南京大虐殺・無差別爆擊事件訴訟判決文》，第 75 頁。

26. 東京高判平成 17.4.19 判（ネ）第 5767 号。

27. 最判平成 19.5.9，平成 17 年（オ）第 1798 号、（受）第 2093 号。

28. 郭辉、侯有前:《从个体记忆到社会记忆：五三惨案的记忆生产与宣传塑造》，《山东社会科学》2022 年第 10 期。

29. 聂莉莉的《伤痕：中国常德民众的细菌战记忆》，为常德细菌战历史记忆的集大成之作，其立足于文化人类学的理论与方法，通过田野调查，接触受害者及其家属，整理了的受害记忆，重构了细菌战对个人、家族、社会和地域的破坏过程，分析了鼠疫传播、社会生活、人口流动和文化习俗之间的密切关联。聂莉莉还探讨了受害记忆没有成为社会记忆的原因，如农村受害区域的不知情、乡镇公所基层组织的薄弱化、防疫措施与传统观念的正面冲突、战时防疫体制应对现状的软弱无力等。

30. 陈致远、柳毅：《常德城区细菌战受害者口述历史调查 12 例》，《湖南文理学院学报》2006 年第 2 期。

31. 杨彦君主编：《日本细菌战档案选编（下）》，第 1006 页。

32. 杨彦君主编：《日本细菌战档案选编（下）》，第 793—794 页。

33. 根据 2005 年 9 月 18 日靖福和提供的手稿。

34. 访谈时间为 2008 年 7 月 23 日，笔者根据访谈录音整理。

35. 阿莱达·阿斯曼著、陶东风编译：《个体记忆、社会记忆、集体记忆与文化记忆》，《文化研究》2002 年第 42 辑，第 50 页。

36. 莫里斯·哈布瓦赫著，毕然、郭金华译：《论集体记忆》，上海人民出版社，2002 年，第 39 页。

37. 東京地裁判平成 14 年 8 月 27 日判ワ第 16684 号・ワ第 27579 号。

38. 一濑敬一郎著、张元明译：《细菌战诉讼一审判决的意义及今后的诉讼焦点》，《常德师范学院学报（社会科学版）》2003 年第 1 期。

39. 東京高判平成 17 年 7 月 19 日判ネ第 4815 号。

40. 東京高判平成 17 年 7 月 19 日判ネ第 4815 号，第 48—49 頁。

41. 東京高判平成 17 年 7 月 19 日判ネ第 4815 号，第 3 頁。

42. 最高裁平成 19 年 5 月 9 日判オ第 90 号・受第 105 号，第 1 頁。

43. 杨万柱、陈玉芳、刘雅玲：《细菌战诉讼案的意义与启示》，《常德师范学院学报（社会科学版）》2008 年第 1 期。

44. 杨万柱、陈玉芳、刘雅玲：《细菌战诉讼案的意义与启示》，《常德师范学院学报（社会科学版）》2008 年第 1 期。

45. 文贤弈：《常德细菌战的媒介记忆与个体记忆》，湖南师范大学硕士学位论文，2020 年，第 13—14 页。

第九章

受害者家属的创伤记忆

1938年，在“满洲国”哈尔滨平房，七三一部队建造了有数十栋楼房的研究所和飞机场……这是为了大量生产细菌武器用于实战。为此，用被称为“圆木”的俘虏做人体实验……对七三一细菌部队的存在及其进行的人体实验，没有任何怀疑的余地。[1]

——1999年9月22日，日本东京地方法院《判决书》

人体实验受害家属的历史记忆，作为一种特殊的社会文化现象，既受到社会变革、政治运动和经济发展的制约，也受到日本方面的社会活动、教科书事件和历史认识的影响，在二战之后经历了隐匿、发现、忘却、唤醒、论争和再发现的复杂过程。因七三一部队人体实验受试者无一生还，长期以来，外界无从知晓人体实验受害的基本情况。随着伯力审判史料的挖掘，特别移送档案的发现，在历史学者的不断追踪和新闻媒体的积极推动下，人体实验受害者家属经历了从不知情到知情的过程，人体实验受害的个体创伤记忆才得以重建。特别是人体实验实物载体七三一部队遗址的保护、利用和开发，“记忆空间”侵华日军第七三一部队罪证陈列馆的建成和开放，人体实验受害者的对日诉讼活动，在国内外新闻媒体的推动之下，使得这段个体创伤记忆被唤醒、生成和传播。新闻媒体将受害者的个体创伤记忆传递到社会，并通过文字、图片和视频等载体不断对其形塑，受害者个体创伤记忆得以不断延续下去，伴随着纪念馆、纪念日和纪录片的积极嵌入，进而在一定程度上形成了社会记忆。

20 世纪 50 年代，据中央档案馆保存的日本宪兵三尾丰、吉房虎雄、上坪铁一等人的笔供材料，原七三一部队成员川岛清、西俊英、柄泽十三夫等人在伯力审判法庭上的供词，特别移送和人体实验史实就已经得到初步确认。1997 年，特别移送档案原始文件被发现，人体实验受害者信息再次浮出水面，这引起了学界和媒体的持续追踪。当笔者 2005 年开始接触这些受害者家属的时候，才知道他们大多数人、大多数时间过着正常的生活，但在内心深处都隐藏着一种痛苦，那是失去至亲、苦苦寻找，却没有任何线索、任何希望的痛苦。他们中有的人只见过父亲的照片，有的人只知道父亲的名字，有的人只记得父亲模糊的身影，有的人在漫长的等待中悄无声息地逝去，至于父亲去哪儿了，父亲是死是活，他们都一无所知。战争的硝烟早已消散，生活在和平年代的人们，早已远离了战争，但在这些受害者遗属的记忆中，战争给他们带来的创伤和阴影从来没有消失。

◎ 图 9—1 人体实验受害者遗属在七三一部队遗址前合影。左起王晓光、李凤琴、王亦兵、张可伟、朱玉芬、朱玉芬之子（杨彦君摄）。

一、王亦兵的创伤记忆

王亦兵，是人体实验受害者王耀轩的长子，他 13 岁的时候，在北京汇文小学读四年级。有一天，王耀轩去学校看王亦兵，令王亦兵没有想到的是，这竟是父亲和他的最后一次见面。

2005 年夏天，我第一次见到王亦兵，他作为历史见证人受邀参与学术交流活动，此后每年我们都会在哈尔滨见上几次。十多年来，都是王亦兵到哈尔滨来，我虽然多次去沈阳出差，但从来没有专门去他家里看望，时常觉得这是一种遗憾，有时候特别想知道他究竟过着怎样的生活。2015 年 4 月 10 日，我和同事专程前往沈阳看望王亦兵。王亦兵的长子王晓光积极配合了这次探访之旅。当出租车开到了万荣路 11 号的时候，便看见王亦兵正站在窗前挥手等我们。

王亦兵似乎比我上次见到他的时候苍老了一些，但感觉气色还是相当不错的。这是一个两居室的房子，大概有 60 多平方米，收拾得很整洁，餐桌上还摆放着橘子和苹果。王亦兵出生在 1930 年，有子女 4 人，孙辈也有 4 人，他当时已经是 86 岁的老人了，不过听力和视力都很好，只是说话稍稍慢了一些。一开始我和王亦兵聊家常，渐渐地聊到了王耀轩的事情。

王耀轩，生于 1898 年，原籍河北省饶阳县张路口村，1939 年加入中国共产党，是中国共产党冀中军区交通员、苏联情报员，住址为北京市前门外兴隆街 24 号，洪泰号业主。1941 年，王耀轩出资在大连兴办了兴亚照相馆和复兴文具店，这两个地方是共产国际远东情报站所在地，沈德龙是情报站的负责人，领导李忠善、吴宝珍在此秘密从事抗日活动。1943 年秋，“满洲”第八六部队在大连市发现了神秘电波，每个星期二、星期五的子夜或凌晨向苏联赤塔、中国延安发送信号，他们追踪到电波源头就在大连黑石礁沙町 153 号，也就是兴亚照相馆所在地。1943 年 10 月 1 日凌晨，大连宪兵队纠集出动 80 多人包围了兴亚照相馆，将沈德龙、刘桂芹、李文华、李亚芹逮捕，并在兴亚照相馆内搜查到了电台、天线、密码本等。根据日军的调查记录得知：沈德龙，生于 1911 年，伪满洲国东安省饶河县人，1934 年加入东北人民革命军，后赴苏联莫斯科共产主义大学学习，通晓中文、俄文和朝鲜文，1939 年 12 月经苏联红军派遣，作为无线电情报站负责人开展抗日工作。这次搜查，大连宪兵队得到了共产国际远东情报站的组织机构、人员分布、活动内容、联系暗号、电台密码等情报信息，由此引发了“大连黑石礁”事件。

兴亚照相馆被大连宪兵队查抄当日，复兴文具店的李忠善、吴宝珍便得到消息，立即离开大连前往沈阳情报站通报情况。由于大连宪兵队很快就从沈德龙身上得到了线索，他们依据线索继续开展更大范围的抓捕。1943 年 10 月 6 日，大连宪兵队在沈阳将李忠善、韩子光、石捷臣逮捕。8 日，在沈阳又将杨学礼、郭歆芹逮捕。11 日，大连宪兵队在天津市将王耀轩、王学年逮捕，王学年是王耀轩的侄子。

这些人被押回大连宪兵队后，宪兵三尾丰、长沼节二等人对他们进行了刑讯逼供，使用压杠子、坐老虎凳、灌辣椒水、坐电椅、烙铁烙等多种酷刑。最后大连宪兵队以“苏谍”的名义将王耀轩、王学年、李忠善、沈德龙申请特别移送，经关东宪兵队司令部批准，由三尾丰将上述4人移送到七三一部队，其他一同被捕的人员下落不明。

三尾丰战后回忆了移送王耀轩等人的经过：“我们晚上八点抵达哈尔滨站。下车的时候严密监视着四名‘特别移送’人员，管理车站的宪兵等在那里，一边用

◎ 图9—2　人体实验受害者王耀轩（左）和王学年（王亦兵提供）。

手电筒照明警戒，一边引导我们穿过禁止普通旅客通行的站台。来到僻静的广场以后，那里停着一辆没有窗子的黑色大汽车。我将这四人和‘移送状’移交给等在那里的便衣宪兵，并收到‘身份受领书’。双方完成文件交接之后，给每位犯人更换手铐，然后打开铁门，像对待猪一样粗暴地将他们踢进车里，然后匆忙地离开。”[2]

多年以来，王耀轩的踪迹一直是王亦兵和家人的牵挂。这期间经历了1945年日本投降，1949年中华人民共和国成立，但还是没有王耀轩的任何消息。直到1956年，王亦兵才从长春市公安局吴敬业处得知，王耀轩、王学年被七三一部队杀害了。因为父亲的突然失踪，王亦兵及其家人在和平年代过着异常艰苦的生活，对父亲的思念随着时间的流逝愈来愈烈。1993年，生活境况转好的王亦兵，下决心搜集与父亲有关的所有资料，这时距王耀轩牺牲已经整整50年。王亦兵跑遍了北京、沈阳、大连、长春、哈尔滨等地的档案部门，搜集王耀轩被害的历史资料，并通过大连史志办公室与日本“中国归还者联络会”取得了联系。

1994年，王亦兵委托日本律师尾山宏、小野寺利孝、渡边春己、渡边彰悟起诉日本政府。在准备起诉材料期间，渡边春己在日本找到了原大连宪兵队曹长三尾丰，渡边春己向王亦兵转达了三尾丰的三点意愿：一是向受害人遗属表示谢罪，二是完全认同受害人遗属叙述的王耀轩牺牲经过和证人证词，三是愿意作为证人在诉讼中出庭。

王亦兵完整记录了渡边春己向他叙述此事时的情景：

> 渡边春己说：“逮捕、审讯、特别移送你父亲和你堂兄去七三一部队的就是这个三尾丰。”
>
> 当时我的心头一震，仿佛积郁多年的怨恨此时具体化了，我不想再往下听了，但又不愿舍弃渡边律师诉说寻找加害人三尾丰的经过。
>
> 渡边春己说：“三尾丰1956年被特赦回国，深念过去给中国人造成的灾难和痛苦，决心遏制日本军国主义复活。为改善日中两国睦邻关系，维护世界和平尽一点力，在回国途中和被赦免的其他日本军人自发成立了一个‘中国归还者联络会’，三尾丰是该会的常委之一。回国后，他确实为日中友好积极工

作，因此受到日本国内一些右翼势力的压制和刁难，找不到工作，生活很困难，但他仍坚持揭露日本军国主义侵华罪行。”

我和堂姐、二妹仔细地听着，我们都没有插话。

渡边春己继续说：“1994 年 1 月 5 日，三尾丰与长沼节二旅华期间，曾专程去大连市政府，为半个世纪以前在大连宪兵队任职时破获‘黑石礁案件’逮捕被害人王耀轩，后又亲手把他送到石井部队所犯罪行进行反省谢罪。”

我看着渡边先生讲着讲着突然停了下来，我坚持没有让我的泪水在日本人面前流下来。[3]

1995 年，抗日战争胜利 50 周年之际，黑龙江省社会科学院在哈尔滨举办“反对侵略、维护和平座谈会”，王亦兵应邀参加，三尾丰也从日本赶来参加这次会议。7 月 31 日，三尾丰在原抚顺战犯管理所金源所长的陪同下当面向王亦兵谢罪，王亦兵记述了他和三尾丰见面时的场景：

七点三十分，我、王晓光，大连市史志办公室单文俊、刘影在哈尔滨民航饭店的小会议室里，单文俊、刘影就是在我调查取证时，向我提供大连宪兵队原始资料的人，曾对我的取证工作给予了很大支持。大家落座后，金源同志走了进来，他后面紧紧跟着一个步履蹒跚的人，只有一副干瘦干瘦的骨架，头发花白，蹑手蹑脚地进入屋内，站在众人面前，看上去已有八旬开外，这个人就是三尾丰。这时金源同志向前移动了两步，因为身材高大魁梧，选了个不影响加害方与被害方对话的地方，站在了我与三尾丰中间，用熟练的日语对三尾丰说：“这位就是烈士王耀轩的遗族王亦兵先生。”然后又指指那个老头，用汉语说道：“这就是原大连宪兵队、战犯三尾丰，是烈士王耀轩、王东升的亲手加害人。”介绍时三尾丰深深地弯腰鞠躬，一动也不动，听金源所长话音刚落，就连忙向前跨了一小步像捣蒜般地连连鞠躬，接连不断地说：“我有罪，我有罪……”接着金源所长又用汉语重复一遍，就这样金所长就开始用日语或汉语交替地重复着我们两人的对话。

“尊敬的王耀轩烈士家属、王亦兵先生，我有罪，是我随着日本帝国主义侵略军来到了中国，进行着疯狂的战争侵略。我任大连宪兵队本部曹长时，曾亲赴天津把令尊大人与堂兄逮捕的。由于我的罪行，造成了你们两家人的重大灾难。我有罪。我向您并向您的全家人谢罪。中国政府对日本战犯以‘恨罪不恨人’的仁德宽大政策改造了我，也挽救了我，给了我第二次新生的机会，才能在今天当面向你们请罪。我不仅在审问令尊大人时动用了酷刑，更严重的是，我把他们送到了七三一细菌部队，他们在那里牺牲了。我犯下的罪行是不可饶恕的，我的罪恶和日本细菌战的恶魔石井四郎一样的深重。我再次向你们、向中国所有受害人的家属谢罪。我将终生保持谢罪的意识，为中日的友好而奋斗。我愿在日本国内揭露那段日本侵华历史的罪行，并为王先生的诉讼出庭作证。我再次，不，我将永远地向中国的受害人特别是你们两家谢罪、谢罪。”三尾丰说完之后，又连连深深鞠躬表示谢罪之意。

我听着面前的仇人向自己和家人谢罪，眼前浮现着亲人参加革命，进行反满抗日活动，受到迫害最终牺牲以及家庭苦难生活的一幕幕。我镇静了一下，调整着自己的情绪，咳嗽了一声，慢慢地说道：“是你亲手抓捕了我的父、兄，还动用了大刑，并把他们送进了那万恶的七三一细菌部队，他们被做人体实验牺牲了，你的罪恶是深重的。我们之间有着不共戴天的深仇大恨，你的罪恶是抹煞不了的，它将记入日本军国主义侵略中国的罪恶历史上。日本军国主义的投降，你被俘被送往苏联劳改营和中国抚顺战犯管理所，你这也是罪有应得。在你接受改造的这十几年中，你承认了侵略事实，交代了自己的罪行，你得到了中国政府的特赦，你就从一个给中国人民造成严重伤害的战犯，经过改造变成了一个新人，又重新获得了做人的权利。后来你又主动来中国，向大连市政府谢罪。今天你又向受害人当面谢罪，已说明了你接受改造的收获。中国有句话，叫做‘苦海无边，回头是岸’，你既已认罪、谢罪，杀人不过头点地，按理也是可以宽恕的。不过你要言行一致，做一个有益于中日两国友好的人，切不可口是心非。”三尾丰听了我的一番话，落下了忏悔的眼泪，低下头，连连深深鞠躬，谢罪声不断，这次见面持续了十几分钟。单文俊、刘影取出了身边的照相机，照了两张珍贵的照片。[4]

1995 年 8 月 7 日，王亦兵、敬兰芝等人第一次赴东京起诉日本政府。16 日，

◎ 图 9—3　1995 年 11 月 26 日，三尾丰在七三一部队展日本全国巡回展出会上发言（《认罪之旅：七三一部队与三尾丰的记录》）。

◎ 图 9—4　1995 年 7 月 31 日，三尾丰在哈尔滨向王亦兵、王晓光谢罪。自左至右为三尾丰、金源、单文俊、王亦兵、王晓光（王亦兵提供）。

三尾丰和长沼节二在东京的一次证言集会上，双膝跪在主席台上向王亦兵谢罪，这一次王亦兵终于站起来同三尾丰握手。三尾丰作为特别移送的执行者，王亦兵作为人体实验受害者王耀轩的家属本身就是真正的战争受害者，他们两个人的两次见面，深深影响了王亦兵。王亦兵在1956年时第一次知道王耀轩和王学年牺牲在七三一部队，人体实验受害的个体创伤记忆开始生成，但由于受害经历链条的完整性和连续性不足，具有一定的概念化和空洞化特征，常常处在记忆与遗忘的中间地带。直到加害人三尾丰的出现，“历史照进了现实”，王亦兵的个体创伤记忆才具备具体化和完整性特征，受害人身份得以进一步固化，坚定了王亦兵想要公开表达受害者痛苦回忆和心路历程的决心，这才有了后续的媒体访谈和对日诉讼。

王亦兵诉讼一案以败诉告终，他的心情非常沉重，在相当长时间里走不出父亲死不瞑目的阴影，更无法想象父亲经受怎样残酷的虐待和非人的折磨。带着这种无法排遣的创伤与悲痛，2005年8月王亦兵再一次来到七三一部队遗址，并在细菌实验室遗址处抓了三把土装进了一个特制的袋子。回到沈阳之后，王亦兵买了一个骨灰盒，将那三把土装了进去，在王亦兵的心中，这就是父亲的骨灰。现今这个装有细菌实验室遗址泥土的骨灰盒被放进了沈阳烈士陵园，这既是王耀轩等抗日英烈的归属之地，也是王亦兵心愿得以了却之地，但王亦兵所希望的日本政府的反省、道歉和赔偿仍然遥遥无期。

我问王亦兵：“你什么时候会想起父亲?”王亦兵仰头想了一会儿，房间里五六个人，没有一点声音，“父亲被日本人抓走以后，那些年，我一直很想我的父亲，一直到日本鬼子投降，我更想我的父亲。他怎么还没有回来呢?”说到这里，王亦兵长长地叹了一口气，继续说：“现在这么大岁数了，孩子、孙子都这么大了，不想了，什么都不想了。”这时候我清清楚楚地看到他举起颤抖的右手，轻轻地擦了擦眼角快要流下来的眼泪，之后就沉默了，仿佛想起了多年前的那个夜晚。此时此刻，作为一个采访者，实不忍心再看到一个年逾八旬的老人因为回忆而泪流满面，于是我转移了话题，问道：“你现在生活过得怎么样?”王亦兵说：“我觉得挺好啊，我从沈阳铜网厂退休了，最近一段时间涨工资了，现在每月领取2000多元社保金。过年的时候得了一场脑出血和心梗，住了几次院，没什么大事。”在访谈要结束的时候，王亦兵在我的记录本上签上了他的名字，我们拍摄了几张照片留作纪念。

离开万荣路 11 号的时候，“悲心看事，万事皆悲”的感觉涌上心头，特别是在说告别的一刹那，仍然沉浸在历史与现实交织之中的我，却莫名地感到无助、悲凉和孤独，再次对自己从事的研究工作有着重新审视的焦虑。2021 年 3 月 20 日上午，我接到了王晓光的电话，他告诉我王亦兵因病在沈阳去世，我一时不知说什么好，放下电话之后，马上写了一封唁电，连同慰问金，使用微信发给了王晓光，而王耀轩和王亦兵的故事，或许不会再有人讲起。

二、潜伏敌后的牡丹江情报站

牡丹江情报站是共产国际反帝情报组织的重要组成部分，其任务是搜集日军军事情报、组织抗日游击队、破坏日军军事设施等。牡丹江情报站受庄克仁领导，在牡丹江地区秘密组织抗日活动，情报站成员朱之盈、张慧忠、吴殿兴、敬恩瑞不幸被牡丹江宪兵队逮捕，被移送至七三一部队受残害致死。历史学者关成和、刘福军、韩晓于 1987 年 9 月 4 日在北京访谈了庄克仁，后由韩晓整理庄克仁的口述材料。韩晓于 1991 年 8 月 8 日访谈了敬兰芝（朱之盈妻），后由刘春生整理敬兰芝的口述材料。金成民于 1992 年 10 月 28 日访谈了敬锡林（敬恩瑞之子）。龙桂杰（张慧忠妻）和张可伟（张慧忠子）提供了证言材料。笔者正是根据上述口述史料梳理和还原了牡丹江情报站的抗日光辉事迹。[5]

（一）朱之盈和敬兰芝的故事

敬兰芝，生于 1922 年，黑龙江省望奎县人，1938 年与朱之盈结婚。朱之盈，1914 年生，公开的身份是木工，在牡丹江火车站工作，秘密身份是苏联情报员。1941 年 7 月 16 日，朱之盈被牡丹江宪兵队抓捕，当天被逮捕的还有张慧忠，吴殿兴、孙朝山、敬恩瑞则是后来被逮捕。他们是在隐蔽战线上冒着生命危险秘密搜集日军情报的抗日志士，被捕后都被特别移送到七三一部队。

据敬兰芝回忆：

1941年7月17日，我正在家中做晚饭，突然闯进来几个日本宪兵，在房间内外四处搜查，没有搜到什么东西。日本人就问我："朱之盈是干什么的？电台藏在什么地方？"我说："朱之盈在铁路上班，没见过什么电台。"随后，日本人用吉普车把我押到了牡丹江宪兵队。在宪兵队拘押室，我看到了张慧忠的妻子龙桂洁和她的两个孩子。第二天凌晨，宪兵把我带到一个小屋里，他们扒光了我的衣服，一边用鞭子抽打一边审问："朱之盈是干什么的？他都做些什么活动？"我说："他是车站的木工，除了上班工作，没见他干些什么。"日本人说："他是反日的情报员，难道你不知道他干些什么？"我说："我是家庭妇女，确实什么也不知道。"审讯那天上午，日本鬼子把我带到二楼审讯室，朱

◎ 图9—5　2005年4月19日，敬兰芝（坐轮椅者）赴日诉讼，敬兰芝右首戴眼镜者为篠塚良雄（日本ABC企划委员会提供）。

之盈就在我面前跪着，他的衣服被撕破了，满脸是血，看样子是刚上过刑。敌人就当着朱之盈的面，一边打一边审讯我，打得我死去活来。朱之盈气愤地说："不要打她了，她确实什么也不知道，事情都是我自己干的，有什么话和我说好了。"[6]

敬兰芝被牡丹江宪兵队强制关押并刑讯一周后释放，刑讯室那次刻骨铭心的见面，竟成了她和朱之盈的永别。50余年后，在东京地方法院，坐在轮椅上的敬兰芝痛心地陈述朱之盈和敬恩瑞被害一案，将这半个世纪心理创伤控诉出来。她经历的家庭苦难和悲惨人生，给在场的法官带来巨了大的冲击和心灵震撼，最终不得不承认人体实验的加害事实。

（二）张慧忠和龙桂洁的故事

张慧忠，生于1910年4月，辽宁省灯塔县黑锛子乡荣官村人，1924年在沈阳学裁缝，1927年在沈阳兵工厂当工人，同年加入中国共产党。1932年开始搜集日军情报。1934年，在锦州以照相为业。1935年，赴苏联军事院校学习，在莫斯科郊区一所大学学习无线电，学名叫亚历克斯，代号41。1937年毕业，返回哈尔滨，与龙桂洁结婚。1939年，张慧忠夫妇前往牡丹江，张慧忠在一个名为"旅顺机械工业所"的地方当钳工，秘密组建了牡丹江情报站，主要搜集日军的情报信息，直接上级是庄克仁。

当时，龙桂洁配合张慧忠收发电报，她回忆了张慧忠被捕时的场景：

每月第一周的星期一、第二周的星期二、第三周的星期三、第四周的星期四是收发电报的日子，收发电报一般在午夜十二点到凌晨两点之间，每次工作20分钟左右。

1941年7月16日凌晨，张慧忠在家里收发电报，那天发报的内容很多，收报的内容也很多，收到的密码纸就有4页，从午夜十二点一直到凌晨二点半才忙完。我收好了密码纸，张慧忠收拾好电台，放在了屋外的马料箱子里，然后就回房间睡觉了。刚刚睡着，就听见院子里有很大声音，我掀开窗帘往外一看，墙根旁站了很多鬼子兵，我知道坏事了，叫醒张慧忠，我看跑不脱了，便把老张卷在了棉被里。

这时候，持枪的鬼子兵从北门闯了进来，一直进了里屋，四下一看没有要找的人，就问我："男人哪里去了？"我回答说："上班去了！"

"在哪上班？"

"在铁路上。"

鬼子就转到别的房间继续搜查，这时候张慧忠从窗户跳了出去。不一会，一个鬼子双手捧着电台，气势汹汹从外屋进了里屋，接着就把电台放在炕沿上，问我："这是什么？"

"不知道。"

"哪来的？"

"拣的"，我故意大声说："在铁道北拣的"。

张慧忠也被押了回来，随后又被带走了。鬼子要把我也带走，我去抱小孩的时候，突然发现在小孩被子上有一张密码记录纸，这是从木箱夹缝里掉下来的，幸好鬼子没有发觉，我用身子挡了一下，然后把密码纸掖在孩子的尿布里，抱起孩子走出了房间。鬼子没有立即将我带走，而是把我赶到隔壁老魏家，鬼子没有跟我进房间，只是在门口把守着，我顺手又把那张密码纸藏在了被子底下。过了一会，一个宪兵走进房间对我审讯。

"你叫什么名字？"

"龙桂洁。"

"多大年龄？"

"26 岁。"

"家里几口人？"

"4 口人。"

"你男人叫么？"

"张慧忠。"

"他是干什的？"

"跑马车的。"

“你们从哪里来?”

“三年前从沈阳来。”

“电台是哪来的?”

“拣来的。”

“在什么地方拣来的?”

“从铁道北捡来的。”

他们是一边问我、一边打我，我还抱着孩子，孩子吓得一直大哭。鬼子突然从我手中抢走了孩子，一拳打在了我的眼眶上，又用手卡我的脖子，我就昏了过去。当我醒来的时候，发现我被两个鬼子看守着，他们给我戴上了手铐，将我押送到牡丹江宪兵队。我的两个孩子也跟着我一起进了宪兵队，可怜的是，大孩子才2岁多，小孩子才4个月。我们被带进了一个临时的拘留室，我抱着孩子坐在靠窗的角落里，泪流满面，坐在冰凉的水泥地面上，由于过度疲劳，竟然睡着了。到了晚上，一个小鬼子兵给我一个饭团子，就算是晚饭，我掰了一大块给了大孩子，大孩子边吃边哭，哭得满脸通红，小孩子也是一直哭……

第二天早晨，鬼子把我带到了宪兵队的院子里，让我站着不动，我听到了二楼传来张慧忠痛苦的惨叫声，这一定是鬼子在刑讯他。上午10点多钟，鬼子把我带到另一个房间，房间里有一个日本人坐在我的对面，旁边站着一个中国翻译，一个秃头的日本兵做记录。

鬼子问:“你家里有电台，你怎么不说呢?”

我回答:“男人不让我说。”

鬼子问:“什么时候有的电台?”

我回答:“就这几天”。

鬼子问:“电台是怎么来的?”

我回答:“我不知道，他的事不敢问，一问就挨打，他经常打我。”

鬼子问:“现在你不要怕他了，你知道什么说什么，电台是干什么的?”

我回答:“不知道”。

这时候翻译走了过来，拿了两支铅笔夹我的手指，逼着我说，我痛得叫起来，这时两个孩子又吓哭了。

鬼子继续问："电台是哪来的？"

我回答："不知道，我不敢问他，他说你再管我的事，我就杀了你，连孩子一块杀死，我真怕他，我总想和他离婚。"

在宪兵队受了一周的罪，鬼子把我释放了。二个月后的一个傍晚，牡丹江宪兵队代队长长谷川市喜少佐、翻译刘世仁来到我家，通知我说张慧忠和朱之盈一起被押到长春去了。中秋节前几天，我和敬兰芝到了长春宪兵队，一个宪兵告诉我们，他们被押送到哈尔滨宪兵队了，我们又到哈尔滨打听，没有任何消息。[7]

牡丹江事件之后，龙桂杰为了避免牡丹江宪兵队继续纠缠，带着两个孩子离开牡丹江回到锦州老家，新中国成立后在锦州市图书馆工作。与龙桂杰同遭狱中苦难的两个孩子，长子张可伟成为一名检察官，次子张可达成为一名科学家。

因为工作的原因，我和张可伟有过多次接触和交流，他在退休之后也多次参加历史见证人交流活动。我们还曾组织张可伟和李凤琴一起前往牡丹江市寻找父亲被

◎ 图 9—6　2023 年 9 月 15 日，笔者在张可伟（右）家中（魏旭鹏摄）。

害的知情人，但最终什么也没有找到。通过电视台的记者了解到，张可伟的身体近况不是很好，这触动了我，决定必须尽快到锦州看望他，当然也想再次听一听他讲述抗日烈士张慧忠的故事。2023 年 9 月 15 日，我到锦州看望张可伟，在他的家中聊了 3 个小时。看到他依然思维敏捷、眼神犀利、活动自如，显然是恢复了健康，我真的感到无比欣慰。

三、寻找父亲的李凤琴

李凤琴，吉林长春人，1941 年出生，是人体实验受害者李鹏阁的遗腹女。她的一生都在寻找父亲，直到 65 岁的时候才知道父亲牺牲在七三一部队。

2015 年 4 月 12 日，我乘坐D8095 次火车从沈阳前往长春，车厢里人不多，除了火车的声音，一切都很安静，感觉乘车就是一种休憩。长春，我已经来过无数次，而这一次是专程看望李凤琴。说起李凤琴，从 2009 年到现在，我们已经认识十多年了。2010 年 11 月，在日本友人吉中丈志和西山胜夫的协助下，我曾和李凤琴一起前往东京大学医学部和京都大学医学部访问，向日本国会议员联盟提交了控诉日本二战期间人体实验暴行的《特别移送受害者遗属的申请书》，并一同在东京地方法院声援了侵华日军化学战受害者的对日诉讼。之前，我还介绍过新华社、中央电视台、黑龙江电视台、哈尔滨日报的记者前往长春采访李凤琴，有关她的故事多次见报。

李凤琴平时住在儿子家，这次为了接待我们，专门赶到她原先居住的房子。我们在她家吃了一顿象征着团圆的饺子，由此拉近了彼此的距离。吃完午饭之后，我开始和李凤琴聊家常。李凤琴告诉我她有两个儿子和两个女儿，两个儿子和两个女儿都各有一个孩子，家庭成员都过着比较富足和舒适的生活。不知不觉中，我们谈到了李凤琴的父亲李鹏阁。

李凤琴回忆道：

我的父亲李鹏阁，又名李富长，1917年3月12日生于辽宁省盖平县熊岳城苏屯（现为营口市熊岳镇黎明村），1936年2月24日毕业于奉天铁道学院电信科，1937年与苏桂兰结婚，1938年我的哥哥李智贵出生，之后到牡丹江车站工作，住在牡丹江金岭街铁路局工人宿舍。1941年夏，我父亲被牡丹江宪兵队逮捕，送往哈尔滨宪兵队，后又被送到七三一部队，惨死在那里，年仅25岁。半年后，我才出生，我是遗腹女，有生以来就没见过父亲。

1958年，我的哥哥李智贵申请加入中国共产党，按照程序需要对家庭背景进行政治审查，因为有人提出我的父亲李鹏阁死因不明，因此没能如愿加入中国共产党。1975年，李智贵再次申请加入中国共产党，营口市对其进行政治审查，审查人员去我父亲工作过的牡丹江铁路局调查，调查得出结论“李鹏阁是好人”，我哥哥才得以如愿加入中国共产党。因为我哥哥入党的事情，我才知道在牡丹江铁路局还有知道我父亲事迹的人，后来我查阅了我的哥哥李智贵入党时的外调材料。

外调材料中有一份记录比较详细，那是1975年9月1日我父亲当时的同事周乃佳提供的证言。周乃佳对此记述如下：

我于1938年从奉天铁道学院毕业，当年在北满绥滨铁路横道河子车站任站员一年，1939年春调到牡丹江列车区任运转车长。1941年，列车区调进了两名新的车长，一个是李鹏阁，另一名姓孙（名字不记得）。李鹏阁是个老实人，不爱说话，可能也不爱交朋友。1941年冬，大约是新年前后，当时我仍任车长，听说李鹏阁被日寇逮捕了，情况不详。1942年3月，我被提为牡丹江列车区列车助理员的职务，在区内工作。某日，有一位中国老太太到列车区来找我，一问我才知道，这是李鹏阁的母亲。这老太太哭哭啼啼地问我，她儿子很久没回家，不知哪去了？好几个月没有开工资，家属生活也无法维持，求我给打听一下是怎么回事？当时我立即向区长林定一（日本人）询问。区长说：“先叫老太太回去吧，之后我告诉你情况。”这样我就把老太太打发走了，答应以后告诉她情况，并想办法帮助她。老太太走后，我问区长到底怎么回

> 事？林定一说：“李鹏阁已经在哈尔滨特务机关被枪决了，因为他给苏联特务提供军事情报，主要是绘制了牡丹江飞机场的地图。这张图他交给了另一个苏方利用人员，因该人在哈尔滨被捕，供出了李鹏阁。逮捕后，李鹏阁也承认了图纸是他画的，因此就处死了他。”又说：“告诉他家里赶紧想法回老家去吧。”我了解这些情况之后就通过别人传达给老太太，为了帮助他们回家，我又在牡丹江列车区贴了一张募捐启事，要求中国人大家凑几个钱送老太太回家。后来，钱凑好后，我又托别人给老太太送了去，并叮嘱他们快点回老家去。[8]

日本人林定一说：“李鹏阁已经在哈尔滨特务机关被枪决了，因为他给苏联特务提供军事情报。”吉林省档案馆保存的特别移送档案记载的是：“1941年7月28日，关东宪兵队司令官原守签署命令，将李鹏阁等人以‘苏谍’的名义特别移送到哈尔滨宪兵队，移送文号是第650号。”林定一所说“给苏联特务提供军事情

◎ 图9—7　2023年9月16日，笔者在李凤琴（左）家中（魏旭鹏摄）。

报”的情况与事实相符，但李鹏阁不是“在哈尔滨特务机关被枪决”，而是在 1941 年 7 月 28 日被特别移送至七三一部队。

1998 年，七三一部队特别移送受害者名单在新闻媒体上公开，李凤琴看到了这则新闻报道。2006 年，已经 65 岁的李凤琴，来到侵华日军第七三一部队罪证陈列馆查阅资料，她第一次发现了父亲李鹏阁的名字。这 65 年来，她从来没有见过父亲，这是她第一次知道了父亲的下落。2011 年，我们组织了“特别移送受害者遗属寻访故地之旅”，陪同李凤琴到牡丹江铁路局试图再次寻找历史线索和知情者。遗憾的是，李鹏阁的历史已经无人知晓，也没有人关心我们的寻访。2012 年，经过了多方奔走呼吁，李鹏阁的抗日事迹和受害事实被确认，中华人民共和国民政部颁发了李鹏阁烈士证书，烈士证书一直悬挂在李凤琴家中最醒目的位置。李凤琴曾悄悄地对我说：“我找到了父亲，父亲终于成为了抗日烈士，这是我死前最大的心愿。”

2023 年 10 月 26 日，李凤琴因心脏衰竭不治离世，她是一个慈祥而又幽默的老太太，我很怀念她。

注 释

1.《東京地判平成 11.9.22 判ワ 15636 号》，中国人戦争被害賠償請求事件弁護団、中国人戦争被害者の要求を支える会編:《731 部隊・南京大虐殺・無差別爆撃事件訴訟判決文》，第 67 頁。

2.“身份受领书”日语原文为“身柄受領書”，根据语境判断相当于“接收回执”。新井利男等編:《認罪の旅——七三一部隊と三尾豊の記録》，《認罪の旅——七三一部隊と三尾豊の記録》刊行委員会，2000 年，第 81 頁。

3. 杨彦君根据王亦兵的回忆资料整理。

4. 杨彦君根据王亦兵的回忆资料整理。

5. 详细记录可见杨彦君主编:《日本细菌战档案选编（下）》，第 553—614 页。

6. 杨彦君主编:《日本细菌战档案选编（下）》，第 556—557 页。

7. 杨彦君主编:《日本细菌战档案选编（下）》，第 561—566 页。

8. 杨彦君根据李凤琴提供的资料整理。

第十章 「负遗产」与记忆之场

七三一部队是日本策划、组织和实施细菌战争的大本营，是细菌武器研究、制造和使用的军事基地，是准备和发动细菌战争的策源地。从细菌作战的范围和危害来看，其已成为日本军事侵略的重要作战手段；从人体实验的规模和影响来看，亦成为日本各防疫给水部、陆军医院和野战医院共同实施的人权犯罪。对七三一部队反人类、反人道、反伦理的战争犯罪的还原，是剖析日本军国主义侵略历史的必要之举，亦为人类社会共同反思战争与人性、医学与伦理问题提供了历史依据。[1]

——杨彦君

1938年七三一部队开始兴建平房特别军事区域，至1945年败逃前夕自行炸毁本部设施，此后即形成七三一部队旧址的基本格局。这些建筑旧址作为“历史负遗产”，经历了城市发展和社会变迁，人为破坏和自然损毁，企业占用和民间利用，政府保护和有效管理等复杂曲折的历史进程，现存23处旧址已被纳入全国重点文物保护单位。

◎ 图10—1 七三一部队本部航拍（1940年8月摄，森村诚一:《续·恶魔的饱食》，东京：光文社，1982年）。

一、“负遗产”的保护历程

七三一部队旧址形成之后，因时局原因没有得到及时有效保护。中华人民共和国成立之后，中央和地方政府自1950年开始采取措施保护部分旧址。依据保护和利用的总体进程，可将旧址保护历程分为三个阶段予以考察。

（一）第一阶段：20世纪50—70年代

1950年3月11日，东北人民政府卫生部[2]发出《为搜集日本细菌战犯罪行资料由》：“顷奉中央人民政府卫生部通知，搜集日本细菌战犯罪行的各种材料……要提出人证和物证，或附以照片、文件资料，要详细而又具体确实……哈尔滨之平房、安达之鞠家窑等地设有大规模之细菌工厂，今后对此工厂遗迹需加以警戒，不得再行破坏或修建，各地负责保管，以供将来作为有力之证据……各该地卫生机关详细调查，并提具体患者及死亡者名册……各种调查材料，限于1950年3月20日之前送交东北人民政府卫生部。”[3]据此可知，1950年3月11—20日间，哈尔滨市卫生部门对平房地区开展田野调查，且在调查过程中得到哈尔滨市公安局和司法机关的支持。调查方式是走访当地受害群众，查找人证，搜集物证，拍摄旧址照片等。据目前所见之公开资料，这份档案是有关七三一部队旧址调查和保护的最早记录。[4]

1952年6月17日，东北人民政府卫生部、外事局、中央人民政府重工业部航空工业局联合发出《关于日寇七三一部队旧址勘查情况及该地一二一、一二二、一〇一工厂今后防疫措施的意见报告由》。[5]根据中央人民政府卫生部要求，东北人民政府卫生部、外事局、航空工业局等组成哈尔滨市平房区日寇细菌战犯罪证勘查组，会同哈尔滨市卫生局赴七三一部队旧址展开勘查工作，对重要旧址使用铁丝网圈围保护，置专人看管以防破坏，同时设置鼠疫防控警戒区域，加强对平房地区鼠疫流行的防控工作。根据勘查组的调查报告得知：一二一（中航工业哈尔滨东安发动机［集团］有限公司前身）、一二二（中航工业哈尔滨飞机工业集团有限责任公司前身)、一〇一(东北轻合金有限责任公司前身)工厂将七三一部队旧址残留的办公室、仓库、宿舍等房舍改修利用，同时在以上三个工厂分别成立基层卫生防疫组织，每个工厂配备20人组成的防疫站，负责上述三个厂区的疫情防控，集中统一承担防疫宣传、捕鼠灭蚤、健康检测和预防注射等任务。

同年9月11日，东北人民政府发出《为通知应保存平房区残留日寇细菌战犯罪证由》，文件记载:“关于保留哈尔滨市平房区日寇细菌战犯罪证的问题，本府外事局、卫生部曾派员赴该地进行过勘察，并将勘察结果报政务院。”政务院对七三一部队旧址保护利用工作提出指导意见:“关于保存战犯罪证问题，应由东北人民政府转令哈尔滨市人民政府将日寇七三一部队残留之重要建筑物四周用铁丝网保护，并由该市公安部门派专人看管，非经该市人民政府批准严禁参观，任何单位在保护区内修建时，需报经政务院批准始得施工。”[6]

11月30日，东北人民政府卫生部形成《关于调查七三一及一〇〇部队的本来面目及其性质》[7]的调查报告。报告共计28页，对七三一部队的组织结构、主要活动、细菌实验、武器制造、人体实验等各事项皆有调查。12月16日又编制完成《有关日寇细菌战犯七三一部队罪证的相片》，当时的七三一部队本部围墙依然残留，“北厂原系专门细菌工厂，其周围建筑有五六尺高土墙，墙外三四尺深沟痕迹尚在”。[8]此报告对四方楼、焚尸炉、黄鼠饲养室、劳工坟等旧址均有明确记载。

1953年3月25日，东北行政委员会发出《关于一〇一工厂在哈尔滨原日寇细菌工厂空地修建工程问题》[9]的通知。文件内容为中央人民政府政务院批准一〇一工厂在七三一部队旧址范围内修建仓库和铁路的申请，同时明确要求应对旧址核心罪证区域予以保存。1956年4、5月间，哈尔滨市地方志学会王之堃实地拍摄了七三一部队旧址视频，共计9分10秒，这是目前所见最早的关于七三一部队旧址的视频资料片。这段视频资料真实记录了七三一部队本部设施被炸毁后的基本状况，包括断壁残垣的四方楼、锅炉房残迹、昆虫班的围墙、细菌弹片、玻璃器皿以及大型金属实验设备等。

1957—1976年间，七三一部队旧址部分残垣断壁被拆除，其建筑用砖被用于修建民居，钢铁构件被用于大炼钢铁等，四方楼地上建筑遗迹荡然无存，甚至部分地下基址亦遭到一定程度破坏；但本部一栋、二栋、“东乡宿舍”等多数旧址因被使用而得以较好地保存下来。

（二）第二阶段：20 世纪 80—90 年代

20 世纪 80 年代初，日本发生否认南京大屠杀、篡改教科书、参拜靖国神社等事件，这些极为恶劣的事件连续发生，在国际上引起轩然大波。特别是日本文部省在主导教科书审定过程中，大肆混淆、歪曲甚至否定日本侵华历史，七三一部队相关历史记录也被恶意篡改，日本军国主义出现死灰复燃的势头。受到这一重大事件的波及，中国各级政府开始进一步重视七三一部队旧址的调查、保护和利用。1982 年 8 月，哈尔滨市地方志办公室牵头成立调查小组，对位于哈尔滨市平房区和南岗区的七三一部队旧址进行调查，还访谈了七三一部队劳工幸存者十余人。9 月 17 日，日本知名作家森村诚一在黑龙江省作家协会的协助下参观了七三一部队旧址。其后，中国文联副主席夏衍在北京会见森村诚一一行，森村诚一借机呼吁哈尔滨市应加强对七三一部队旧址的保护和利用，这引起中央领导的高度重视。中央宣传部随后要求把哈尔滨细菌工厂等作为重点文物保护单位保护起来。10 月 11 日，文化部下发第 1289 号文件《关于做好保护日本侵华罪行遗址工作的通知》，明确要求将“哈尔滨细菌工厂等作为重点文物保护单位保护起来”。黑龙江省接到文化部的通知之后，全面启动了七三一部队旧址保护利用工作。

1982 年 10 月 29 日，平房区政府向哈尔滨市政府呈报《关于保护及管理原日本关东军第七三一部队罪证遗址的请示》，提出将位于本部一栋二楼东侧之石井四郎办公室、卫兵所，以及伟建厂所占的两处用房征收，作为参观接待室和临时陈列室。12 月 15 日，哈尔滨市政府向黑龙江省政府呈报《关于保护原日本关东军第七三一部队罪证遗址的请示报告》，提出将七三一部队旧址列为市级文物保护单位，希望开展证据调查、文献搜集、文物征集、学术研究和对外宣传等工作。12 月 25 日，哈尔滨市政府发出哈政发（1982）197 号政府通告《关于保护原日本关东军第七三一部队罪行遗址的通告》，规定：“一、凡原细菌工厂地上地下的旧址、遗迹和遗物，都要严加保护和管理。二、现占用原细菌工厂旧址、遗迹的单位，对旧址、遗迹要负责保护和维修，不得损坏、改建、扩建或拆除。三、在列为保护的旧址、遗迹范围内，不得擅自新建任何建筑物。如因特殊情况需要新建的，必须报市人民政府批准。四、凡留存与日本关东军第七三一部队活动有关的仪器、容器、工具、文件、证件、书刊、办公用品、设备、刑具等器物的单位和个人，应妥善保存，不得损坏，对其中有陈列展览价值的，由政府收购。”自此之后，七三一部队旧址保护工作开始纳入规范化保护轨道，哈尔滨市成立了平房区文物管理所，负责七三一部队旧址的清理、勘察、保护和管理工作。

1983 年 3 月 7 日，黑龙江省政府批复将哈尔滨日本细菌工厂遗址公布为黑龙江省级文物保护单位，同意建立哈尔滨日本细菌工厂罪证展览馆，利用本部一栋旧址开辟展览室，同时开展旧址本体保护、犯罪证据调查、举办陈列展览、设立保护标识等工作。8 月 2 日，哈尔滨市平房区成立哈尔滨日本细菌工厂罪证展览馆，撤销哈尔滨市平房区文物管理所。哈尔滨日本细菌工厂罪证展览馆对部分旧址进行维护、整修和清理。如整修了本部一栋、瓦斯储藏室、细菌弹组装存储室、动物饲养室、兵器班、黄鼠饲养室、冻伤实验室、锅炉房等旧址。同时搜集征集数百件七三一部队罪证实物，访谈幸存劳工，初步建成罪证陈列室。通过旧址本体保护维修、非文物建筑迁移以及周边环境的初步整治，七三一部队旧址核心区具备了对外开放、接待参观的基本条件。

1984 年 7 月，卫生部划拨移交部分细菌战实物和文献档案，充实略显单薄的陈列展览内容。8 月 1 日，平房区电话局搬迁，空置下来的石井四郎办公室用作展览场所。哈尔滨日本细菌工厂罪证展览馆在本部一栋内设置了两个办公室、两个陈列室、一个接待室。9 月 18 日，举办了七三一部队罪证陈列的预备展览。1985 年，陈列室扩充至 110 平方米，附设 40 平方米的文物库房。7 月 26 日，哈尔滨日本细菌工厂罪证展览馆更名为“侵华日军第七三一细菌部队罪证陈列馆”，8 月 15 日正式对外开放。当时对外开放的空间和展示的内容较为有限，陈列室面积为 110 平方米，陈列设施仅有 4 个大展柜、6 个小展柜、93 件实物、105 张照片、39 份日军供词、9 份见证人证言等。

1991 年开始，国家文物局、黑龙江省、哈尔滨市分别拨款支持旧址保护工作，日本民间也组织了市民捐款活动，有效地促进了七三一部队旧址的科学保护、环境整治和陈列展示工作。1993 年 9 月，哈尔滨市划定了 22 处旧址的保护范围，各单体旧址周围3米以内为特别保护区，10米以内为重点保护区，20米以内为一般保护区。1995年8月15日，在本部旧址核心区东南侧新建的陈列馆正式对外开放。

（三）第三阶段：21世纪以来

2000年前后，在国家文物局、黑龙江省、哈尔滨市拨付专项经费以及社会各界捐款支持下，七三一部队旧址一期保护工程实施。在此期间，陆续迁移非文物建筑143户民房、12家企事业单位，并对部分旧址建筑进行修缮，同时整治了周边环境，维修了参观通道等。一期保护工程完成之后，有11处单体旧址具备了完全对外开放的条件，对外开放面积达10.4万平方米。2003年4月9日，侵华日军第七三一细菌部队罪证陈列馆更名为“侵华日军第七三一部队罪证陈列馆”（以下简称“罪证陈列馆”），即为现在正式使用的名称。

2005年9月，黑龙江省城市规划勘测设计研究院编制了《侵华日军第七三一部队旧址红色旅游景区项目建设方案》。七三一部队旧址随后被列入全国百家红色旅游经典景区，争取了国家旅游基础设施建设资金，主要用于旧址本体保护和配套设施建设。2006年6月，侵华日军第七三一部队旧址列入第六批全国重点文物保护单位，为近现代重要历史遗迹。12月31日，国家文物局在哈尔滨召开“国家文物局保护侵华日军第七三一部队旧址工作座谈会”，对七三一部队旧址保护利用工作提出具体要求。2008年，哈尔滨市推进棚户区改造项目，旧址核心保护区非文物建筑迁移工作列入该项目。同年7月，黑龙江省七三一部队旧址保护开发建设工作领导小组成立，卓有成效地推进了旧址保护、开发和建设工作。2008年9月至2009年4月，黑龙江省文物考古研究所对七三一部队旧址本体建筑、地下结构及分布状况实施勘测，编制完成了《侵华日军第七三一部队旧址调查与勘测报告》。2009年，罪证陈列馆收回本部一栋旧址西侧，迁移了本部正门遗址西侧的居民楼两栋，以及动力班旧址周边288户民宅。同年，西安建筑科技大学、罪证陈列馆、哈尔滨市城乡规划局、哈尔滨工业大学联合编制了《侵华日军第七三一部队旧址保护规划》。

2011年9月21日，《哈尔滨市侵华日军第七三一部队旧址保护条例》正式对外公布。2012年9月，侵华日军第七三一部队旧址列入中国世界文化遗产预备名单，标志着七三一部队旧址的保护、利用、研究纳入国家层面和文化遗产的高度。随后启动了国家级文物保护展示工程项目，如安全防范系统工程、保护展示工程、防雷工程、消防工程、细菌实验室及特设监狱保护展示工程等，以及对冻伤实验室、动物饲养室、黄鼠饲养室、细菌实验室等19处旧址25个建筑单体的修护展示项目。

2013年4月，国家文物局批复同意《侵华日军第七三一部队旧址保护规划》。2015年8月15日，侵华日军第七三一部队罪证陈列馆新建馆舍正式对外开放，黑龙江省和哈尔滨市联合举办了全面开放仪式。2014年5月至2017年11月，黑龙江省文物考古研究所、侵华日军第七三一部队罪证陈列馆、哈尔滨工业大学土木工程学院、东北师范大学历史文化学院，"对细菌实验室及特设监狱、锅炉房、地下回水池、焚尸炉、瓦斯实验室、瓦斯储藏室、结核菌实验室、兵器班、航空班和细菌弹壳制造厂等10处旧址进行了连续大规模发掘"。[10]这次旧址的发掘，整体揭露逾4万平方米，出土各类罪证实物2000余件。2018年12月，《侵华日军第七三一部队旧址——细菌实验室及特设监狱考古发掘报告》在科学出版社出版。黑龙江省文物考古研究所主导的七三一部队旧址考古工作，系国内首次运用考古学方法发掘抗战遗迹，对现存基础设施的战时功能、规格形制、营建目的、存续状态等有了更为科学的认识，亦为旧址保护、整体展示、精准阐释注入新的元素。尤为重要的是，通过科学考古发掘，进一步以实物证实了七三一部队违反国际公约秘密实施人体实验和细菌战的犯罪史实，深化了学界对七三一部队旧址的真实性、完整性和普遍价值的科学认识，强化了二战旧址申报世界遗产的社会认知，进而弘扬了中国人民为世界反法西斯战争胜利付出的巨大民族牺牲和不屈不挠的抗战精神。

二、从历史罪证到记忆之场

历史记录是历史记忆的核心基础，两者之间有着不可分割的密切关联。七三一

◎ 图 10—2　七三一部队本部旧址航拍（2020 年摄）。

部队旧址是日本侵华战争留存的重要历史遗迹，是准备和实施细菌战、秘密进行人体实验的历史罪证，系统记录了七三一部队建立、扩张、灭亡的全过程。80 年来，我们投入了大量人力物力保存保护七三一部队旧址，建成罪证陈列馆，在一定程度上使其承载国人对抗日战争的历史记忆、历史认识和历史书写。

七三一部队旧址按其战时功能大致可分为五类：一是本部基础设施，二是细菌毒气实验设施，三是细菌武器研究生产设施，四是实验动物饲育设施，五是宿舍生活区。

（一）本部基础设施

现存本部基础设施主要有本部一栋、本部二栋、南门卫兵所、锅炉房、铁路专用线、给水塔、航空班事务室等七处旧址。

本部一栋，为七三一部队行政办公楼，是七三一部队行政管理中心区域。建筑为二层砖混结构，东西向，长 171.3 米、宽 13.5 米。一楼配置情况，自东至西为人

◎ 图 10—3　七三一部队南门卫兵所旧址（2015 年摄）。

◎ 图 10—4　七三一部队锅炉房旧址（2015 年摄）。

事课、值班室、工务管理课、调查课摄影班、调查课课长室、调查课庶务班、仓库、宪兵室、总务部、调查课印刷班、诊疗部。二楼配置情况，自东至西为部队长室、副官室、规划课、安灵室、庶务课、会计课、会议室、标本陈列室等。本部二栋，为器材供应部和武器库，负责保管各种实验器材和医疗设备。该旧址在20世纪70年代有一部分房顶被加高，有一部分建筑被拆毁，2015年得以全面修复。锅炉房为七三一部队本部供热和供电设施旧址，现有一面残壁附着，三座烟囱保留，其中间一座烟囱残断，另有附属设施及地下回水池旧址一处。铁路专用线，始建于1935年，与平房火车站相连接，主要用来运输实验器材、实验动物和生活物资等。给水塔，为七三一部队的供水设施。航空班事务室，始建于1938年，为配合野外实验和细菌作战而设立。

这七处旧址是保存比较完整的本部基础设施建筑，其设施完备、配置全面、功能齐全、分工明确，构成了七三一部队集武器装备、实验配套、燃料供给、野外实验于一体的综合区域。与此同时，七三一部队还配备铁路、公路、航空等运输设施，为各细菌实验室提供了充足的实验条件和完善的后勤保障，涵盖办公、供热、供电、供水、运输、通信等设备设施。

（二）细菌和毒气实验设施

现存细菌和毒气实验设施主要有细菌实验室、特设监狱、结核菌实验室、冻伤实验室、瓦斯实验室、瓦斯储藏室、焚尸炉旧址。

如前文所述，细菌实验室和特设监狱所在建筑俗称“四方楼”，为七三一部队进行人体实验的核心区域。细菌实验室由三栋、四栋、五栋、六栋组成，建筑本体为三层，外围长约150米，宽约100米。四方楼院内分成东西两院，以南北向的廊道为间隔，每院各有一座两层楼的特设监狱，西院为七栋，东院为八栋，建筑结构主体相同，主要关押人体实验受试者。七三一部队在败逃前夕将四方楼作为首要破坏目标而将其炸毁，“八一五”之后尚存大量地表建筑残迹，经历了圈围保护、环境整治和自然变迁，目前地表建筑遗迹已经消失，只有建筑基址比较完整地留存下来。

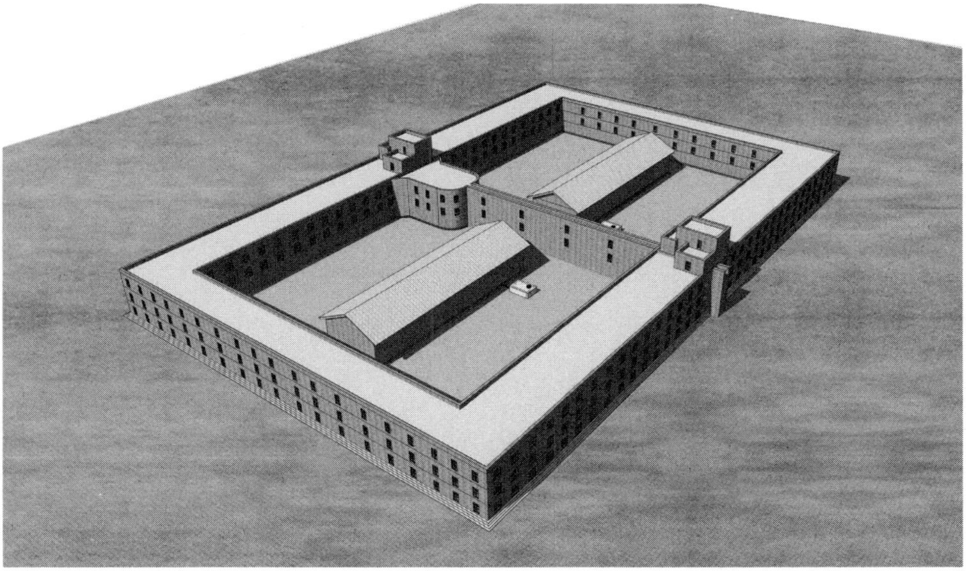

◎ 图 10—5 四方楼复原图（哈尔滨工业大学土木建筑工程学院、黑龙江省文物考古研究所绘制，2017 年）。

结核菌实验室，是七三一部队进行结核菌研究和实验的场所。冻伤实验室，是七三一部队进行冻伤实验和研究的场所。瓦斯实验室，是七三一部队进行瓦斯实验的场所。瓦斯储藏室，主体建筑为地上一层、地下二层，圆筒状钢混结构。为了销毁人体实验犯罪证据，七三一部队至少建有两座焚尸炉，北岗焚尸炉和北洼地焚尸炉。

细菌和毒气实验设施构成了七三一部队细菌战研究和人体实验的核心区域，是七三一部队同军警宪特秘密勾结实施特别移送的目的地，大量的中国、苏联、朝鲜的抗日志士牺牲在这里。此前学界有学者认为七三一部队仅为细菌战部队，而将之称为“七三一细菌部队”，这显然是不全面的，也是不准确的。七三一部队从事细菌实验的同时，也进行了大规模毒气实验，瓦斯实验室和瓦斯储藏室旧址即可作为直接证据。现存细菌和毒气实验设施，有助于补充七三一部队进行伤寒、霍乱、鼠疫、炭疽、冻伤等传染病研究和病理研究的证据链条，并且可与文献记载、罪证实物、口述史料彼此印证、互为补充，具有不可替代的实证价值。七三一部队在平房特别军事区域内建有两座焚尸炉，充分反映了战时日本特殊部队的独有特征，这有助于揭示七三一部队频繁强制使用受试者进行细菌实验、毒气实验、冻伤实验，以及秘密销毁人体实验犯罪证据的行径。

（三）细菌武器研究生产设施

现存细菌武器研究生产设施，主要有细菌弹组装室、兵器班、细菌弹壳制造厂、安达特别实验场和城子沟野外实验场旧址，其构成了七三一部队细菌武器实验、研究、制造、存储和运输的完备系统。

细菌弹组装室，是组装和储存细菌炸弹的场所，由器材供应部管理，现存一砖混结构长方形双层建筑，另有地下存储室两处。兵器班，主要研究和制造细菌炸弹和细菌炮弹等进攻型细菌武器，同时进行疫苗和血清等预防性研究。兵器班原为一座四合院式的“口”字形建筑，东侧建筑是研究马血清的实验室，南侧建筑为高温实验室、灭菌室、研究室，西侧、北侧建筑是汽车和大型武器的库房，七三一部队败逃前夕将其破坏。安达特别实验场、城子沟野外实验场是七三一部队进行野外细菌实验和野外毒气实验的场所。此外还有细菌弹壳制造厂 5 处旧址留存。

（四）实验动物饲育设施

为保证实验动物供应的稳定性和连续性，七三一部队兴建了多处实验动物饲育设施，现存设施主要有动物饲养室、黄鼠饲养室和昆虫培育室旧址。

七三一部队为进行细菌实验和毒气实验，饲养的动物有黄鼠、白鼠、兔子、猴子、马、牛、羊、骆驼、鹿等，还为生产细菌武器培育了跳蚤、虱子、臭虫、苍蝇、蚊子等。动物饲养室，主要用来饲养白鼠、兔子等实验动物，由器材供应部石井班管理，班长是陆军技师石井三男。黄鼠饲养室，是七三一部队专门饲养黄鼠的场所，黄鼠也是七三一部队饲养、征集和使用数量最多的实验动物。昆虫培育室，七三一部队以细菌传染媒介为目的，在此饲养虱子、臭虫、苍蝇、蚊子等。现存南北排列的建筑三栋，南侧为“一”字形双层建筑，中间为“工”字形单层建筑，北侧为“凹”字形单层建筑，另有部分围墙留存。

◎ 图 10—6 七三一部队宿舍生活区旧址（2014 年摄）。

（五）宿舍生活区

七三一部队宿舍生活区域曾被称为“东乡宿舍”“东乡村”“士官楼”，是七三一部队军官、士兵及军属的生活住宅区，目前有 34 栋建筑留存，全部位于今哈尔滨市平房辖区内。宿舍生活区建筑群由军官宿舍、士兵宿舍以及供水、供热、供暖等配套设施组成，当时在此区域还设有东乡国民小学校、邮局、医院、图书馆、运动场、餐馆、“东乡神社”等配套设施。

三、陈列馆的和平教育

德国学者米勒说：“在一个没有历史的国家里，谁注入了记忆、定义了概念、

◎ 图 10—7 侵华日军第七三一部队罪证陈列馆新馆外景（2015 年摄）。

解释了过去，谁就赢得了未来。”[11]在历史与现实交相呼应中，关于七三一部队医学犯罪的历史记忆，以及国际社会对七三一部队历史的认识、书写和传播，不仅需要历史学界和医学界的持续深入调查研究，保存真实的历史记忆，还需要社会层面积极采取有效的和平教育宣传，为防止历史悲剧再次上演不懈努力。

“九一八”被认为是东北沦陷记忆的起点，“八一五”则成为东北沦陷记忆的终点，同时也是东北光复记忆的零点。作为历史记忆载体的侵华日军第七三一部队罪证陈列馆，1985 年 8 月 15 日在旧址内首次对外开放；1995 年 8 月 15 日第一次新建馆舍对外开放；2015 年 8 月 15 日第二次新建馆舍全面对外开放。

（一）陈列展示

侵华日军第七三一部队罪证陈列馆位于本部旧址群东南侧，用地面积约 2.3 万平方米，建筑占地 5756 平方米，建筑面积约 1.1 万平方米。新馆陈列展示面积约 5000 平方米，共分为六个部分：一是日本细菌战，二是七三一部队——日本细菌战的大本营，三是人体实验，四是细菌武器研制，五是实施细菌战，六是毁证与审判。新馆陈列展出二战实物1万余件，特别是七三一部队细菌培养基箱、血清瓶、注射器、止血钳、捕鼠笼、炭疽菌培养器标识牌、劳工证明书、原队员信函等直接罪证。另有中国、美国、日本馆藏档案3000余页，如特别移送档案、细菌战命令文件、人体实验报告书等，这些档案多以“阵列式”排列集中呈现。与此同时，该馆还注重科学表达与通俗阐释相结合的展示方法，如在安达特别实验场和诺门罕细菌战展示单元，运用步入式场景的复原方式再现了历史画面。侵华日军第七三一部队罪证陈列馆2021年更新了部分展览内容，将日本国立公文书馆新解密的《关东军防疫给水部留守名簿》《甲第一八五五部队留守名簿》等放入展示空间。

总体来说，七三一部队罪证陈列以实物、照片、图表、地图、模型、场景、视频等传统展示为主，将文本史料、实物证据、原队员影像、跨国取证和实证研究等内容有序融入其中，重点展示七三一部队的战时罪行、战争责任和战后危害，将日本细菌战犯罪、人体实验犯罪证据链的真实性、完整性集中呈现出来。

（二）和平教育

近些年来，中央及省、市各级政府积极推动七三一部队旧址的全面保护和有序对外开放。侵华日军第七三一部队罪证陈列馆举办陈列展览、宣传教育、学术交流、国际传播活动，是落实“牢记历史、不忘过去，珍爱和平、开创未来”理念，开展和平教育的具体实践。侵华日军第七三一部队罪证陈列馆搭建起了全面记录七三一部队战时犯罪、战争责任、战后危害的“记忆空间”，现已成为全国爱国主义教育示范基地、国家国防教育示范基地。与此同时，七三一部队旧址被列入《中国世界文化遗产预备名单》，侵华日军第七三一部队罪行档案入选《中国档案文献遗产名录》。这一系列成果表明，关于七三一部队反人类暴行的历史记忆，已经完成了从个人记忆、集体记忆向国家记忆的实质跨越，正朝着世界记忆稳步迈进。

联合国教科文组织世界文化遗产委员会通过了波兰奥斯威辛集中营遗址和日本广岛原子弹爆炸遗址登录《世界遗产名录》，其秉持的标准为“特殊历史事件对人类的重大影响”。有鉴于此，七三一部队遗址也应以申报世界遗产为目标，继续加强旧址的本体保护、环境整治和综合利用，深入挖掘、精准阐释、全面评估七三一部队旧址的真实性、完整性和普遍价值：

其一，七三一部队旧址包含的历史价值信息全面，证据确凿。从旧址的史证价值来看，七三一部队旧址承载了从特别移送、特设监狱到人体实验，从细菌研究、病理实验到细菌武器制造、存储、运输，从准备细菌战到实施细菌战的完整证据链条。从旧址的完整性来看，旧址遗存完整、特征清晰，物理构造、重点特征保存完好，能够界定旧址整体规模、基本形制和战时功能，自然风雨侵蚀退化得到有效控制，旧址所在地自然地貌特征无明显变化，能够识别旧址的基本特征和原有特点。

其二，七三一部队本部营区是集实验研究、装配制造、野外测试，以及物资存储、动物繁育、交通运输、军事警戒、生活保障于一体的综合区域，是日本策划、组织和实施细菌战争的核心机构，是历史上规模最大的细菌武器研制的大本营，是准备和发动细菌战争的策源地。旧址现存设施充分说明了七三一部队是以

◎ 图 10—8　第三展厅“特别移送展示单元”（2015 年摄）。

发动细菌战争为主要目的，秘密进行了人体实验、细菌武器、毒气武器研制的特殊部队。

其三,七三一部队强制使用战俘等进行冻伤实验、细菌感染、活体解剖等非人道行为，完全暴露了七三一部队反人类、反人道、反伦理的本质。七三一部队旧址是日本侵华历史的实物罪证，是大批中外抗日志士、无辜平民在此罹难的历史纪念地，是海内外学界调查和研究日本侵华史、细菌战史、毒气战史的实物证据。七三一部队旧址以负遗产的形式警示世人要和平、不要战争，理应成为全世界进行和平教育的重要阵地，也应成为世界反法西斯战争的重要历史纪念地。

注　释

1. 杨彦君:《七三一部队人员编成考》,《历史研究》2019 年第 3 期。

2. 东北人民政府卫生部，为东北行政区域内卫生行政领导机关，主要负责卫生行政、保健、防疫等工作，1954 年 8 月撤销。

3. 辽宁省档案馆藏：东北大区卫生卷，编号：ZA19—1—17。

4. 辽宁省档案馆藏：东北大区卫生卷，编号：ZA19—1—19。

5. 辽宁省档案馆藏：东北大区卫生卷，编号：ZA19—1—23。

6. 辽宁省档案馆编:《罪恶的“七三一”“一〇〇”：侵华日军细菌部队档案史料选编》，辽宁民族出版社，1995 年，第 3—4 页。

7. 辽宁省档案馆编:《罪恶的“七三一”“一〇〇”：侵华日军细菌部队档案史料选编》，第 10 页。

8. 辽宁省档案馆藏：东北大区卫生卷，编号：ZA19—1—23。

9. 辽宁省档案馆藏：东北大区卫生卷，编号：ZA19—1—37。

10. 李陈奇:《让历史说话　用史实发言——七三一旧址考古发掘纪要》,《奋斗》2021 年第 4 期。

11. 扬一维尔纳·米勒著，马俊、谢青译:《另一个国度：德国知识分子、两德统一及民族认同》，新星出版社，2008 年，第 266 页。

第十一章 医学的沦陷

西方的生命伦理学始于对纳粹人体实验的反思，那么日本的生命伦理学应该从反思七三一部队人体实验开始。

——早稻田大学教授森冈正博

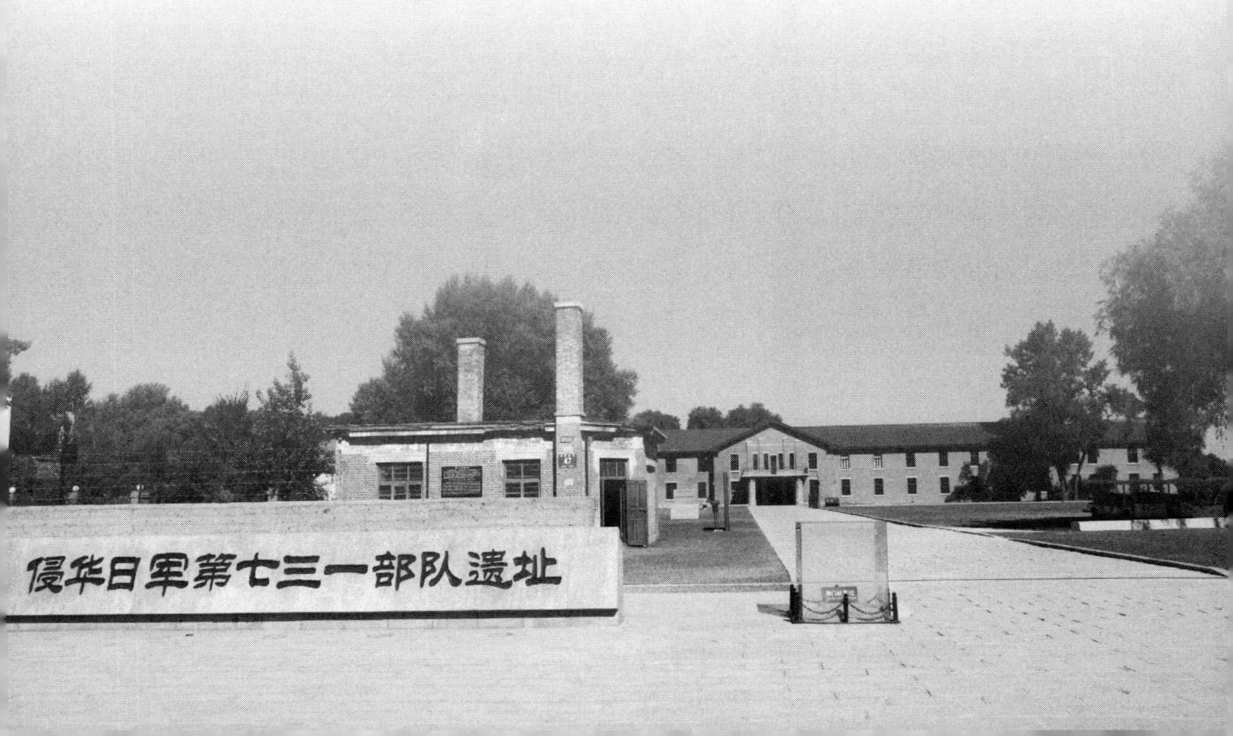

第二次世界大战期间，在“战争与医学交叉渗透”的战时环境下，日本和纳粹德国在东方和西方分别进行了大规模的反人类、反文明、反伦理的人体实验，对中国人、美国人、犹太人、苏联人、朝鲜人等犯下了生物感染、化学实验、活体解剖、绝育实验等骇人听闻的战争罪和反人道罪。纳粹德国和日本的医学暴行，伴随着第二次世界大战的结束，俨然成为“医学沦陷”的历史坐标。时至今日，如何回顾、反思和书写20世纪的战争与和平、医学与伦理、冲突与和解等重大问题，早已沉重地摆在东西方学者的面前。

2000年以来，围绕战争、医学与伦理主题，美国、英国、俄罗斯、比利时等国学者在《Eubios亚洲与国际生命伦理学杂志》和《美国生命伦理学杂志》，以及《柳叶刀》《马萨诸塞评论》《新英格兰医学杂志》等国际知名期刊上发表了近百篇学术文章。尤为值得一提的是，海外伦理学者以《Eubios亚洲与国际生命伦理学杂志》和《美国生命伦理学杂志》为学术平台，围绕战时日本医学暴行何以发生，是否可以避免人体实验大屠杀，美国是否回应以及应该如何回应，生命伦理学界的伦理反思与现实期待等主题展开了多次国际对话，日本、新西兰、以色列、美国、德国、俄罗斯和比利时等国学者相继参与其中，展现了学界比较鲜见的激烈争鸣。

一、日本医学暴行何以发生

以历史学的后见之明来看，战时日本人体实验大屠杀之所以发生，既有日本举国战时体制下国家政治、社会制度和医学体制驱动力的因素，也有军国主义思想主导下，作为医者的个人主动迎合这种驱动力的因素，在“战争与医学交叉渗透”的时代环境下，这两种驱动力的内外结合最终导致了医学暴行的持续发生。

（一）战时体制与医学传统的双重驱动

日本学者土屋贵志开启了这次讨论。他的论文《1933—1945 年期间日本医生为何在中国实施人体实验》分为三部分：一是论述了七三一部队人体实验的类型，即训练新兵的解剖实验、细菌感染实验、治疗方法实验和人体耐力实验。二是分析了人体实验大屠杀发生的原因，即在当时中日战争环境下，日本医生“战时行为的正当性”的思想盛行，日本种族主义政策的影响，人体实验高度机密性消解了研究者医学伦理束缚等。三是探讨了日本医生是否可以避免参与大屠杀的问题。土屋贵志分析了战时日本的政治环境，受法西斯主义集权以及医学传统的影响，使得医学教授、副教授们“欣然接受自己命运的安排”。他们乐于与军方合作，并且在特殊的实验条件下易于取得实验成果和学术成就，进而有利于他们获得学术地位、经济地位和政治地位。土屋贵志在文末表明了他的观点：正是日本医学界尊崇权威、避免争论的东亚伦理价值观，才使得历史上出现了七三一部队人体实验大屠杀，同时也是基于这个原因阻碍了战后的公开调查。

森冈正博在随后的评述文章中声援了土屋贵志。他认为土屋贵志准确地指出了日本生物伦理学中最微妙的禁忌，日本生物伦理学会及其研究者必须反思和检讨过去的人体实验大屠杀，重建真正的道德哲学，在此基础上才有资格重新评估亚洲的道德传统。森冈正博还提出了一个极富挑战性的观点：“西方的生命伦理学始于对纳粹人体实验的反思，那么日本的生命伦理学应该从反思七三一部队人体实验开始。”[1]聂精保认为土屋贵志开启的“日本医生在中国进行不人道的人体实验”话题，对于当今日本和中国的医学伦理，乃至全球生命伦理学都具有多方面、多维度的理论和实践意义。在评述土屋贵志文章的同时，聂精保还支持并重申了森冈提出的“日本的生命伦理学应该从反思七三一部队人体实验开始”的观点。聂精保认为，以西方生命伦理学已经践行的历史经验为参照，有助于触及、开启和推动日本生命伦理学界的反思。然而，聂精保并不认同土屋贵志主张的“东亚伦理价值观、日本医学传统导致了人体实验大屠杀”[2]这一观点。聂精保认为：“日本医生的人体实验既违背了西方的道德，又违背了人类的常识，也违背了亚洲和日本的道德原则和伦理思想。”[3]

日本医学暴行与东亚道德传统的关系是一个非常复杂的问题，既然日本医生的人体实验违背了东亚伦理价值，那么用东亚伦理价值来解释人体实验何以发生便失去了可能的立足点。在聂精保的长篇评论中，他进一步指出，如果认真研究日本医生的人体实验，从东亚的道德角度分析和阐释这些实验在伦理上是如何错误的，以及我们可以从中汲取什么样的伦理教训，对当今中日生命伦理学都将具有实践意义和理论价值。为此，聂精保呼吁：“希望越来越多的日本和中国的医学伦理学者、医生和医学科学家加入讨论，直面日本医生非人道人体实验带来的挑战。”[4]马来亚大学法学院莎郎·考尔在《与其回应过去，不如塑造未来》[5]文章中，认为应该重新审视日本和德国医学暴行发生的根本原因，“一些人的生命比另一些人的生命更有价值”的观念是二战医学暴行发生的主要原因，而这种观念的产生则根源于种族主义和民族歧视思想。在种族主义价值观影响下，这些医生认为他们有权利基于功利主义的理由，强迫受试者接受人体实验，他们认为：“为了大多数人的利益而牺牲少数人是合理的。”

（二）伦理学者的不同认识与学术交锋

国际生物伦理中心主席、以色列本·古里安大学健康科学部教授莱维特认为：“土屋贵志和森冈正博太自我鞭笞了，他们对自己的人民，尤其是日本人和亚洲人太苛刻了。”[6]莱维特以原子弹受害地广岛和长崎的“反战运动”为例，强调战争和军国主义观念已经发生了变化，武士道精神向着非暴力方面发展等。莱维特完全搁置了日本医生的人体实验，既没有从生命伦理学视角予以反思，也没有做出直面问题的回应，甚至连“七三一部队”“医学暴行”和“人体实验”等关键词在他的文章中都没有出现。随着莱维特这篇文章的公开发表，话题讨论的聚焦点和冲突点开始出现，不仅东方的日本、中国、马来西亚的伦理学者加入了讨论，西方的德国、美国和新西兰的伦理学者也相继发表了讨论文章。

奥勒・多因、土屋贵志、托马斯、聂精保等人对莱维特文章做出了回应。德国学者多因发表了《关于以医学之名行非人道之实的评述：中日两国负责任的医学伦理的旧案与新声》[7]一文。在文章的开篇，多因就直截了当地表达了“这样的新辩论应该受到热烈欢迎”，并向Eubios伦理研究所和《Eubios亚洲与国际生命伦理学杂志》致以敬意。在这个“敬意”里，我们可以注意到一个细节，多因在发表这篇文章前，已经有土屋贵志、聂精保、森冈正博、莱维特 4 人在《Eubios亚洲与国际生命伦理学杂志》发表了文章，但在多因的感谢中明确提及了前 3 人的名字，偏偏没有提及莱维特，而用“以及其他人”代指了莱维特。那么，从多因的潜台词分析，或者说从其背后的隐意来看，多因虽然礼节性地表达对莱维特的尊重，但是显然反对莱维特在文章中所秉持的立场及表达的观点。多因认为日本人长时间地持续生活在禁忌和谎言之中，他明确反对日本人用“亚洲价值观”来解释日本医生的医学暴行。多因支持了聂精保的观点，他认为亚洲的道德传统并不必然导致日本医生的死亡工厂。多因在文末写道：“我们必须从历史中学习，时刻警惕人性的偶然性，但是我们不能将医学伦理还原到历史的维度。”与此同时，多因也表达了这样的希望，在纳粹医学暴行发生地拉文斯布鲁克（Ravensbrueck）、达豪（Dachau），以及日本医学暴行发生地哈尔滨平房分别举办国际会议，分享历史学家和社会学家的调查研究成果。

土屋贵志于 2003 年又发表了一篇文章《在过去暴行的阴影下：当代日本人体受试者的科研伦理》，通过二战之后日本国内出现的若干例人体实验受害者致残致死事件，指出日本科研伦理的主要特征，即人体实验指导原则并不是建立在历史反思的基础之上，借此强调日本必须面对二战时期日本医生的医疗暴行。他认为对这一历史真相的反思应该成为日本科研伦理的基础，“如果我们错失了这种对于过去医学暴行的反思，我们将永远也无法实现真正意义上的医学伦理”。[8]由于缺乏人体实验的伦理框架，战后日本几乎没有制定医学研究的伦理原则，只是伦理学书籍文本和附录引用了《纽伦堡法典》（*Nuremberg Code*）和《赫尔辛基宣言》（*Declaration of Helsinki*）等。土屋贵志认为，在不反思国家过去医学行为的情况下，只是肤浅地引用和解释这些道德规范，是不能够理解这些规范具有的含义且不能产生有效的道德约束。迈克尔・托马斯在《未能将日本医生绳之以法的伦理教训》[9]一文中，分析了日本医生逃脱审判的原因以及这种行为导致的影响。托马斯论证了“战争观点”常常用来解释战时行为发生的“不可抗力”，但是医学暴行既不是战争的必需品，也不是战争的必然结果。他认为，七三一部队将受试者视为“数字”和“非人类”，故意去除受试者的“人格化”，更容易使医生在道德上为自己解脱，并为其所作所为辩护。托马斯的观点非常鲜明：医生们不是恶魔，他们是真实的人，我们可以审视这些做实验的医生，即使在非常不道德情况下的医学暴行，我们也应该要求作为“个人”履行医生的良知和人性的常识。

莱维特随后又发表了《让我们停止抨击日本：对土屋、萨斯、托马斯、聂和常石的评论》[10]。在这篇仅有 3 页的短文中，莱维特提出：一是日本军队要为在中国和其他地方的暴行负责，但是在那个时代，哪个国家没有暴行呢？二是美国和其他国家的暴行不能成为原谅日本军队的理由，但是为什么单单挑一个国家进行如此多的抨击呢？莱维特否定了土屋贵志提出的“二战后人体实验问题在日本医学界已经成为一个禁忌”这一论断。莱维特认为，虽然日本战时的医学暴行不应该被遗忘，但是对它的记忆应该保持在一定范围内。

聂精保、托马斯和土屋贵志随后直接回应了莱维特。聂精保在回应文章中写道：“莱维特的评论总体上来看，犯了深刻而严重的错误，他在错误的时间和错误的地点传达了一个完全错误的信息。为了让我们正确地理解过去，我们必须驳斥他的推理。”[11]针对莱维特所说的对它的记忆应该保持在一定范围内，聂精保举了一个非常生动的例子：“如果有一个热爱德国的人，走过来对莱维特博士和他的同事说，够了，让我们把记忆保持在一定范围内，让我们停止抨击德国。我们会对这个人说什么？这个人不是完全错了吗？请不要忘记，仅仅在七三一部队，1939 年到 1945 年，每年至少有 600 人被人体实验杀害。”[12]托马斯认为，日本医学暴行的研究者并没有“过多地诉说过去的罪恶，也没有试图延续仇恨”。[13]在托马斯看来，参与其中的日本医生至今都没有为他们的行为负责，这就是为什么中国人和许多受到波及的人始终无法解决问题，仍然将那些医生视为魔鬼。土屋贵志以《回复莱维特的评论》作为回应：“莱维特列举了历史上发生的很多暴行，而不是日本医生的暴行，这不能成为日本人的借口，暴行就是暴行，每一个犯下暴行的人都必须受到指控。”[14]

德国波鸿市鲁尔大学医学院汉斯马丁·萨斯（Hans Martin·Sass）、华东师范大学哲学系陈荣霞博士也发表了评论文章。萨斯在《判断残酷人体实验的区别对待：美国对德国和日本人体实验的武断反应》[15]一文中，提出了一个相当具有启发性的问题：在纽伦堡军事审判期间，美国对待德国医生和日本医生的态度为什么不同？美国是在不需要给予优先豁免权的情况下就能获得德国的医学实验结果，还是日本的医学实验在设计上或结果上“更好”，或者说“更有价值”？陈荣霞重申了聂精保的“人体实验是一种集体暴力”的观点，阐明了“个人权利”在东亚伦理传统的缺失。

海外伦理学者在学术期刊的学术交锋，还在一定程度上促进了国际学术界的关注。2001 年 10 月，美国举办了第四届美国生命伦理与人文学会年会。在这次会议上，聂精保和土屋贵志联合发起了一个讨论专题：“1933—1945 年日本医生在中国的人体实验：对国际伦理研究和跨文化生命伦理的启示”。这个讨论专题主要由 4 篇论文构成，分别是：常石敬一的《七三一部队的秘密：历史回顾》、萨斯的《美国对纳粹与日本人体实验战争犯罪两种截然不同的态度》、土屋贵志的《在过去暴行的阴影下：当代日本人体实验的科研伦理》、聂精保的《亚洲的知情同意与科研伦理：反对专制与集权主义》。讨论的内容涵盖了对日本医生暴行的历史回顾，正视过去对于当代生命伦理学的重要性，探讨了美国对纳粹和日本战争罪行的不同态度等。

二、美国应该如何回应

第二次世界大战结束之后，美国同日本达成秘密交易，美国最终以获得人体实验和生物战数据情报为条件，掩盖了陆军军医学校和七三一部队等的战时医学暴行，使其免受战后军事法庭对他们予以战争罪和反人道罪的指控。针对战后美国扮演的不光彩角色，比利时、新西兰、德国、俄罗斯、马来西亚等国学者先后发表文章，展开了相当深入的学术讨论，话题主要集中在美国对日本医学暴行的掩盖及其应该承担的道德责任，当代生命伦理学界应该如何回应，又该如何积极有效采取社会行动等。

（一）敦促美国做出回应

首先发起讨论的是聂精保。他在《美国掩盖日本战时医学暴行：国家利益为名的同谋以及对当代行动的两项建议》一文中，回顾了战时日本的医学暴行以及美国政府与日本医生达成的秘密交易，在梳理史实的基础上提出两项建议。一项建议是向美国政府提出：美国政府应做出正式道歉，明确表明美国现在谴责日本的战时医学暴行，包括人体实验和生物武器研制使用等残酷行为，并以适当形式向受害者提供补偿，以纠正其掩盖这些暴行的不当行为。另一项建议是向国际社会提出：为防止类似的同谋行为（无论事前还是事后）再次发生，国际声明、人权和医疗道德守则应增加一项条款，即禁止任何国家、集团出于任何原因进行不道德的医学活动，以及其他侵犯人权行为的同谋。聂精保提出这两项建议之后，同时也不无忧虑的地写道："我并不认为在不人道和不道德的行为中增加一个关于同谋的新条款，就会切实防止一些国家或团体参与同谋行为，然而，明确的谴责是解决人类所面临的这一普遍问题的起点。"[16]这篇文章发表之后产生的影响，直到若干年后才集中呈现出来。

第一篇回应文章是比利时根特大学卡特琳·德沃德尔（Katerin Devolder）的《美国与日本战时医疗暴行的同谋：是时候做出回应了》[17]，作者以聂精保的研究为基础，进一步从法律的层面阐释了"共谋的概念、性质和内在逻辑"，论证了美国政府成为日本医学战犯未被审判、受害者及其家属未得到赔偿的同谋。德沃德尔以 1946—1948 年危地马拉医学实验[18]的处置为参照，呼吁美国政府尽快做出回应，同时希望美国生物伦理委员会撰写美国参与掩盖日本医学暴行的调查报告。德沃德尔还特别强调了美国生物伦理委员会的态度对美国政府是否回应、如何回应将产生重要影响。

俄罗斯科学院人道主义和生命伦理专家鲍里斯·尤金（Boris Yudin）发表了《美国与日本暴行同谋：如何回应》。在该文中，尤金认为，以美国政府处置1946—1948年危地马拉人体实验为例，总统生物伦理研究委员会首先“对人体受试者进行保护的彻底审查，以确定联邦法律和国际标准是否足以保护科学研究受试者的健康和福祉”[19]，其次监督“对美国公共卫生服务局性传播疾病接种研究细节的彻底调查”。[20]然而，尤金并不认同“在声明或准则中增加相应条款”，他认为这将是一个相当复杂的进程，这一进程包括国际社会对其重要性的认识，对其尖锐性的评估，对不同意见的协商等。尤金却不无乐观地认为：无论这种决策最终结果如何，决策过程本身也将具有重要价值。

聂精保的另一篇论文《美国与日本医学暴行同谋：重述美国政府为何应该道歉与美国生物伦理学界应该做出回应》，重申了要求美国正式道歉的原因——正义和道德，呼吁美国生物伦理学会应该采取集体行动。美国明尼苏达大学医学院生命伦理学中心史蒂文·H.迈尔斯（Steven H. Miles）的《双联画：纳粹和日本的医学暴行》[21]一文中，以纳粹医学暴行作为参照，呼吁通过开放档案来进一步挖掘战时日本医学暴行，并揭示战后美国掩盖和保护犯罪者的全过程。

（二）美国应该如何回应

美国东北俄亥俄医科大学朱莉·欧特曼（Julie Aultman），特拉维夫大学赖尔·斯特劳斯（Rael D. Strous）和巴依兰大学阿里·齐沃托夫斯基（Ari Z. Zivotofsky），在他们的回应文章中认为：与其说呼吁美国政府回应掩盖医学暴行的历史本身并且公开道歉，不如促使美国揭示日本医学暴行的错误，重新审视日本和德国医学暴行发生的根本原因，进一步汲取伦理教训和历史经验更有价值。

欧特曼在《何止于道歉：承认过去人体实验研究的错误行为》[22]一文中，并不认同德沃德尔、聂精保等人的“因为掩盖日本医学暴行而要求美国政府公开道歉”这一观点，代之以要求美国政府承认过去的错误行为以及这种行为所导致的危害和影响。欧特曼从美国政府是否会做出道歉、以什么样的态度来道歉两个方面做了剖析，并提出了另外一个替代方案。欧特曼认为：一方面，要求美国政府向公众发表正式道歉可能是行不通的；另一方面，如果美国政府做出了道歉，仅仅是礼节性道歉或者是不诚恳道歉，没有按照被害人的价值观和合理期望做出相应的修正和补偿，那么这样的道歉既是无效的，又会阻碍个人和社会的康复进程。另外，美国政府很可能不对这些过去的决定和影响感到后悔，反而更加重视国家利益和国家安全，那么真诚的道歉将不能实现。欧特曼认为，如果美国政府没有选择道歉，也并不意味着美国就容忍此类危害人类罪，不了解或者根本不在乎。在真诚的道歉不能实现的前提下，欧特曼提出了一个替代目标：促使美国揭示日本不道德医学实验的错误，认定日本医学暴行的受害事实；并在这个过程中逐步加强批判思维、公共话语、道德教育和道德宣传，避免未来出现这种错误的道德推理，从而有助于防止未来发生这种反人道行为。

斯特劳斯和齐沃托夫斯基的《从过去展望未来：二战时期日本医学暴行带来的教训》[23]一文中认为，与其耗费精力去争取美国的道歉，让其承认不道德行为的错误，还不如吸取伦理教训和历史经验更有价值。他们提出了四条建议：一是明确界定医学专业人员的"道德边界和法律边界"。二是国际医学伦理规范应明确强调，医生有必要拒绝参加与医疗无关的、纯粹谋求政府利益的不当行为。三是国际医学伦理规范应该鼓励医生一旦面对非人道的医疗行为，医生不能与其同谋且不应保持沉默，应该在个人和社会层面对这种行为予以强烈谴责。四是应对违反医学伦理的事件，医学协会、国际法律和政治组织应该积极公开做出官方回应，这有助于使人们认识到合乎道德行为的价值观，以及意识到医学组织对从业者不道德行为的不容忍。

总而言之，海外学者多从生命伦理学视角出发审视、反思和回应日本医学暴行问题，与同时期纳粹医学暴行的比较研究得到更多关注，日本学者和德国学者的"互视"成为这次对话的鲜明特色。虽然对话的焦点主要集中在聂精保提出的两项建议，但讨论的范围不再囿于伦理学本身，已延展到美国是否回应、应该如何回应等现实政治层面。可以说，这些讨论既体现了伦理学者对日本医学暴行的历史认识，也体现了他们对当代社会的现实期待。

三、历史认识与伦理反思

21 世纪以来，关于战时日本医学暴行的调查与研究，中外学界使用了历史学、考古学、社会学、医史学、国际法学等不同学科的理论与方法，出版、发表了一系列有学术价值的新成果。这些新成果理应运用到医学暴行伦理学探讨之中，因为跨学科视域下的人体实验犯罪证据链、受害者状况、历史记忆、社会认知和当代反思等，在不同时期、不同程度上影响着国际伦理学界的认知、思考与书写。这意味着，生命伦理学视野下的医学暴行探讨，理应在以下方面有所认识、侧重和提升。

首先，深刻认识战时日本的人体实验是不折不扣的医学犯罪。关于日本医生的医学暴行，海外学者从生命伦理层面展开了极富成果的探讨，但在对话中少有触及日本医学暴行的犯罪本质，即医学暴行本质上应该是一个战争犯罪问题，或者说法律层面的犯罪应该作为首要考虑的前提，这是学界包括伦理学者在内需要思考的前置问题。实质而言，战时日本的人体实验已经远远超出了医学意义上的实验范畴，受试者全部被残害致死即是明证。因此，战时日本的人体实验在性质上属于战争犯罪，只是在实施犯罪的手段上使用了医学的名义或医生的技术。纽伦堡军事法庭的医学案件中，判处 16 名纳粹医生犯有战争罪和反人道罪，《判决书》中写道："从 1939 年 9 月到 1945 年 4 月，所有被告在未经受试者同意的情况下，主要参与、协助、命令、教唆、同意参加与医学实验相关计划及项目。在未经受试者同意的实验过程中犯有谋杀、残暴、虐待、酷刑、暴行以及其他非人道行为。"[24]如以纳粹德国为"他者"参考，七三一部队战时的人体实验理应受到战争罪和反人道罪的指控并据此量刑。

其二，注意将价值判断建立在事实判断的基础之上。从历史学视角来看，如果不是建立在史实证据和客观存在的前提下，其他任何方面的讨论在价值上都将是大打折扣的。正如日本学者小俣和一郎在《检证人体实验：七三一部队・纳粹医学》一书中写的那样："如果脱离了七三一部队和纳粹医学这两个大的历史问题，任何见解都是空洞的。"[25]也就是说，如果没有将医学暴行定格在战争犯罪的前提下，而单单进行生命伦理反思是不够的。土屋贵志将何以发生医生大屠杀归结于东亚的伦理价值，聂精保及评论者虽多不同意土屋贵志的观点，但是他们同样忽略了一个重要的前提性问题，那就是在伦理学对话开始之前首先应该考察的是医学暴行的战争犯罪性质。德国学者多因是唯一洞察这一前提因素的话题参与者，他以纳粹德国为“他者”，揭示出政治体制、社会历史与医学暴行发生的内在关联，并不无见地指出要分享历史学家和社会学家的调查研究成果。

其三，提升伦理学与历史学的融合效果。海外伦理学者在《Eubios亚洲与国际生命伦理学杂志》和《美国生命伦理学杂志》的讨论，从积极层面上看，有利于在国际传播并产生影响，特别是伦理学者据此展开对话本身的意义，实际上已经超出了现有学术成就本身。然而，不无遗憾的是，在这两次学术对话中，除陈荣霞发表了一篇短文之外，鲜有中国大陆学者的声音。战时日本医学暴行主要发生在中国，给中国人民带来深重的灾难和痛苦的记忆，中国学者不仅不应该缺席这样的国际讨论，而且应该成为国际对话的主导力量。造成这种现象的原因是值得我们反思的，这同中国伦理学界较少关注日本医学暴行主题有关，也与我们的书写习惯密切相关。当然，我们也不必讳疾忌医，这与当前国内此类主题研究成果质量不高、学术影响尤其是国际影响不够有直接关系。另外，参与讨论者的学科背景几乎都是医学伦理学，仅有一名法律学者参与其中，完全听不到历史学界的声音，这不能不说是一种遗憾，或者说是有某种不足。可以说，伦理学者的文章给我们一个独特的观察视角，呈现出君子和而不同的学术争鸣，但是他们有意或无意地忽略了历史学者在证据调查和史实论证方面取得的成绩，使得讨论的范围和观察的视角受到一定局限，不仅影响了讨论的质量和争鸣的水平，而且在彼此对话中忽视医学暴行的性质及罪责，这是历史学者必须注意到的关键问题。

其四，中国学界理应积极融入海外学界的讨论并争取占据制高点。海外伦理学者参考的资料范围还远远不足，执笔者参引文献几乎都是英文论著，围绕这一主题的研究重镇——中国与日本，大量有价值的出版物没有进入伦理学者的观察视野。不容回避的是，从日本和欧美学界长期忽视中国学界的研究成绩来看，这虽然有学术偏见隐隐作祟之故，但同时也提示我们仍然有必要提升研究成果的学术性和规范性。面对这样一种不利局面，如果能够推动一系列资料集、学术著作和学术论文走出去，让国际上更多地听到中国学者的声音，进而推动国际学术认同和国际学术合作，牢牢把握重大历史事件阐释的话语权，避免出现国际话题在欧美社会呈显一边倒的态势，从而在国际争鸣中占据制高点，体现中国特色、中国风格和中国气派，当是一件值得期许的学术盛事。

注 释

1. Masahiro Morioka, "Commentary on Tsuchiya," *Eubios Journal of Asian and International Bioethics*, Vol. 10, No. 6, 2000, pp. 180-181.

2. Takashi Tsuchiya, "Why Japanese Doctors Performed Human Experiments in China 1933-1945," *Eubios Journal of Asian and International Bioethics*, Vol. 10, No. 6, 2000, pp. 179-180.

3. Jing-Bao Nie, "Challenges of Japanese Doctors' Human Experimentation in China for East-Asian and Chinese Bioethics: Commentary on Tsuchiya," *Eubios Journal of Asian and International Bioethics*, Vol. 11, No. 1, 2001, pp. 3-7.

4. Jing-Bao Nie, "Challenges of Japanese Doctors' Human Experimentation in China for East-Asian and Chinese Bioethics: Commentary on Tsuchiya," *Eubios Journal of Asian and International Bioethics*, Vol. 11, No. 1, 2001, pp. 3-7.

5. Sharon Kaur, "Rather Than Responding to the Past, Shape the Future Instead," *The American Journal of Bioethics*, Vol. 15, No.6, 2015, pp. 61-63.

6. Yeruham Frank and Leavitt, "Is Asian Bioethics at Fault? Commentary on Tsuchiya, Morioka and Nie," *Eubios Journal of Asian and International Bioethics*, Vol. 11, No.1, 2001, pp. 7-8.

7. Ole Doering, "Comments on Inhumanity in the Name of Medicine: Old Cases and New Voices for Responsible Medical Ethics from Japan and China," *Eubios Journal of Asian and International Bioethics*, Vol. 11, No.2, 2001, pp. 44-47.

8. Takashi Tsuchiya, "In The Shadow of the Past Atrocities: Research Ethics with Human Subjects in Contemporary Japan," *Eubios Journal of Asian and International Bioethics*, Vol. 13, No. 3, 2003, pp. 100-102.

9. Michael Thomas, "Ethical Lessons of the Failure to Bring the Japanese Doctors' to Justice," *Eubios Journal of Asian and International Bioethics*, Vol. 13, No.3, 2003, pp. 104-106.

10. Frank J. Leavitt, "Let's Stop Bashing Japan: Commentary on Tsuchiya, Sass,

Thomas, Nie & Tsuneishi," *Eubios Journal of Asian and International Bioethics*, Vol. 13, No. 4, 2003, pp. 134-135.

11. Jing-Bao Nie, "Let's Never Stop Bashing Inhumanity: A Reply to Frank Leavitt and an Appeal for Further Ethical Studies on Japanese Doctors' Wartime Experimentation," *Eubios Journal of Asian and International Bioethics*, Vol. 13, No. 5, 2003, pp. 163-166.

12. Jing-Bao Nie, "Let's Never Stop Bashing Inhumanity: A Reply to Frank Leavitt and an Appeal for Further Ethical Studies on Japanese Doctors' Wartime Experimentation," *Eubios Journal of Asian and International Bioethics*, Vol. 13, No. 5, 2003, pp. 163-166.

13. Michael Thomas, "Let's Deal with the Issue: Commentary on Leavitt," *Eubios Journal of Asian and International Bioethics*, Vol. 13, No. 5, 2003, pp. 166-167.

14. Takashi Tsuchiya, "A Reply to Leavitt's Commentary — Let's Stop Bashing Japan," *Eubios Journal of Asian and International Bioethics*, Vol. 13, No. 5, 2003, pp. 167-168.

15. Hans-Martin Sass, "Ambiguities In Judging Cruel Human Experimentation: Arbitrary American Responses to German and Japanese Experiments," *Eubios Journal of Asian and International Bioethics*, Vol. 13, No. 3, 2003, pp. 102-104.

16. Jing-Bao Nie, "The United States Cover-up of Japanese Wartime Medical Atrocities: Complicity Committed in the National Interest and Two Proposals for Contemporary Action," The American Journal of Bioethics, Vol. 6, No.3, 2006, pp.w21-w33.

17. Katrien Devolder, "U.S. Complicity and Japan's Wartime Medical Atrocities: Time for a Response," *The American Journal of Bioethics*, Vol. 15, No. 6, 2015, pp. 40-49.

18. 1946—1948 年，美国医生卡特勒（John C. Cutler）在危地马拉监狱秘密开展的一项梅毒人体实验，这一事件在 2010 年被披露出来以后，10 月 1 日，美国总统奥巴马就此向危地马拉正式道歉。https：//www.tandfonline.com/doi/full/10.1080/01947648.2015.1137505，访问时间 2021 年 4 月 6 日。

19. Boris Yudin, "U.S. Complicity and Japan's Atrocities: How to Respond?" *The American Journal of Bioethics*, Vol. 15, No. 6, 2015, pp. 55-56.

20. Boris Yudin, "U.S. Complicity and Japan's Atrocities: How to Respond?" *The American Journal of Bioethics*, Vol. 15, No. 6, 2015, pp. 55-56.

21. Steven H. Miles, "The Diptych: Nazi and Japanese Bioscience War Crimes," *The American Journal of Bioethics*, Vol. 15, No. 6, 2015, pp. 52-54.

22. Julie Aultman, "When Saying Sorry Is Not Enough: Acknowledging Past Wrongs in Human Subjects Research," *The American Journal of Bioethics*, Vol. 15, No. 6, 2015, pp. 57-59.

23. Rael D. Strous and Ari Z. Zivotofsky, "Looking to the Future From the Past: Take Home Lessons From Japanese World War II Medical Atrocities," *The American Journal of Bioethics*, Vol. 15, No. 6, 2015, pp. 59-61.

24. *Trials of War Criminals before the Nuremberg Military Tribunals under Control Council Law*, Vol. 2, No. 10, pp. 174-175.

25. 小俣和一郎:《検証・人体実験：731部隊・ナチ医学》，第236頁。

海内外80年研究述评

我曾经去过南京大屠杀遇难同胞纪念馆，今天又参观了七三一部队旧址，日本军国主义把年轻人变成杀人犯的罪孽是不可饶恕的，七三一部队的活体实验就是东方的奥斯威辛。

——2017 年 5 月 14 日，《辛德勒名单》原作者托马斯·肯尼利

七三一部队相关问题的研究，在研究视角和研究方法上，中国、日本和欧美学者有着明显不同，不同学科背景的研究者也体现出较大差异性。大体而言，中国学者多注重罪证史视角下的调查研究，在“事实判断”的定量研究以及证据链梳理方面存在不足。日本学者侧重于微观视角下的个案梳理，对历史事件的关联性和复杂性分析不够。欧美学者倾向于理论层面的探讨，对史实与证据的关照不足。基于此，对日本细菌战和人体实验犯罪的历史考察，仍有相当大的学术拓展及提升空间。

一、研究的意义

第一，收集和解读战时日本细菌战和人体实验犯罪相关证据，旨在形成逻辑严密、系统完整的证据链条，还原战时日本秘密实施医学犯罪的历史，剖析医学犯罪发生的原因、经过及其影响，完善和解决日本侵华问题研究中的薄弱环节，推动细菌战和人体实验犯罪问题研究走向细化和纵深，为日本侵华史研究提供新的观察视角。

细菌战犯罪相关问题研究的主阵地在日本。日本学者多从“医者角色”出发，将日本医学犯罪置于“战争与医学交叉互动”的时代环境下展开叙事，侧重医学实验、医学暴行和医学伦理的局部考察，偏于微观视角下的个案研究以及具体事件的细密梳理，一定程度上呈显只见树木、不见森林的碎片化特征；医学史、伦理学和科技史方面的观察着墨较多，历史学视角下的调查、梳理和考证用力不够。日本学界在文本梳理和历史叙事上，往往忽视医学犯罪与日本侵华战争的密切关联，对医学犯罪证据的分析和总结不足，并时常带有无视中国学界研究的学术偏见，这导致其在事实判断和价值判断上都有明显偏颇。特别是对医学犯罪证据链条的梳理，缺乏应有的逻辑性、严密性和完整性，对日文档案和美国档案的解读还有一定不足，且对档案之间的交叉性和关联性探讨不够，更忽略战争遗址和罪证遗物的补证价值。这在人体实验报告梳理和解读方面体现尤为明显，对人体实验报告中记录的受试者、实验过程、病理变化、实验目的和最终结果，缺乏系统的梳理和深入的考察，难以全面呈现战时日本细菌战犯罪的组织化、极端化和“精英化”特征。这给本书的研究留下了较大学术空间。

比如，日本学者对七三一部队人体实验报告《关于破伤风毒素和芽孢接种时肌肉的时值》《因黄弹射击造成的皮肤伤害及一般临床症状观察》和《关于冻伤实验》的解读，仅在史料内容方面做了初步介绍，并未展开深入的学术探讨；对美国档案《费尔报告》《希尔报告》《A报告》和《G报告》文本中涉及的医学犯罪证据解读不够，亦未揭示不同报告之间的关联性。本书将侧重对历史资料的调查、梳理及考辨，综合比对档案文献、口述资料和遗址遗物，增补日本侵华问题研究的新内容。与此同时，借鉴海外学界研究的新视角和新方法，从横向和纵向两个维度，系统梳理日本医学犯罪的准备、实施、危害、主体及责任，全景式揭示战时日本的医学犯罪、战争责任和战后危害。

第二，对战时日本细菌战和人体实验犯罪的历史考察，注重新资料的发掘和新观点的阐发，补正前人研究中出现的舛误、疏漏、不足，驳斥近年来否认日本细菌战犯罪的错误言论，达到廓清事实、正本清源的目的。

前人关于战时日本细菌战犯罪相关问题的研究，多侧重考察七三一部队的医学犯罪，往往忽视甚至无视陆军军医学校、“满洲”医科大学等的犯罪事实。有的学者在使用美国档案过程中曾出现失误。如哈里斯具有国际影响力的著作《死亡工厂：1932—1945年日本生物战与美国的掩盖》（后文简称《死亡工厂》）[1]，将《A报告》和《G报告》误认为一〇〇部队的人体实验报告。博士学位论文《侵华日军第100细菌部队历史考察》[2]也误把《A报告》和《G报告》作为一〇〇部队的犯罪证据。还有依托美国档案写成的学术论文《“Q”报告与侵华日军细菌战》[3]，严重混淆了细菌和病毒的概念，对医学犯罪的揭示也含糊不清。这是一个非常值得注意的问题，提示我们有必要加强战时日本医学犯罪的历史考察，并对这些错误言论予以驳斥、纠正。

此外，欧美学者在日本医学犯罪问题研究上，多从生命伦理学视角出发，倾向于伦理批判和当代反思方面的学术探讨，往往有意或无意地忽略历史学者在证据收集和论述方面所取得的研究成果，对细菌战犯罪发生的原因、过程、结果、影响的关注明显不足。本书拟充分利用近年新发现的各类史料，特别是通过档案文献、口述史料和实物证据，分析医学犯罪事件的发生、经过及其影响，剖析战时日本医学犯罪的组织化、极端化和精英化特征。

第三，对战时日本细菌战和人体实验犯罪的历史考察，具有一定的社会价值和现实意义。本书撰写过程中挖掘的新资料和新证据，特别是文献档案、图片证章和取证素材，适合融入博物馆的陈列展览，能够提升陈列展示的学术性和客观性，有助于推动社会层面对医学犯罪的历史认识。

二、相关概念的界定

本研究涉及主要概念有：战时、医学犯罪、人体实验、细菌战、七三一部队。

（一）关于战时。亦称“战中”，指的是本书涉及的时间范围。“战时”可界定为从 1931 年 9 月 18 日到 1945 年 8 月 15 日，即从“九一八”事变到日本无条件投降。研究目光既向战前追溯又向战后延展，因此需要打通战前、战中、战后三个阶段，但在调查、取证和研究过程中，“战时”仍作为本书核心着眼点。

（二）关于医学犯罪。日本医学者和伦理学者普遍使用的“医学犯罪”一词，一般指强制使用活体受试者进行生化感染、冻伤实验、活体解剖以及生物作战等非人道行为。如莇昭三、西山胜夫、若田泰和土屋贵志等人在论文和著作曾多次使用“医学犯罪”[4]，其中西山胜夫在《战争与医学》一书中有 75 次使用该词。欧美学者多使用“医学暴行”（Medical Atrocity），偶尔也使用“医学犯罪”（Medical Crimes）。知名学者聂精保在《柳叶刀》和《美国生命伦理学杂志》发表的论文中常常采用“医学暴行”这一提法。[5]中国学者和媒体也多直接从日本转引“医学犯罪”一词，泛指医学不法行为，即“违反现行卫生法律的行为，或称为医疗侵权行为、医疗违法行为”。[6]中央电视台和新华社等主流媒体也经常使用“日本医学犯罪”这一提法。[7]

土屋贵志从伦理学角度解释了医学犯罪，“医生与医学者以医疗为名实施的犯罪”。但土屋忽略了一个“历史意义上的法律概念”，也就是说，土屋贵志解释了医学犯罪的行为主体，即医师与医学者；但他并没有解释犯了什么罪行，才可作为医学犯罪。在与土屋贵志的学术交流中，笔者感到有必要从历史学和国际法角度阐释医学犯罪的内涵。二战后，纽伦堡法庭追究了纳粹医生的战争责任，对纳粹医生指控的主要罪名是战争罪和反人道罪。《判决书》中记述道：“从 1939 年 9 月到 1945 年 4 月，所有被告在未经受试者同意的情况下，主要参与、协助、命令、教唆、同意参加与医学实验相关的计划及项目。在实验过程中犯有谋杀、残暴、虐待、酷刑、暴行以及其他非人道行为。”[8]

由此，关于医学犯罪的内涵，至少应从三个层面界定：一是医学犯罪的行为主体，即医生与医学者以医疗为名实施的犯罪。二是医学犯罪的事实认定，即在未经受试者同意的情况下，参与、协助、命令、教唆、同意参加与医学实验相关的计划及项目，在实验过程中犯有谋杀、残暴、虐待、酷刑、暴行以及其他非人道行为。三是医学犯罪的性质认定，应将其认定为非法的人体实验，也就是纽伦堡医学审判判决中界定的战争罪和反人道罪。

本文所述的“医学犯罪”特指战时日本非法的人体实验和细菌战，具体是指：七三一部队、一〇〇部队和一六四四部队等军事医学机构，陆军医院、野战医院和兵站医院等陆军附设医院，九州大学和“满洲”医科大学等高等教育机构，于 1933—1945 年间，在不同程度上利用人体受试者进行的人体感染实验、人体冻伤实验、人体毒气实验和细菌战，以及活体解剖、外科手术、止血实验等非法的人体实验。

（三）关于人体实验。英文写作“Human Experimentation”或“Human Subjects

Research”，中文译为“人体实验”或“人体试验”。《医学伦理学词典》单列“人体实验”词条：“以人体（包括尸体和活体）作为受试对象，用科学的试验（包括解剖、测量、试验和观察）手段，有控制地对受试者进行研究和考察的医学行为和过程。”[9]何卫东、张威将医学人体实验界定为：“指以人为医学实验的对象，用科学的方法进行有控制地对受试者进行观察和研究的医学行为过程。”[10]满红杰在《人体试验法律问题研究》一书中认为：“人体试验的定义是有其规范的，是指以开发、改善医疗技术及增进医学新知，而对人体进行医疗技术、药品或医疗器材试验研究之行为。”[11]日本学者村冈洁在《人体实验论——近代医学与人体实验的作用》一文中界定了人体实验的含义。他认为：“关于‘人体实验’一词，日本医学界表述时显然是有所忌讳的。因此，见诸各种文章的往往是使用‘临床试验’或‘治验’等人们比较熟知的词语来代替‘人体实验’。这无疑是为避免与 20 世纪纳粹德国和日军七三一部队所犯下的非人道人体实验相混淆。不过，现代医学理应追求日新月异的发展，只要这一宗旨不变，那么医学研究也好，日常临床也罢，所谓人体实验这一‘以人类为对象的实验’便是不可或缺的，因为，在开发新药或是尝试新的治疗方法时，动物实验的结果无法直接应用于人类患者。”[12]实际上，关于人体实验的各种规范，其目的在于维护人体受试者的生命、健康和尊严，无论是纽伦堡医学审判之后形成《纽伦堡法典》，还是被国际社会广泛接受的《赫尔辛基宣言》，都将人的生命、健康和尊严置于至高无上的地位。如《赫尔辛基宣言》第五条：“对人类受试者的医学研究中，应该首要考虑人类受试者的健康和利益，其次才是科学和社会的利益。”[13]在第十条中写道：“在医学研究中，医师有责任保护人类受试者的生命、健康、隐私和尊严。”[14]

本文所述的人体实验，无论从受试对象来源，还是从实施目的和性质来看，均与医学界定义的人体实验有着本质差异。这种差异主要体现在：战时日本的人体实验是非法的，从性质来讲属于医学犯罪，其在实施犯罪的手段上采用了医学的技术方法，结果导致所有受试者全部被残害致死，远远超出医学意义上的实验范畴，是骇人听闻的医学犯罪、战争犯罪和反人道犯罪。

（四）关于细菌战。关于细菌战的词条中记为：“细菌战（Bacteriological Warfare）即生物战。”[15]据《核化生防护大辞典》“生物战”词条所记：“生物战

（Biological Warfare），俗称细菌战。使用生物武器伤害人畜，毁坏农作物的作战。在作战中采用各种方式施放生物战剂，造成受染区域传染病流行，庄稼大面积坏死，以削弱敌方的战斗力，破坏其战争潜力。”关于“生物武器”的词条记述如下：“生物武器（Biological Weapon），旧称细菌武器。以生物战剂杀伤有生力量和毁坏植物的武器。”关于“细菌武器”的词条：“细菌武器（Bacterial Weapon），即生物武器。”[16]美国文本《其他国家生物战活动及其能力》对生物战的定义如下：“生物战，指在军事上应用微生物（细菌、立克次氏体、病毒、真菌）或其他毒性物质，以致使人类、动物和植物患病或死亡。生物战常被误称为细菌战，细菌战专指细菌的军事应用，并不包括立克次氏体、病毒、真菌或其他毒性物质。”[17]

本文统一使用“细菌战”和“细菌武器”，但在战时专有名称，以及参考和引用文献中仍按原文所记，故在行文中会出现“生物战”“生物武器”和“细菌战”“细菌武器”混用现象。

（五）关于七三一部队。七三一部队本名为“满洲第七三一部队”，自1933年初建到1945年灭亡，不同时期曾使用石井部队、加茂部队、东乡部队、关东军防疫部、关东军第七三一部队、关东军防疫给水部、“满洲第二五二〇二部队”等名称。据日本国立公文书馆保存的《关东军防疫给水部略历》[18]《关东军防疫给水部孙吴支部略历》[19]《关东军防疫给水部大连出张所略历》[20]所记：关东军防疫给水部哈尔滨本部代号为“满洲第七三一部队”，后改称德第二五二〇二部队；关东军防疫给水部牡丹江支部代号为“满洲第六四三部队”，后改称德第二五二〇三部队；关东军防疫给水部林口支部代号为“满洲第一六二部队”，后改称德第二五二〇四部队；关东军防疫给水部海拉尔支部代号为“满洲第五四三部队”，后改称德第二五二〇五部队；关东军防疫给水部孙吴支部代号为“满洲第六七三部队”，后改称德第二五二〇六部队；关东军防疫给水部大连支部代号为“满洲第三一九部队”，后改称德第八七四七部队。上述本部和支部统称为关东军防疫给水部、“满洲第六五九部队”、德第二五二〇一部队。

一般来说，七三一部队通常代指关东军防疫给水部哈尔滨本部及各支部，其已成为日本战时医学犯罪的代名词。

三、海内外 80 年来的研究状况

20 世纪 50 年代以来，围绕战时日本的医学犯罪、生物战、战争责任、战后影响和当代反思等问题，海内外学者开展了一定程度的调查与研究。一是研究视角渐趋多元，从传统分科研究向跨学科研究拓展，历史学、医学史、伦理学、考古学、生物学和国际法学等学科理论和研究方法得以交叉使用。二是研究内容既有宏观研究又有微观研究，宏观上基本界定了七三一部队系战时日本生物战体系的核心机构，是准备和发动生物战争的策源地，是计划和实施人体实验的大本营；微观上大体厘清七三一部队的人员编成、机构设置、生物战剂、防疫给水和预防免疫等基本史实，揭示生物战准备、实验到实施的全过程。三是研究地域性藩篱逐渐被打破，研究时间既向前追溯又向后延伸，研究空间呈现出地方史、区域史向全球史拓展趋势。在这个拓展的过程中，档案文献挖掘、整理贯穿始终，对战前、战中、战后三个阶段相关史实证据的分析和考辨取得新进展，科技史、医学史和伦理学视域下的多维度研究取得明显突破。

（一）20 世纪 50—70 年代：初始日本、研究起步

20 世纪 50—70 年代是七三一部队问题调查和研究的起步期，研究力量以日本学者、民间团体和新闻记者为主，七三一部队成员、知情者和关联者是这一阶段的主要角色，医学界和医学者几乎没有参与其中，呈现出不同学科背景下的历史爱好者单打独斗的特点。研究视点聚焦于七三一部队的战时状况、生物战和人体实验等史证，纪实小说、口述作品和回忆录等交织出现。总体来看，这一时期的调查研究呈现出初创时期的鲜明特点，处于史料证据的早期发掘和文本解读的起步阶段，既有纪实文学的推动，又有媒体传播的助力，虽可见有关人体实验专题的探讨，但学术研究仍处于发轫期和积累期，尚未成为主流。不过，大量文本证据和口述史料的不断涌现，为下一阶段学术研究、知识推广和社会认知积累了丰厚土壤，奠定了较

为坚实的史料基础。

1.纪实作品：体验、证言和记忆

1950年，苏联首次对外公开日本生物战罪证史料，以中、俄、德、英、日、韩等多国文字公开出版了《前日本陆军军人因准备和使用细菌武器被控案审判材料》（简称《审判材料》）[21]，系统收录起诉书、被告供词、证人证言、文件证据及判决书等资料。由此，关于七三一部队准备和实施的生物战、人体实验等历史事实才为外界所知，这为后来的调查研究做了很好的史料准备。1956年秋山浩出版了《特殊部队七三一》[22]，这是第一部由七三一部队原成员执笔的公开出版物，以口述历史方式，从当事人观察角度对人体实验、生物战和伯力审判进行了介绍。1966年吉永玲子出版了《人体实验的恐怖：关东军女子军属的手记》[23]，作者以亲历者军属身份记述了人体实验暴行。1967年岛村乔出版了《三千人的活体实验》[24]。吉永和岛村的著作是以《审判材料》为主要参考资料的纪实作品，记录了七三一部队的战时状况，对人体实验、浙赣生物战、常德生物战和一〇〇部队史证亦有介绍。在征引资料上，这两部书多引用战犯和证人的证言，几乎没有使用原始文本材料，体现出这一阶段纪实文学的普遍特征。可以说，这些作品的出版一定程度上提升了伯力审判事件在日本社会的传播和影响。总体来看，上述公开出版物，尚处于见证人“战争体验”的感性认识层面，处在以口述史料为主、文本资料为辅的初期阶段，多应归属于普及读物和纪实文学之列，还没有上升到学术研究的理性批判层面。

2.主体转换：从感性认识到理性研究

高杉晋吾1973年出版的《日本医疗的原罪：人体实验和战争责任》和《日本的人体实验：思想和构造》是这一时期的学术代表成果[25]。其在两个方面取得了突破：一是将七三一部队置于战时日本的医学思想、医学教育和医学体制下考察，融入了医疗社会史理论与方法，将战时体制下的国家意志和殖民地强制政策结合起来，分析“科学在国家权力之下是以何种形态调动并配合国家政策的”[26]。二是从战争责任视角出发，探究战时日本医学教育“物化人类的思想”，揭示战时日本医学的本质特征：“一边为统治者服务，一边压迫被统治的民众”[27]，即“日本医疗的原罪”。高杉晋吾的两部代表作可视为普及读物和研究成果的分水岭。在高杉晋吾之前，关于七三一部队的记述虽涉及一定程度的学术研究，但总体来看主要停留在对伯力审判证据的梳理和解读层面；在其之后，虽然仍有为数不少的纪实作品，但这类题材已不占主流，出版主体渐次向历史学、科技史、医学史和伦理学视角下的学术研究层面转移。换言之，高杉晋吾的研究成果出版之后，出版作品不再以口述史料为核心，而是侧重档案文献和口述史料的有机融合，在史证挖掘、细微考辩和梳理分析上着墨更多。

这一时期，还有大量的老兵回忆录、见证人口述作品不断出现。1977 年松村知胜在芙蓉书房出版回忆录《关东军副参谋长手记》[28]，专有一节为“细菌战权威石井军医中将”，以亲历者的身份记录石井四郎的战时活动。1979 年，晚声社出版了《资料“细菌战”》[29]，收录了“精魂会会员名簿”，其中有七三一部队核心成员石井四郎、北野政次、草味正夫、笠原四郎等 242 人的战后信息，包括姓名、住址、职业、联系方式等。这是首次对外公开七三一部队战友会组织“精魂会”相关资料，有着非常重要的研究价值。遗憾的是，后续研究者几乎没有再关注这一主题。直至 21 世纪，加藤哲郎出版《731 部队与战后日本：隐蔽与觉醒的情报战》和《“饱食恶魔”的战后：七三一部队与二木秀雄“政界快讯”》，才较为详细地梳理了七三一部队的战友会组织及其战后活动状况。[30]

从这 30 年的出版情况看，呈现出以下几个特点：其一，从执笔者的身份来看，与七三一部队密切关联的直接参与者、事件知情者出版了回忆录和纪实作品。相较之下，日本医学界在这一时期几乎没有关注七三一部队问题，这应与七三一部队关联者在战后仍然占据医学界的重要位置有关。对待有罪的过去，他们心照不宣地选择了集体沉默。其二，出版作品多以口述和纪实的方式揭示七三一部队的真实存在和战时行为，勾勒出七三一部队的基本面貌，侧重考察七三一部队的人体实验和生物战犯罪，初步分析了这种非人道行为产生的内因和外因。其三，当时七三一部队知情者十分活跃，部分以纪实、战史、回忆录等面目出现的资料集，虽然引用了大量口述证言、历史图片和图纸资料，但是在原始档案的调查和使用上仍十分鲜见，这也为后来学者关注、研究和提升留有相当大的突破空间。其四，这一时期的文史作品出版和影响仅局限于日本国内，在日本之外尚未产生实质影响，中国和欧美学界几乎没有关注七三一部队问题，这种局面维持了很长一段时间，直到 20 世纪 80 年代才被真正打破。

（二）20世纪80—90年代：骈兴错出、波及欧美

20世纪80—90年代，日本国内出现调查、研究和出版七三一部队相关作品的热潮，专题研究、文献汇编、纪实文学、口述历史和电视纪录片等体裁不一、形式多样的出版物不断涌现。在此前后，日本发生的家永三郎教科书诉讼、陆军军医学校人骨事件和生物战诉讼等中日民间运动，也起到了推波助澜的作用。这20年间，七三一部队、生物战和人体实验等问题，不仅在日本社会产生较大影响，也波及中国和欧美。随着学界对日本、美国、俄罗斯和中国公私档案的不断挖掘，新资料和新证据有力地促进并提升了研究水平和大众传播热情，事件梳理与学术阐释也因此经历了从感性认识到理性探讨、从文学叙事到史学研究的过渡。

1.文本挖掘：科技史视角下的系统研究

在对审判材料、口述史料、回忆录和战时出版物挖掘和梳理的基础上，以常石敬一[31]为代表的日本学者开始注重日本、美国和俄罗斯的公藏档案。常石敬一的《消失的细菌战部队——关东军第七三一部队》和《医学者们的组织犯罪——关东军第七三一部队》等系列著作在这一时期产生了较大影响。[32]常石敬一在书中大量引用《陆军军医学校五十年史》《军医团杂志》《秘录·永田铁山》《大东亚战争陆军卫生史》《陆军军医学校防疫研究报告》等文献史料[33]，从科技史视角梳理了七三一部队的创建过程和扩张路径。常石敬一的物理学科背景使他比较侧重科学技术史方面的微观考察，其首次大规模使用公藏史料并加以系统分析，较为全面地记述了七三一部队的组织构成、业务范围、人体实验和生物实战等内容。

常石敬一曾多次前往美国国家档案馆、马里兰州德特里克基地、犹他州达格威实验场等地调查，首次大范围发掘了美国馆藏生物战史料档案，从中选取500页左右档案译成日文，收录到《目标石井：七三一部队与美军的谍报活动》一书。该书实为美国文本的翻译资料集，共有9章112个翻译条目，涵盖美军对石井四郎等人的调查、《桑德斯报告》《汤普森报告》、人体实验数据以及一六四四部队有关资料。1994年，常石敬一又依据新发现的《陆军军医学校防疫研究报告》撰写了《医学者们的组织犯罪——关东军第731部队》，其在序言中阐明写作的初衷："不仅仅为了揭示军队医学研究人员的残忍行为，对于那些曾经立志献身科学的人们竟

然陷入那种境况，我无法视之与己无关。我完全是以同情的心态来书写，我想知道他们为什么干出如此愚蠢的事?”[34]作者还写道:“我们不能仅仅将石井团队定位在医学界范围内，而应将其定位在更大的原陆军这个框架上。”[35]相较此前出版的文史作品,《消失的细菌战部队——关东军第七三一部队》和《医学者们的组织犯罪——关东军第七三一部队》记述的真实性、准确性和客观性大幅提升，可以说真正进入到规范考证、存真辨伪和史论融合的学术层面。

2.文史互动:《恶魔的饱食》及其影响

1981年，日本知名作家森村诚一的纪实文学《恶魔的饱食》[36]三部曲开始风靡日本，短期内多次修订再版，在日销量逾500万册，并有中文、俄文等译本印行。由此开始，七三一部队相关历史快速进入公众视野，在日本社会引起较大反响，成为一时热门话题。这也引起了学术界持续关注，一些持有客观态度的日本学者陆续参与其中，围绕七三一部队专题研究渐次展开。森村诚一的写作方法是文学的，作品内容却是史学，因此它虽被界定为纪实文学，但其内容的真实性和可靠性较高。书中多处首次使用“七三一部队本部航拍”“七三一部队要图”和“细菌制造工厂略图”等历史照片和图纸，详细标注了七三一部队营区的区域分布、机构配置和战时功能等。森村诚一还大量使用第一手访谈资料，将七三一部队的战时犯罪抽丝剥茧般披露出来，并对美国保存的生物战资料进行初步介绍，这对后来研究者的调查和研究起到一定的拓荒和引领作用。

《恶魔的饱食》风靡日本之后，日本知名音乐家池边晋一郎和森村诚一等人成立了“恶魔的饱食合唱团”，几十年来，以反对战争、捍卫和平、崇尚人道主题在亚洲、欧洲和美洲进行数百次专场演出，产生一定的国际影响。作为日本知名作家，森村诚一连续出版并多次再版《恶魔的饱食》《人性的证明》《新人性的证明》[37]和《被审判的七三一部队》[38]等系列著作，这既给出版界带来较大影响，同时引发日本社会的强烈关注。如岛村乔的作品《3000人的活体实验：日本军“细菌部队”的罪业》[39]得以修订再版，石田新作《恶魔的日本军医》[40]、桧山良昭纪实小说《追踪细菌战部队的医师》[41]等借机相继出版。日本出版界的热点追踪和利益驱动也有效促进了七三一部队相关题材的出版和传播。这一时期，七三一部队亲历者和关联者相继出版了回忆录。如1980年“军医中佐”内藤良一的《内藤良一杂文集》，1981年吉开那津子的《没有消逝的记忆——汤浅军医活体解剖的记录》，1982年“雇员”郡司阳子的《“证言”：七三一石井部队》和《“真相”：石井细菌战部队》，1983年“嘱托”秋元寿惠夫的《问医的伦理：来自第七三一部队的体验》、“运输班成员”越定男的《血泪日之丸：第七三一部队成员证言记》，1984年“冻伤研究班长”吉村寿人的《喜寿回顾》，1986年“防疫给水部”竹泽正夫的《东乡会志》，七三一研究会的《细菌战部队》等相继出版。[42]

受《恶魔的饱食》的影响，欧美开始关注七三一部队相关问题。英国人哈里斯、帕克斯曼合著的《杀人魔法：化学战和生物战秘史》[43]于1982年出版英文版，1988年由群众出版社发行中文版。英国独立电视台（British Independent Televison）于1985年8月拍摄了纪录片《731部队：天皇知道吗?》。纪录片的主要制作者是英国记者威廉姆斯（Peter Williams）和瓦雷斯（David Wallace），他们在4年后联合出版了《731部队：二战时期日本的秘密生物战》[44]，成为这一时期欧美学界的代表作。从海外论著的参引文献来看，该书时至今日仍是被引用最多的英文著作。美国学者也出版发表了一些有影响力的学术作品。鲍威尔1981年10月在《原子科学家公报》上发表了《历史上被隐瞒的一章》[45]，首次揭示美国和日本围绕生物战情报的秘密交易。美国加利福尼亚州立大学历史系哈里斯1988年9月29日向科隆大学论坛提交会议论文《论1932—1945年期间日本在华生物战实验、在“满洲”其他暴行以及美国的庇护》。[46]哈里斯随后又在中国和日本进行大量实地调查，在论文基础上完成的《死亡工厂：1932—1945年日本生物战与美国的掩盖》，成为这一时期欧美学界代表作，并相继出版了日译本和中译本。哈里斯考察了七三一部队建立、扩张和灭亡的全过程，特别是在美日秘密交易事件上着墨甚多，通过对美国文本的分析得出很多颇有见地的学术结论。这一时期，美国大学的博士生和硕士生撰写了几篇与七三一部队内容相关的学位论文。如1998年美国加利福尼亚大学圣芭芭拉分校格伦登（Walter Eugene Grunden）撰写的博士论文《太阳旗下的科学：二战期间日本的武器研发及其科研机构》[47]，专设一章讨论“化学战与生物战”。格伦登采用社会学研究方法，其从战时日本的垂直社会结构和传统的行为规范视角出发，分析七三一部队在生物战研究方面的独有特征。利用美国档案开展研究的学术成果，还有日本学者太田昌克撰写的《731免责的系谱：细菌战部队及秘藏文件》。[48]其主要依据原大本营陆军参谋新妻清一中佐的口述证言和文书记录，同时大量使用美国馆藏文本，梳理了新妻清一协同美军与北野政次、增田知贞等人秘密联络和交涉过程，即所谓七三一部队被美军免责的隐秘过程。

3．家永诉讼和生物战诉讼：民间运动的推波助澜

20 世纪 80—90 年代，家永三郎[49]教科书事件和生物战诉讼在日本、中国掀起轩然大波，并且给亚洲其他国家带来了相当大的政治影响和学术影响。1962 年，日本文部省宣布《新日本史》审查不合格，执笔者家永三郎由此提出民事诉讼，从 1965 年到 1997 年，历经 3 次诉讼，10 次判决。在这一事件中，日本文部大臣提出将七三一部队所有内容“全部删除”的修正意见。1997 年 8 月 29 日，日本最高法院判决驳回了文部大臣的意见，判决书中写道：“本院认为，被要求删除的文字，可以视为是没问题的；因为在审定当时，关于七三一部队已有许多文献、资料公开刊行，且没有否认该部队曾经存在的学说，即便是有，也少为人知。文部大臣的这种认识与此实情不符，且违背了审定基准，是令人难以容忍的谬误，其行为是超出其裁量权范围的违法行为。”[50]关于七三一部队的文字叙述，无论在诉讼期间，还是在终审判决中，始终是关键性历史证据的重要组成部分。

鲜为人知的是，森村诚一和松村高夫等日本学者在家永诉讼期间发挥了史证调查和学术声援的重要作用。从史学的“后见之明”来看，日本最高法院的判决是依据历史研究成果做出的，所以森村诚一和松村高夫的调查、研究和记述便发挥了学以致用的功效，为家永三郎部分胜诉提供了强有力的史实证据。森村诚一在《被审判的七三一部队》中，阐释了七三一部队史实调查的动机、过程和结论，并据以形成《森村诚一证人调查书》作为证人证词提交法院，同时该书还收录秦郁彦、江口圭一的调查报告和证人证词。松村高夫在《论争 731 部队》中用长达 168 页记述了《松村高夫意见书》和《松村高夫证言》，不厌其烦地列举日文、英文和俄文档案证据，特别是提出了日本外务省和防卫厅保存的官方直接史料。松村高夫还详细介绍其主编的《七三一部队作成资料》[51]的来源、内容和价值，为证明七三一部队的事实存在，还专门列出这部资料集在日本《每日新闻》、中国《人民日报》、美国《时代周刊》的长篇新闻报道。森村诚一和松村高夫对教科书诉讼中有关七三一部

队的判决内容进行介绍、评述和批驳，梳理大量历史事实、总结研究状况并得出客观结论，随着诉讼案的持续发酵产生了广泛的社会效应，直接影响到七三一部队史实在日本内外的传播、认知和推广。

这一时期，日本国内出现了政治右倾化和保守民族主义运动，“皇国史观”“东京审判史观”和“大东亚战争史观”甚嚣尘上，发生了官方公然参拜靖国神社，否认南京大屠杀、化学战和生物战等战争罪行，以及篡改历史教科书等一系列事件。日本大肆混淆、歪曲和否定侵华历史，引起了中国官方和学界的高度关注。在中宣部、文化部统筹安排下，黑龙江省、哈尔滨市推动了七三一部队遗址的调查和保护，对日本进行人体实验和生物战的犯罪证据进行收集整理。1985 年 8 月 15 日，侵华日军第七三一部队罪证陈列馆建成对外开放，中国学界开启了七三一部队相关问题的调查研究。1991 年出版了代表性研究著作《日军七三一部队罪恶史》[52]，还有中日学者 1998 年联合出版的《战争与恶疫：七三一部队罪行考》。史料整理类成果有《日本帝国主义侵华档案资料选编·细菌战与毒气战》和《正义的审判——最高人民法院特别军事法庭审判日本战法纪实》等。[53]韩晓、辛培林、高兴祖和郭成周等学者还发表了一些学术文章，虽说研究成果的总体数量和学术影响远逊于日本，但在国内也具有一定的拓荒性和引领性。

另外，20 世纪 80—90 年代，中国香港、台湾地区的学者与美国日本侵华研究学会会长、南伊利诺斯大学的吴天威，美国默士达大学谭汝谦等留美华裔学者紧密联系，成立世界抗日战争史实维护会，开展“维护历史、捍卫和平”的社会活动，内部发行了《日本侵华研究》中文繁体字杂志，其中刊载了七三一部队战争暴行相关研究文章，这推动了美国华人团体及部分美国学者初步了解七三一部队的战时暴行。

总体来看，关于七三一部队问题研究在这一阶段呈现以下几个特征：第一，日本学界仍占据主要阵地，研究成果主要以日文发表，然辐射范围不再局限于日本，已经波及中国和欧美并产生深远影响。第二，80 年代处于学术研究开创阶段，90 年代处于快速发展阶段，科技、医学、教育等领域学者相继参与其中，既出现了《消失的细菌战部队》和《医学者们的组织犯罪》等学术代表作，又涌现出《恶魔的饱食》和《新人性的证明》等文史作品。第三，与上一阶段单打独斗不同，这一时期日本民间相继成立研究团体，如ABC企划委员会、日本军细菌战历史事实揭露会、七三一部队申报世界遗产国民联络会、NPO法人七三一部队细菌战资料中心、军医学校遗址发现人骨问题究明会等。与此同时，中国学界也以黑龙江、湖南和浙江等生物战受害地为中心开启资料收集、遗址保护和专题研究。第四，中国、日本和美国学者也展开一定范围的合作与交流，且随着英文和日文档案的不断挖掘以及中日民间社会运动，推动了学术研究的持续深入和长足进步。中国学者开始频繁走出国门，赴日本和美国收集历史资料，日本学者的视线亦从加害方的单方面调查，逐渐转移到对受害方的实地取证。如森正孝组织成立了民间团体日本军细菌战历史事实揭露会，自 1985 年以来近百次到哈尔滨、常德、义乌、衢州等地考察，其与糟川良谷 1995 年写成《中方史料：侵华与七三一部队的细菌战——日军的细菌攻击给中国人民带来了什么》[54]一书。日本律师土屋公献、一濑敬一郎组织的七三一部队细菌战被害国家赔偿请求诉讼辩护团，多次到常德、宁波、义乌等生物战受害地展开调查，日本学者松村高夫、吉见义明、近藤昭二等人也积极参与其中。在实地调查、证人寻访和诉讼过程中，七三一细菌战审判运动委员会、ABC企划委员会、七三一部队细菌战被害国家赔偿请求诉讼辩护团合作编辑了 8 卷本《被审判的细菌战》[55]，详细记录了取证、诉讼和判决等有关内容。

(三) 21 世纪迄今：东西互动、多元并发

经过半个世纪的史料挖掘和学术积累，进入 21 世纪，海内外学界对七三一部队问题的研究走向成熟，呈现出研究视角多元化、研究视野国际化、研究范围全球化、多学科交叉的立体格局。研究视野在横向比较和纵向深入方面均有不同程度突破，呈现出宏观研究系统化和微观研究精细化的明显特征。研究方法也在不断创新。这一时期相关研究完成了从单一学科向跨学科的过渡，历史学、医学史、国际法学、伦理学和考古学等学科理论和方法得到较为充分地运用。日本的代表成果，有小俣和一郎的《检证人体实验：731 部队・纳粹医学》[56]，西山胜夫的《战争与医学》[57]，以及《十五年战争与日本医学医疗研究会会志》刊载的学术论文和调查报告。欧美的成果，有华裔学者聂精保等人的《日本战时医学暴行：科学、

历史和伦理学的比较研究》[58]，珍妮的《隐匿的暴行：细菌战、东京审判和美日交易》[59]，波特的《解密日本战争暴行历史：军医中将石井四郎的故事》[60]，以及《美国生命伦理学杂志》[61]和《Eubios亚洲与国际生命伦理学杂志》[62]等杂志刊载的相关文章。中国的代表成果，有《日本侵华细菌战》《侵华日军常德细菌战研究丛书》和《侵华日军第七三一部队罪行实录》等。[63]

1.医者角色：医学史视角下的深入研究

20世纪80—90年代，日本对七三一部队及相关问题的研究，呈现民间联合与单打独斗彼此结合、纪实文学与学术研究共同展开的局面，多为科技、法律、文学等学科背景下的研究者和战争亲历者主导，鲜有医者实质参与其中。进入21世纪之后，随着“十五年战争与日本医学医疗研究会”的成立，以及《十五年战争与日本医学医疗研究会会志》（简称《会志》）的创办，日本医学者、临床医生和伦理学者等数百人参与其中。他们从战争的加害者视角、医学犯罪的医生视角展开调查、研究和推广，在《会志》上公开发表了生物战、医学史、人体实验、战争责任和伦理反思等方面专题论文和调查报告400余篇。值得一提的是，日本学者在横向比较研究上取得了新进展，体现在两个方面：一是比较战时日本医学与纳粹医学的异同，从国家主义、种族主义、集团组织、指挥体系、预算制度、医学体制等多个侧面予以观察、分析和评价。二是比较战后日本和战后德国在医学犯罪问题上的历史叙事、话语传播和反思实践，借此阐明不同空间、不同环境下的历史记忆、伦理反思和当代价值。

围绕人体实验、医学犯罪和战争责任问题的研究也取得了明显突破。小俣和一郎在《检证人体实验：731部队・纳粹医学》一书中，以德国作为他者观察战时日本的医学和医生，从历史学和医学史、历史认识和伦理判断、个人和组织关系、法律和医学等多方面，比较日德在战前、战中、战后的异同。小俣和一郎虽有医科学术背景，但仍然非常注重历史学考证。正如他在书中写道：“缺乏历史查证的医学伦理，就如同其过去一样，只能停留在空洞而无力、存有欺骗性的学科水平上；只要停留在这个水准，那么现有任何医学伦理对20世纪的医学犯罪都无法进行根本性批判，同时也无法否定七三一部队和纳粹医学。”[64]

这一时期，关于七三一部队与战争、医学、伦理问题的探讨走向纵深和细化。2014 年，西山胜夫的代表作《战争与医学》[65]出版，其在日本十五年侵华战争[66]与医学医疗界的框架下，首先梳理了日本产业卫生学会、日本卫生学会、日本医学会与侵华战争的关系，进而揭示日本医学、医疗界的战争责任和战后认识。其次从七三一部队原成员金子顺一、池田苗夫利用医学犯罪数据申请博士学位的相关案例切入，由此讨论了医学教育与医学伦理、科学技术与职业道德的相关话题。最后对十五年战争与日本医学医疗研究会成立以来的调查、访问和交流情况，以及“战争与医学展览”“战争与医的伦理国际研讨会”等有关情况做了回顾性总结。2014 年，西山胜夫等从《十五年战争与日本医学医疗研究会会志》中选出 20 篇文章结集成《NO MORE 731：日本军细菌战部队——究明医学者及医生们的良心》[67]，所选文章主题集中在京都大学病理学教室与七三一部队、陆军军医学校防疫研究报告解析、奉天盟军战俘营与人体实验、一〇〇部队规模和构成、生物战部队战时行为和战争责任等方面。2016 年，十五年战争与日本医学医疗研究会又编辑了《战争・七三一与大学・医科大学》[68]，共选了 13 名作者的 18 篇文章，执笔者中有 9 人为医学者或临床医生。西山胜夫等人将战时日本的医学教育与医学体制置于十五年侵华战争环境下考察，关注范围涵盖东北帝国大学医学部、金泽医科大学、京都帝国大学、东京帝国大学、九州帝国大学的战时动员、“军学共同”、战争协力和战后责任等问题。

这一时期还有几项重要成果刊行。记者出身并有海外媒体经历的西里扶甬子、青木富贵子分别出版了《生物战部队 731：被美国免罪的日军的战争犯罪》和《731：石井四郎及细菌战部队揭秘》[69]，她们在书中均大量引用了美国馆藏文本，梳理了美日交易的隐秘过程。美国学者考夫曼（Zachary D. Kaufman）2008 年在《耶鲁法律与政策评论》上发表了《过渡性司法延迟并非过渡性司法否定：通过人民法庭来应对日本二战期间的人体实验》。[70]这是一篇从国际法视角探讨人体实验问题的学术论文。考夫曼认为，二战结束以来，日本政府并没有正式承认医学犯罪的发生，美国政府也没有承认其在战后的掩盖和交易，在日本和美国都不采取任何行动的情况下，“典型的过渡时期的司法选择不存在或不适合”，民间社会应寻求获得官方承认的替代办法。作者首次提出了一个解决方案，那就是设立人民法庭，审理二战时期日本的人体实验案件，从而“向日本和美国政府施加压力，要求其为这场悲剧画上有意义的句号”。[71]考夫曼阐述了设立人民法庭的意义：“即使不能追究肇事者的全部责任，至少可以帮助我们提高对历史的认识，并认知日本和美国在人体实验事件中的所作所为，特别是人民法庭的信息传播和羞辱机制，可以引起公众的注意。”[72]

在史料搜集、整理和出版方面，海外学界主要关注日本、美国、俄罗斯的公藏档案文献。资料整理类代表成果主要有《731部队·细菌战资料集成（CD-ROM）》[73]和《陆军军医学校防疫研究报告（第2部）》。[74]《731部队·细菌战资料集成（CD-ROM）》于2003年由日本柏书房以电子出版物形式公开出版，收录原本主要保存在美国国家档案馆和美国国会图书馆的英文档案逾5000页，涵盖了流行病调查、人体实验、生物战、伯力审判、战后活动、美日交易和美苏交涉等内容，具有重要的研究价值。这也是继常石敬一《目标石井：七三一部队与美军的谍报活动》一书之后，又一部美国馆藏史料集成。《陆军军医学校防疫研究报告（第2部）》，由日本不二出版社2004年影印出版，后来又多次再版，全书共分为8册，收录了七三一部队、陆军军医学校、陆军省医务局成员撰写的800余篇生物战、防疫学、传染病学、流行病学等专题研究报告。

2000年至2009年，美国和加拿大的博士生、硕士生撰写的多篇学位论文都提及了七三一部队犯罪史证，如《生物战：未来的战场》《我的邻居兼敌人：理解中日之间旷日持久的冲突》等。[75]其中代表性的学位论文，是2005年美国东田纳西州立大学硕士研究生伯德的《石井四郎将军：天才和疯子的遗产》。[76]据笔者目力所及，这是欧美唯一一篇以七三一部队为专题研究对象的学位论文。伯德分四个部分探讨了战时日本军事医学史、石井四郎其人、美日交易和战后遗留问题，但其主要依据公开发表的英文论著和美国文本，以及少量的日文资料，没有参考中文史料。伯德甚至混淆了生物战与化学战，导致其研究存在明显不足，特别是在叙述石井四郎经历时，不加辨析地参考了大量历史小说和纪实作品，削弱了论文的真实性和准确性。

欧美学者既从七三一部队犯罪史证方面展开探讨，也从生命伦理学视角考察日本医学犯罪问题，但他们的视点更多侧重于当代反思和现实回应，往往忽视人体实验本质上应该是一个战争犯罪问题。不过，欧美学界也常常突破“战争、医学与历史”范畴，研究触及生物战给人类发展和自然生态带来的深远影响，人体实验给国际社会带来人权、伦理、医学的严重危机等问题。如美国珍妮的《隐匿的暴行：细菌战、东京审判和美日交易》一书，并没有在七三一部队罪证考察方面过多地花费笔墨，而是就美国和英国共享生物战情报，美国与日本交涉的详细过程，东京审判上的司法妨碍，国家利益、国际规则与医学伦理之间的嬗变等问题展开探讨。法律学者波特曾在日本学习7年，精通日语并熟悉日本文化，其以石井四郎为重点考察对象，2014年撰写了《解密日本战争暴行历史：军医中将石井四郎的故事》一书。在这部书中，波特利用美国馆藏档案并通过现场调查，以法学者特有的细致和严谨，从家庭出身、学校教育、从军经历、秘密交易、战后生活等侧面多方面地考察了石井四郎的一生。

值得一提的是，随着《井本日志》《金子顺一论文集》等战时日本史料的发现，关于生物作战的攻击时间、作战方式和受害人数等基本史实得以部分确认，生物战史研究因此取得重大突破。常石敬一于2022年出版《731部队全史：石井机关与军学官产共同体》[77]，其在书中参考了奈须重雄挖掘的《金子顺一论文集》、西山胜夫的“七三一部队博士学位论文问题”等新资料。根据金子顺一的生物战报告，常石敬一列出了七三一部队鼠疫生物作战的攻击地点：农安、衢县、宁波、常德、广信、广丰和玉山。常石敬一还编制《面晤受访者名单》，其在1980年到2006年间数十次采访七三一部队原成员，有北野政次、吉村寿人、内藤良一等30人。2018年5月，杨彦君和谭汝谦在英国和美国同步出版《七三一部队：魔鬼实验室·东方奥斯威辛》。[78]2022年4月，吉中丈志主编的《七三一部队与大学》[79]由日本京都大学学术出版会发行，该书分为第一部和第二部，第一部为《七三一部队：魔鬼实验室·东方奥斯威辛》的日译本，第二部由山室信一、光山正雄、土屋贵志、南典男、末永惠子等11名日本学者分写的11篇论文组成。

2.中国学界：从舞台边缘开始走向中央

随着对日诉讼运动社会影响的扩大，特别移送档案的发现和公开，美国、日本公藏资料的不断挖掘，以侵华日军第七三一部队罪证陈列馆、哈尔滨市社会科学院和湖南文理学院为主要研究力量，中国学者逐渐重视原始档案的整理和利用，既侧重对全局意义上的人体实验和生物战准备、实施、影响问题的探讨，亦关注局部范围具体事例的深入挖掘、分析和释读，同时开始趋向历史学、考古学、伦理学和医学史等多维度研究。

20余年来，中国学界主要有资料汇编和学术研究两种类型成果：

其一，资料汇编类成果。如中央档案馆编辑的《中央档案馆藏日本侵华战犯笔供选编》（120册）[80]，收录榊原秀夫、秦正氏等多名七三一部队成员的口供和笔供记录。2015年中国和平出版社出版《侵华日军第七三一部队罪行实录》（全60册），收录中、日、美三国保存的日本生物战档案资料，其中中国方面资料主要是官方和民间保存的档案文献，日本方面资料主要来自日本防卫省、国立公文书馆和国立国会图书馆，美国方面资料主要来自美国国会图书馆、美国国家档案馆和斯坦福大学。这套丛书具有较高的史料价值和研究价值，其编撰和出版使得中国学者在七三一部队档案史料整理方面呈显出超过日本学者的趋势。2018年，中国社会科学出版社出版的《中国南方侵华日军细菌战研究丛书》5部[81]，主要以侵华日在中国南方的生物战为研究对象。

开创历史学与考古学融合研究新范式的成果有《侵华日军第七三一部队旧址——细菌实验室及特设监狱遗址考古发掘报告》[82]，其在研究内容上是对七三一部队相关问题的补充、纠正与重塑，在研究方法上兼具拓荒性与试验性，可以将其视为开风气之先的学术创举。这部报告并没有拘泥于考古发掘，而是依据文献记载、历史见证人、口述史料等多方面加以印证，且与医学、史学、建筑学等多学科交叉来分析考古所见，将考古学研究方法与历史学研究方法有机结合起来。还有杨彦君主编的《关东军防疫给水部留守名簿》《关东军防疫给水部复七名簿》《甲第一八五五部队留守名簿》《南方军防疫给水部留守名簿》[83]，王选和近藤昭二主编的《日本生物武器作战调查资料》（全6册）[84]，马静主编的《侵华日军细菌战档案汇编》（全18册）[85]等在近几年相继出版，虽在美国档案整理方面有部分重复，但不同资料集在文本编排和辑录范围方面各有千秋。

其二，研究类成果。历史学视野下的纵向挖掘，在七三一部队研究中仍占主流，医学史、伦理学和考古学视野下的研究论著不断涌现。著作类主要成果有陈致远的《日本侵华细菌战》、谢忠厚的《日本侵华细菌战研究报告》[86]、朱建新的《生物战史》[87]等。上述成果在宏观研究上，论证了侵华日军各生物战部队的客观存在、战时行为、战争责任、战争贻害和战后影响等问题。随着这些宏观问题的初步解决，生物战史领域的一些微观问题成为新的研究对象和新的研究内容，即从全局意义的研究转移到具体事例的分析。有一些代表性论文，如王希亮的《日本发现细菌战新资料的主要内容、史料价值及其意义》、高建的《日本 731 部队与沈阳盟军战俘营》、杨彦君的《七三一部队人员编成考》等。[88]其中，《七三一部队人员编成考》一文依托新近发现的《关东军防疫给水部留守名簿》，参考日本防卫省和国立公文书馆相关史料，厘清了七三一部队的编成状况、人员构成、人员来源和整体规模等重大基本史实问题，有助于推动相关研究走向细化和纵深。

中国方面的研究呈显出两个鲜明特点。一是研究的地域性藩篱被打破，跨学科的理论和方法得以应用，纵向深入研究和横向比较研究成为主流。随着研究的深入以及地区间学术交流的活跃，中国学者的研究视角不再局限于地方史范畴，逐渐关注全局意义上的生物战准备、实施和影响研究。考古学、医学史、文化遗产等领域学者也加入生物战史研究群体，促使研究机构同遗址勘测、考古发掘和陈列展示专门机构有机融合。二是史料辨析和运用的规范性和科学性日渐提高。在相当长的时间内，由于受到历史资料搜集困难、缺乏研究资金等客观因素制约，国内学者对核心档案的利用程度不高，史料辨伪不充分，以致对生物战的危害与自然界疫病流行的界定不清楚、不准确。因而在学术研究中，曾多次出现把防疫档案直接作为生物战史料，将疫病流行致死者误作生物战受害者，过高估计因生物战致死致伤人数等问题。随着研究条件的改善和研究水平的逐步提高，中国学界不断加强对外文档案的发掘与利用，注重实证研究、史料辨伪及过程论证，呈现出学术研究应具备的实事求是、慎下结论的良好趋势。[89]

此外，韩国学者倾向于医学犯罪、人权犯罪和现实回应的相关研究，在韩国期刊上发表了 10 余篇七三一部队专题研究论文。如首尔大学徐二钟（Suh Yi-Jong）发表了《满洲“赤裸的生命”与七三一部队特设监狱的活体实验牺牲者》[90]，延世大学辛圭焕（Sihn Kyu-Hwan）发表了《细菌战记忆与中国爱国主义教育基地建设的新方向》[91]等。俄罗斯学者侧重伯力审判本身及其影响研究，阿列普科等在俄罗斯期刊上发表了《1949 年哈巴罗夫斯克审判与日本关东军七三一细菌部队惨无人道的人体实验》[92]等 20 余篇论文。

总体而言，关于七三一部队问题的研究有以下几个特点：第一，既有战时日本、战后日本与纳粹德国、战后德国之间的横向比较，又有不同学科视域下的纵向深入研究，医学史视角和伦理学视角下的观察和分析占据了这一时期的主流。第二，日本学者以十五年战争与日本医学医疗研究会为学术平台，多从医学史、军事医学和社会学视角出发，侧重战争体验、事实存在、个体命运的考察，在战争与医学、医学与伦理、生物战罪责、医学犯罪、民间诉讼等方面发表了数百篇论文，同20世纪相比，在研究成果数量和质量方面均有较大提升。第三，日本学者在研究中，少有对生物战犯罪和人体实验产生的历史根源、远因近因展开深入分析，缺乏从历史学视角去研究国家政治、军国主义、社会制度、医学体制与七三一部队的内在关联。第四，从研究成果的质量、数量和影响上来看，中国学界逐渐从舞台边缘走向中央。中国研究呈显出从宏观视角向微观视角，从地方史、区域史向全球史，从单一学科、多学科向跨学科过渡和转换的趋势，形成了研究视角多元化、交叉学科共同研究的立体格局。欧美学界在这一时期也处在学术活跃期，不仅发表了百余篇学术论文，而且公开出版了10余部七三一部队相关研究著作，韩国和俄罗斯学界也参与其中，呈现出“东西互动、多元并发”的鲜明特征。

纵观70余年来海外关于七三一部队问题的学术研究，在研究理论与方法上经历了从纪实文学、战争体验、回忆录起步到科技史、医学史、伦理学、历史学和国际法学等跨学科视角的快速发展历程。在研究空间上，初起于日本并影响中国、韩国、欧美，对日本和德国的横向比较研究取得了新进展，多维度视角下的纵向深入研究也取得长足进步，逐步形成了东方与西方共同关注的学术格局。

其一，日本医学者、法学者、科技史学者继续引领学术前沿，但研究步伐开始放缓，欧美研究渐趋成熟系统。从近5年的研究状况来看，日本的研究步伐放缓，研究热情渐趋低落，积极性和活跃程度大不如前，并且看不到回潮的迹象。究其原因，这既同日本研究者和社会活动主体力量年龄偏大，新旧力量没有完成新陈代谢相关，也与日本社会长期以来不反思、不回应和不直面二战历史有直接关系。相较之下，欧美学者发表了大量新成果，关注重心不再拘泥于地方史和区域史范畴，更多地将七三一部队问题置于二战时期乃至冷战前后的全球史背景下考察，侧重日本医学和纳粹医学的差异性研究，探讨当代社会如何反思与行动、和平与和解等现实问题，并且开始注重考察加害国与受害国、加害者与受害者之间的历史书写与社会记忆等。

其二，海外研究虽然学术成绩显著，但仍在不同程度上存在精芜相杂、良莠不齐的现象。通过梳理海外公开发表的七三一部队专题研究成果，可以看到大都具有一定的学术价值和现实价值，在研究视野、研究方法和研究视角上可作为有益参考。但仍有部分成果存在史料欠缺、研究不够和结论草率等问题，少有对七三一部队战前、战中、战后的贯通式梳理，缺乏对七三一部队战时状况和犯罪行为的缜密分析、精准阐释和深入总结，并且随着研究者参考资料和历史观的变化出现前后相违的现象，客观上为后续研究起到了一定镜鉴作用。海外研究也从另一个角度提示了中国学界在研究和传播中不能忽视的注意事项，促使我们把握好七三一部队专题研究的方向性、准确性和客观性，从而提升历史叙事、文本解读和社会传播的话语权和影响力。

其三，在学术研究与公众传播的互动方面亟待创新。学术研究成果理应以不同形式进入公众领域，充分发挥其教育功能和警示作用，从而推动研究本身走向深入立体。《恶魔的饱食》三部曲正是以纪实文学手法向公众揭示不为人知的历史事实，公开出版加之媒体推波助澜，在日本国内和国际社会引起强烈反响，直接间接地推动了中、日、美、英、韩、俄等国对七三一部队的史证调查、学术研究和国际传播。在这方面，我们还有相当的不足，这同学术研究的目标、社会互动的习惯和公众传播的局限有必然关联，亟待生产高水平的文史作品，从而进一步探索历史事件和历史记忆如何通过纪录片、博物馆、战争遗址和教科书等传播途径进入公众视野。

其四，海外研究虽取得长足进步，但还有很大的研究空间和提升空间。虽然70余年来的调查和研究取得了大量学术成果，但在七三一部队的医学犯罪、历史认识、历史记忆、社会反思和生态影响等方面仍留有相当大的突破空间。近些年，围绕七三一部队问题，中国学界在人体实验、生物战犯罪、战争责任和战后影响等宏观方面均有研究，并对生物战术、生物战剂、生物战理论、生物武器等微观问题也有所涉及，还展开了七三一部队遗址发掘、保护、利用和申遗等应用研究。然而，不容回避的是，日本和欧美仍然忽视中国学界的研究成绩，中国大量有价值的出版物很少进入其观察视野。究其原因，既有日本和欧美长期固有的学术偏见仍在隐隐作祟之故，也与语言背景、学术习惯和研究视角有很大关联，还有部分原因是海外学者多不能阅读中文而导致的。当然，不容回避的是，这也与中国学界自身的研究水平、成果质量和推广效果有直接关系。在可以预见的未来，中国学界理应在生产高质量中文研究成果的同时，进一步推出海外英文版和日文版，从而取得应有的国际学术尊重。

注　释

1. Sheldon H. Harris, *Factories of Death: Japanese Biological Warfare, 1932-1945, and the American Cover-up*, New York: Routledge, 1994.

2. 秦世强:《侵华日军第 100 细菌部队历史考察》，吉林大学博士学位论文，2021 年。

3. 周丽艳:《"Q"报告与侵华日军细菌战》,《日本侵华南京大屠杀研究》2019 年第 4 期。

4. 莇昭三:《十五年戦争中の医学犯罪と私たちの今日の課題》,《15 年戦争と日本の医学医療研究会会誌》2008 年第 8 巻第 2 号，第 23—28 頁。西山勝夫:《戦争と医学》，京都：文理閣，2014 年。若田泰:《15 年戦争下の医学犯罪》,《新しい薬学をめざして》2015 年第 44 巻第 7 号，第 156—160 頁。土屋貴志:《15 年戦争期の日本による医学犯罪》,《人権問題研究》2006 年 3 月第 6 号，第 41—65 頁。

5. Jing-Bao Nie, "The United States Cover-up of Japanese Wartime Medical Atrocities: Complicity Committed in the National Interest and Two Proposals for Contemporary Action," *The American Journal of Bioethics*, Vol. 6, No.3, 2006; "Japanese Doctors'Experimentation in Wartime China," *The Lancet*, Vol. 360, 2002.

6. 杜治政、许志伟编:《医学伦理学辞典》，郑州大学出版社，2003 年，第 561 页。

7. 如新华社 2014 年 5 月 4 日的报道《日本医学代表团来华参观侵华日军第 731 部队遗址》，中央电视台《东方时空》栏目 2015 年 4 月 13 日的报道《日本：医学研讨会探讨医学犯罪相关议题》，直接引用日本学者在接受采访时表述的"医学犯罪"一词。

8. *Trials of War Criminals before the Nuernberg Military Tribunals under Control Council Law*, Vol. 2, No. 10, Washington, D. C.: U. S. Government Printing Office, 1949, pp. 174-175.

9. 杜治政、许志伟编:《医学伦理学辞典》，第 428 页。

10. 何卫东、张威：《医学人体实验法律控制问题》，《科技与法律》2002 年第 1 期。

11. 满洪杰：《人体试验法律问题研究》，中国法制出版社，2013 年，第 338 页。

12. 村岡潔：《人体実験論（1）——近代医学と人体実験の役割》，《社会福祉学部論集》2007 年第 3 号，第 89 頁。

13. 杜治政、许志伟编：《医学伦理学辞典》，第 586 页。

14. 杜治政、许志伟编：《医学伦理学辞典》，第 586 页。

15.《核化生防护大辞典》，上海辞书出版社，2000 年，第 652 页。

16.《核化生防护大辞典》，第 151 页。

17. *Biological Warfare: Activities and Capabilities of Foreign Nations*, Location: 270/15/31/04, RG#319, ENTRY#154, Box 101, National Archives and Records Administration(NARA), College Park, MD, USA, p. 2.

18.《満州方面部隊略歴（一）（1）》，防衛省防衛研究所蔵，番号：中央—部隊歴史全般—107。

19.《部隊原簿　関東軍各部兵事部　総軍直轄補給廠勤務隊（3）》，防衛省防衛研究所蔵，番号：満洲—終戦時の日ソ戦—76。

20.《部隊原簿　関東軍各部兵事部　総軍直轄補給廠勤務隊（3）》，防衛省防衛研究所蔵，番号：満洲—終戦時の日ソ戦—76。

21.《前日本陆军军人因准备和使用细菌武器被控案审判材料》，莫斯科：外国文书籍出版局，1950 年。

22. 秋山浩：《特殊部隊七三一》，東京：三一書房，1956 年。

23. 吉永玲子：《人体実験の恐怖：ある関東軍女子軍属の手記》，京都：浪速書房，1966 年。

24. 島村喬：《三千人の生体実験：関東軍謎の細菌秘密兵器研究所》，東京：原書房，1967 年。

25. 高杉晋吾：《日本医療の原罪：人体実験と戦争責任》，東京：亜紀書房，1973 年；《日本の人体実験：その思想と構造》，東京：三笠書房，1973 年，第 192—194、201、205、272—273、305、309 頁。

26. 高杉晋吾：《日本医療の原罪：人体実験と戦争責任》，第 i 頁。

27. 高杉晋吾:《日本医療の原罪：人体実験と戦争責任》，第 V 頁。

28. 松村知勝:《関東軍参謀副長の手記》，東京：芙蓉書房，1977 年。松村知胜，曾任关东军司令部作战部部长，关东军副参谋长，陆军少将。

29. 日韓関係を記録する会:《資料“細菌戦”》，東京：晚聲社，1979 年。

30. 加藤哲郎:《731 部隊と戦後日本：隠蔽と覚醒の情報戦》，東京：花伝社，2018 年;《“飽食した悪魔”の戦後：731 部隊と二木秀雄“政界ジープ”》，東京：花伝社，2017 年

31. 常石敬一，1943 年生于日本东京，1966 年东京都立大学理学部物理学专业毕业，后任长崎大学教养部科学史方向教授，神奈川大学经营学部教授，主攻科学技术史。

32. 常石敬一:《消えた細菌戦部隊——関東軍第七三一部隊》，東京：海鳴社，1989 年;《医学者たちの組織犯罪——関東軍第七三一部隊》，東京：朝日新聞社，1994 年。另外，他还出版了《細菌戦部隊と自決した二人の医学者》，東京：新潮社，1982 年;《標的・イシイ：七三一部隊と米軍諜報活動》，東京：大月書店，1984 年;《戦場の疫学》，東京：海鳴社，2005 年。

33. 北島規矩郎:《陸軍軍医学校五十年史》，東京：陸軍軍医学校，1936 年。《军医团杂志》由日本陆军军医学校创办并管理，为日本陆军军医团机关杂志，1903 年 3 月创刊，1945 年 8 月停刊，以月刊形式共发行 376 期，主要刊载陆军军医团成员撰写的军事医学、流行病、传染病和卫生防疫等方面的研究论文，为近现代日本具有代表性医学杂志之一。永田鉄山刊行会:《秘録・永田鉄山》，東京：芙蓉書房，1972 年。陸上自衛隊衛生学校:《大東亜戦争陸軍衛生史（1—7）》，東京：陸上自衛隊衛生学校，1969—1971 年。《陆军军医学校防疫研究报告》分为第 1 部、第 2 部，为日本陆军军医学校内部发行的期刊，日本陆军省医务局、陆军军医学校和七三一部队相关成员在此发表了千余篇研究报告和学术论文。

34. 常石敬一:《医学者たちの組織犯罪——関東軍第七三一部隊》，第 6 頁。

35. 常石敬一:《医学者たちの組織犯罪——関東軍第七三一部隊》，第 7 頁。

36. 森村誠一:《悪魔の飽食》，東京：光文社，1981 年。

37. 森村誠一:《新・人間の証明》，東京：角川書店，1982 年。

38. 森村誠一：《裁かれた七三一部隊》，東京：晚聲社，1990 年。

39. 島村喬：《三〇〇〇人の生体実験：日本軍“細菌部隊”の罪業》，東京：原書房，1981 年。

40. 石田新作：《悪魔の日本軍医》，東京：山手書房，1982 年。

41. 桧山良昭：《細菌戦部隊の医師を追え》，東京：講談社，1980 年。

42. 内藤良一：《老ＳＬの騒音：内藤良一雑文集》，ミドリ十字（私家版），1980 年。吉開那津子：《消せない記憶——湯浅軍医生体解剖の記録》，東京：日中出版，1981 年。郡司陽子：《“証言”：七三一石井部隊》，東京：徳間書店，1982 年。郡司陽子：《“真相”：石井細菌戦部隊》，東京：徳間書店，1982 年。秋元寿恵夫：《医の倫理を問う：第七三一部隊での体験から》，東京：勁草書房，1983 年。越定男：《日の丸は紅い泪に：第七三一部隊員告白記》，東京：教育史料出版会，1983 年。吉村寿人：《喜寿回顧》（私家版），京都：吉村先生喜寿記念行事会，1984 年。竹沢正夫：《東郷会誌》，東京：私家版，1986 年。七三一研究会編：《細菌戦部隊》，東京：晚聲社，1996 年。

43. Robert Harris and Jeremy Paxman, *A Higher Form of Killing: The Secret Story of Chemical and Biological Warfare*, New York: Hill & Wang, 1982.

44. Peter Williams and David Wallace, *Unit 731: Japan's Secret Biological Warfare in World War II*, New York: The Free Press, 1989.

45. John Powell, "A Hidden Chapter in History," *Bulletin of the Atomic Scientists*, Vol. 37, No. 8, 1981.

46. Sheldon Harris, "Japanese Biological Warfare Experiments and Other Atrocities in Manchuria, 1932-1945, and the Subsequent United States Cover Up: a Preliminary Assessment," *Crime, Law and Social Change*, Vol. 15, No. 3, 1991.

47. Walter Eugene Grunden, *Science under the Rising Sun: Weapons Development and the Organization of Scientific Research in World War II Japan*, Dissertation for the Degree of Doctor of Philosophy, University of California Santa Barbara, 1998.

48. 太田昌克：《731 免責の系譜：細菌戦部隊と秘蔵のファイル》，東京：日本評論社，1999 年。

49. 家永三郎，1914 年生，日本高中历史教科书《新日本史》执笔者，该版教科书叙述历史事实较为客观，在战后被日本高中广泛采用。

50. 最高裁判所第三小法廷《最高裁判所判例集・民集》，第 51 卷 7 号，第 2921 頁，https：//www.courts.go.jp/app/hanrei_jp/detail2?id=52529，访问时间 2021 年 12 月 31 日。

51. 田中明、松村高夫編、解説:《七三一部隊作成資料》，東京：不二出版，1996 年。

52. 韩晓、辛培林:《日军七三一部队罪恶史》，黑龙江人民出版社，1991 年。

53. 中央档案馆等合编:《日本帝国主义侵华档案资料选编・细菌战与毒气战》，中华书局，1989 年。王战平主编:《正义的审判——最高人民法院特别军事法庭审判日本战法纪实》，人民法院出版社，1991 年。

54. 森正孝、糟川良谷:《中国側史料：中国侵略と七三一部隊の細菌戦——日本軍の細菌攻撃は中国人民に何をもたらしたか》，東京：明石書店，1995 年。

55. 731・細菌戦展示会実行委員会、731・細菌戦裁判キャンペーン委員会、ABC 企画委员会等:《裁かれる細菌戦》，浦和：731・細菌戦裁判キャンペーン委員会，2002 年。

56. 小俣和一郎:《検証・人体実験：731 部隊・ナチ医学》，東京：第三文明社，2003 年。

57. 西山勝夫:《戦争と医学》。

58. Jing-Bao Nie, Nanyan Guo, Mark Selden et al., *Japan's Wartime Medical Atrocities: Comparative Inquiries in Science, History, and Ethics*, New York: Routledge, 2010.

59. Jeanne Guillemin, *Hidden Atrocities: Japanese Germ Warfare and American Obstruction of Justice at the Tokyo Trial*, New York: Columbia University Press, 2017.

60. Kenneth L. Port, *Deciphering the History of Japanese War Atrocities: The Story of Doctor and General Shiro Ishii*, Durham: Carolina Academic Press, 2014.

61.《美国生命伦理学杂志》(*The American Journal of Bioethics*)，由泰勒-弗朗西斯出版集团 (Taylor & Francis) 于 1999 年创办，2001 年首次发行，发行地在美国费城，月刊，主要刊载生物医学、生命科学、医学伦理、公共卫生、哲学、法律领域文章。

62.《Eubios亚洲与国际生命伦理学杂志》(*Eubios Journal of Asian and International Bioethics*)，由新西兰基督城Eubios伦理学研究所出版发行，是亚洲生物伦理学学会 (Asian Bioethics Association) 官方杂志，创刊于 1990 年，双月刊，1990—1995 年名为《Eubios伦理学研究会通讯》，1995 年改为现名；主要刊载法律与社会、生物伦理和环境伦理方面文章。

63. 陈致远:《日本侵华细菌战》，中国社会科学出版社，2014 年。《侵华日军常德细菌战研究丛书》，中国社会科学出版社，2015 年。杨君彦主编:《侵华日军第七三一部队罪行实录》，中国和平出版社，2015 年。

64. 小俣和一郎:《検証・人体実験：731 部隊・ナチ医学》，第 13 頁。

65. 西山勝夫:《戦争と医学》。

66. 十五年战争：日本学者常将 1931 年到 1945 年间的中日战争，称之为“十五年战争”。

67. 15 年戦争と日本の医学医療研究会:《NO MORE 731：日本軍細菌戦部隊——医学者・医師たちの良心をかけた究明》，東京：文理閣，2015 年。

68. 15 年戦争と日本の医学医療研究会:《戦争・ 731 と大学・医科大学》，東京：文理閣，2016 年。

69. 西里扶甬子:《生物戦部隊 731：アメリカが免罪した日本軍の戦争犯罪》，東京：草の根出版会，2002 年。青木冨貴子:《731：石井四郎と細菌戦部隊の闇を暴く》，東京：新潮社，2008 年。

70. Zachary D. Kaufman, “Transitional Justice Delayed Is Not Transitional Justice Denied: Contemporary Confrontation of Japanese Human Experimentation During World War II Through a People’s Tribunal,” *Yale Law & Policy Review*, Vol. 26, No. 2, 2008.

71. Zachary D. Kaufman, “Transitional Justice Delayed Is Not Transitional Justice Denied: Contemporary Confrontation of Japanese Human Experimentation During World War II Through a People’s Tribunal,” *Yale Law & Policy Review*, Vol.26, No. 2, 2008, p. 645.

72. Zachary D. Kaufman, “Transitional Justice Delayed Is Not Transitional Justice

Denied: Contemporary Confrontation of Japanese Human Experimentation During World War II Through a People's Tribunal," *Yale Law & Policy Review*, Vol. 26, No. 2, 2008, p. 659.

73. 近藤昭二编:《731 部隊・細菌戦資料集成 (CD-ROM)》，東京：柏書房，2003 年。

74.《十五年戦争極秘資料集 補巻 23 [1—8]・陸軍軍医学校防疫研究報告 第 1—8 冊》，東京：不二出版，2004—2005 年。

75. Shauna L. Doolittle, *Biologial Warfare: the Battlefield of the Future*, Thesis for the Degree of Master of Science in Nursing, Gonzaga University, 2000. Go Funai, *My Neighbor, My Enemy: Understanding the Protracted Conflict Between China and Japan*, Thesis for the Degree of Master of Arts, Georgetown University, 2009.

76. Gregory Dean Byrd, *General Ishii Shiro: His Legacy Is That of Genius and Madman*, Thesis for the Degree of Master of Arts in History, East Tennessee State University, 2005.

77. 常石敬一:《731 部隊全史：石井機関と軍学官産共同体》，東京：高文研，2022 年。

78. Yan-jun Yang, Yue-him Tam，*Unit 731: Laboratory of the Devil, Auschwitz of the East*, Stroud：Fonthill Media, 2018.

79. 吉中丈志:《七三一部隊と大学》，京都：京都大学学術出版会，2022 年。

80. 中央档案馆编:《中央档案馆藏日本侵华战犯笔供选编》，中华书局，2015 年。

81. 陈致远主编:《中国南方侵华日军细菌战研究丛书》，中国社会科学出版社，2018 年。

82. 李陈奇主编:《侵华日军第七三一部队旧址——细菌实验室及特设监狱考古发掘报告》，科学出版社，2018 年。

83. 杨彦君主编的《关东军防疫给水部留守名簿》《关东军防疫给水部复七名簿》《甲第一八五五部队留守名簿》《南方军防疫给水部留守名簿》均由中央编译出版社、上海交通大学出版社联合出版，前三种于 2021 年推出，第四种于 2022 年面市。

84. 近藤昭二、王选主编:《日本生物武器作战调查资料》，社会科学文献出版社，

2019 年。

85. 马静主编:《侵华日军细菌战档案汇编》，国家图书馆出版社，2021 年。

86. 谢忠厚编著:《日本侵华细菌战研究报告》，中共党史出版社，2016 年。

87. 朱建新:《生物战史》，时事出版社，2015 年。

88. 王希亮:《日本发现细菌战新资料的主要内容、史料价值及其意义》,《抗日战争研究》2012 年第 1 期。高建:《日本 731 部队与沈阳盟军战俘营》,《抗战史料研究》2012 年第 2 期。杨彦君:《七三一部队人员编成考》,《历史研究》2019 年第 3 期。

89. 杨彦君:《侵华日军细菌战研究回顾与展望》,《中国社会科学报（历史学专版）》2018 年 4 月 2 日。

90. 徐二钟:《满洲“赤裸的生命”与七三一部队特设监狱的活体实验牺牲者》，韩国《满洲研究》2014 年第 18 期。

91. 辛圭焕:《细菌战的记忆与中国爱国主义教育基地建设的新方向》，韩国《史林》2014 年第 47 期。

92. 亚历山大・瓦连京诺维奇・阿列普科:《1949 年哈巴罗夫斯克审判与日本关东军七三一细菌部队惨无人道的人体实验》，俄罗斯《远东文化与科学》2019 年第 1 期。

参考文献

一、资料集

1.《前日本陆军军人因准备和使用细菌武器被控案审判材料》，莫斯科：外国文书籍出版局，1950 年

2. 中央档案馆、中国第二历史档案馆、吉林省社会科学院合编:《日本帝国主义侵华档案资料选编・细菌战与毒气战》，中华书局，1989 年

3. 小林英夫:《七三一部隊中国新資料》，東京：不二出版，1991 年

4. 田中明、松村高夫編、解説:《七三一部隊作成資料》，東京：不二出版，1991 年

5. 秦郁彦:《日本陸海軍総合事典》，東京：東京大学出版会，1991 年

6. 王战平主编:《正义的审判——最高人民法院特别军事法庭审判日本战犯纪实》，人民法院出版社，1991 年

7. 冬季衛生研究班:《極秘・駐蒙軍冬季衛生研究成績》，東京：現代書館，1995 年

8. 辽宁省档案馆编:《罪恶的“七三一”“一〇〇”：侵华日军细菌部队档案史料选编》，辽宁民族出版社，1995 年

9. 中国黑龙江省档案馆、中国黑龙江省人民对外友好协会、日本ABC企划委员会编:《“七三一部队”罪行铁证——关东宪兵队“特殊输送”档案》，黑龙江人民出版社，2001 年

10. 近藤昭二編:《731 部隊・細菌戦資料集成（CD-ROM）》，東京：柏書房，2003 年

11. 中国吉林省档案馆、日本日中近代史研究会、日本ABC企划委员会编:《“七三一部队”罪行铁证——特别移送・防疫档案选编》，吉林人民出版社，2003 年

12. 杜治政、许志伟编:《医学伦理学辞典》，郑州大学出版社，2003 年

13. 京都大学医学部創立百周年記念写真集編纂室：《近衛町無番地——京都大学医学部創立 100 周年記念アルバム》，京都：京都大学医学部，2004 年
14.《十五年戦争極秘資料集 補巻 23［1—8］· 陸軍軍医学校防疫研究報告 第 1—8 冊》，東京：不二出版，2004—2005 年。
15. 中央档案馆整理：《日本侵华战犯笔供》（1—10 卷），中国档案出版社，2005 年
16. 远东国际军事法庭编、张效林译：《远东国际军事法庭判决书》，国家图书馆出版社，2014 年
17. 王希亮、周丽艳编译：《侵华日军 731 部队细菌战资料选编》，社会科学文献出版社，2015 年
18. 杨彦君主编：《七三一部队炭疽菌实验A报告（英文版）》，中国和平出版社，2015 年
19. 杨彦君主编：《七三一部队鼻疽菌实验G报告（英文版）》，中国和平出版社，2015 年
20. 杨彦君主编：《七三一部队鼠疫菌实验Q报告（英文版）》，中国和平出版社，2015 年
21. 杨彦君主编：《日本细菌战档案选编》，中国和平出版社，2015 年
22. 杨彦君主编：《美国调查日本细菌战总结报告书》，中国和平出版社，2015 年
23. 杨彦君、邱明轩主编：《侵华日军细菌战受害者名录》，中国和平出版社，2015 年
24. 对日战犯审判文献丛刊编委会：《伯力审判庭审记录（中、英、俄、德、日文版）》，国家图书馆出版社，2016 年
25. 近藤昭二、王选主编：《日本生物武器作战调查资料》，社会科学文献出版社，2019 年
26. 杨彦君主编：《关东军防疫给水部留守名簿》，中央编译出版社、上海交通大学出版社，2021 年
27. 杨彦君主编：《关东军防疫给水部复七名簿》，中央编译出版社、上海交通大学出版社，2021 年
28. 杨彦君主编：《甲第一八五五部队留守名簿》，中央编译出版社、上海交通大学出版社，2021 年

29. 黑龙江省档案馆编:《侵华日军关东宪兵队“特殊输送”档案汇编》，中华书局，2021 年
30. 杨彦君主编:《南方军防疫给水部留守名簿》，中央编译出版社、上海交通大学出版社，2022 年

二、学术著作

1. *Trials of War Criminals before the Nuremberg Military Tribunals under Control Council Law*, Vol. 2, No. 10, Washington, D. C.: U. S. Government Printing Office, 1949
2. Peter Williams and David Wallace, *Unit 731: Japan's Secret Biological Warfare in World War II*, New York: Free Press, 1989
3. S. H. Harris, *Factories of Death: Japanese Biological Warfare, 1932-1945, and the American Cover-up*, Rev. ed., New York: Routledge, 2002
4. D. Barenblatt, *A Plague upon Humanity: The Secret Genocide of Axis Japan's Germ Warfare Operation*, New York: Harper Collins Publishers, 2003
5. Jing-Bao Nie, Nanyan Guo, Mark Selden et al., *Japan's Wartime Medical Atrocities: Comparative Inquiries in Science, History, and Ethics*, New York: Routledge, 2010
6. Kenneth L. Port, *Deciphering the History of Japanese War Atrocities: The Story of Doctor and General Shiro Ishii*, Durham: Carolina Academic Press, 2014
7. Jeanne Guillemin, *Hidden Atrocities: Japanese Germ Warfare and American Obstruction of Justice at the Tokyo Trial*, New York: Columbia University Press, 2017
8. Yan-jun Yang, Yue-him Tam, *Unit 731: Laboratory of the Devil, Auschwitz of the East*, Stroud: Fonthill Media, 2018
9. 陸軍省:《満州事変陸軍衛生史（第四巻）》，東京：陸軍衛生部，1935 年
10. 北島規矩郎:《陸軍軍医学校五十年史》，東京：陸軍軍医学校，1936 年
11. 吉村寿人:《pH の理論と測定法》，東京：丸善株式會社，1940 年
12. 成田幾治:《哈爾浜医史》，哈爾浜医科大学，1942 年

13. 田村正雄:《日本医学百年史》，東京：臨床医学社，1957年
14. 吉永玲子:《人体実験の恐怖：ある関東軍女子軍属の手記》，京都：浪速書房，1966年
15. 島村喬:《三千人の生体実験：関東軍謎の細菌秘密兵器研究所》，東京：原書房，1967年
16. 陸上自衛隊衛生学校:《大東亜戦争陸軍衛生史（1—7）》，東京：陸上自衛隊衛生学校，1969—1971年
17. 永田鉄山刊行会:《秘録・永田鉄山》，東京：芙蓉書房，1972年
18. 高杉晋吾:《日本医療の原罪：人体実験と戦争責任》，東京：亜紀書房，1973年
19. 松村知勝:《関東軍参謀副長の手記》，東京：芙蓉書房，1977年
20. 森村誠一:《悪魔の飽食》，東京：光文社，1981年
21. 吉開那津子:《消せない記憶——湯浅軍医生体解剖の記録》，東京：日中出版，1981年
22. 中国医学科学院流行病学微生物学研究所:《中国鼠疫流行史》（上、下册），1981年内部印行
23. 常石敬一、朝野富三:《細菌戦部隊と自決した二人の医学者》，東京：新潮社，1982年
24. 秋元寿恵夫:《医の倫理を問う：第七三一部隊での体験から》，東京：勁草書房，1983年
25. 越定男:《日の丸は紅い泪に：第七三一部隊員告白記》，東京：教育史料出版会，1983年
26. 常石敬一:《標的・イシイ：七三一部隊と米軍諜報活動》，東京：大月書店，1984年
27. 吉村寿人:《喜寿回顧》（私家版），京都：吉村先生喜寿記念行事会，1984年
28. 常石敬一:《消えた細菌戦部隊——関東軍第七三一部隊》，東京：海鳴社，1989年
29. 森村誠一:《裁かれた七三一部隊》，東京：晩聲社，1990年
30. 韩晓、辛培林编:《日军731部队罪恶史》，黑龙江人民出版社，1991年

31. 常石敬一:《医学者たちの組織犯罪——関東軍第七三一部隊》，東京：朝日新聞社，1994 年
32. 吉見義明、伊香俊哉:《七三一部隊と天皇・陸軍中央》，東京：岩波書店，1995 年
33. 七三一研究会編:《細菌戦部隊》，東京：晩聲社，1996 年
34. 松下一成:《ミドリ十字と 731 部隊》，東京：三一書房，1996 年
35. 解学诗、松树高夫等:《战争与恶疫：731 部队罪行考》，人民出版社，1998 年
36. 梅汝璈:《远东国际军事法庭》，法律出版社，1998 年
37. 太田昌克:《731 免責の系譜：細菌戦部隊と秘蔵のファイル》，東京：日本評論社，1999 年
38. 莇昭三:《戦争と医療——医師たちの十五年戦争》，京都: かもがわ出版，2000 年
39. 731・細菌戦展示会実行委員会、731・細菌戦裁判キャンペーン委員会、ABC企画委員会等:《裁かれる細菌戦》，浦和：731・細菌戦裁判キャンペーン委員会，2002 年
40. 西里扶甬子:《生物戦部隊 731：アメリカが免罪した日本軍の戦争犯罪》，東京：草の根出版会，2002 年
41. 中国帰還者連絡協議会、新読書社:《侵略：中国における日本戦犯の告白》，東京: 新読書社，2002 年
42. 小俣和一郎:《検証・人体実験：731 部隊・ナチ医学》，東京：第三文明社，2003 年
43. 格雷戈里・E. 彭斯著，聂精保、胡林英译:《医学伦理学经典案例》，湖南科学技术出版社，2004 年
44. 杨玉林等:《日本关东宪兵队“特殊输送”追踪——日军细菌战人体实验罪证调查》，社会科学文献出版社，2004 年
45. 黒目祥司、水元一博:《九州大学第一外科百年史》，福岡：九州大学医学部第一外科同門会，2005 年
46. 常石敬一:《戦場の疫学》，東京：海鳴社，2005 年
47. 青木冨貴子:《731：石井四郎と細菌戦部隊の闇を暴く》，東京：新潮

社，2008年
48. 京都大学医学部病理学教研室百年史刊行会:《京都大学医学部病理学教研室百年史》，京都：中西印刷株式会社，2008年
49. “戦争と医の倫理”の検証を進める会:《戦争と医の倫理》，名古屋：三惠社，2012年
50. 美馬聰昭:《検証・中国における生体実験：東京帝大医学部の犯罪》，東京：桐書房，2013年
51. 满洪杰:《人体试验法律问题研究》，中国法制出版社，2013年
52. 西山勝夫:《戦争と医学》，京都：文理閣，2014年
53. 陈致远:《日本侵华细菌战》，中国社会科学出版社，2014年
54. 15年戦争と日本の医学医療研究会:《NO MORE 731：日本軍細菌戦部隊——医学者・医師たちの良心をかけた究明》，京都：文理閣，2015年
55. 杨彦君主编:《七三一部队旧址调查与研究》，中国和平出版社，2015年
56. 杨彦君主编:《七三一问题国际研究中心文集》，中国和平出版社，2015年
57. 陈致远:《侵华日军常德细菌战研究丛书・纪实：侵华日军常德细菌战》，中国社会科学出版社，2015年
58. 朱建新:《生物战史》，时事出版社，2015年
59. 15年戦争と日本の医学医療研究会:《戦争・731と大学・医科大学》，京都：文理閣，2016年
60. 杨彦君:《关东军第七三一部队实录》，外文出版社，2016年
61. 加藤哲郎:《“飽食した悪魔”の戦後：731部隊と二木秀雄“政界ジープ”》，東京：花伝社，2017年
62. 黑龙江省档案馆编:《侵华日军七三一部队罪证》，黑龙江人民出版社，2017年
63. 加藤哲郎:《731部隊と戦後日本：隠蔽と覚醒の情報戦》，東京：花伝社，2018年
64. 李陈奇主编:《侵华日军第七三一部队旧址——细菌实验室及特设监狱考古发掘报告》，科学出版社，2018年
65. 熊野以素著，李立丰、宋婷译:《九州大学活体解剖事件》，上海三联书

店，2019年

66. 吉中丈志:《七三一部隊と大学》，京都：京都大学学術出版会，2022年

67. 常石敬一:《731部隊全史：石井機関と軍学官産共同体》，東京：高文研，2022年

三、论文

1. John Powell, "A Hidden Chapter in History," *Bulletin of the Atomic Scientists*, Vol. 37, No. 8, 1981

2. Sheldon Harris, "Japanese Biological Warfare Experiments and Other Atrocities in Manchuria, 1932-1945, and the Subsequent United States Cover Up: a Preliminary Assessment," *Crime, Law and Social Change*, Vol. 15, No. 3, 1991

3. Walter Eugene Grunden, *Science under the Rising Sun: Weapons Development and the Organization of Scientific Research in World War II Japan*, Dissertation for the Degree of Doctor of Philosophy, University of California Santa Barbara, 1998

4. Shauna L. Doolittle, *Biologial Warfare: the Battlefield of the Future*, Thesis for the Degree of Master of Science in Nursing, Gonzaga University, 2000

5. Takashi Tsuchiya, "Why Japanese Doctors Performed Human Experiments in China 1933-1945," *Eubios Journal of Asian and International Bioethics*, Vol. 10, No. 6, 2000

6. Jing-Bao Nie, "Challenges of Japanese Doctors' Human Experimentation in China for East-Asian and Chinese Bioethics: Commentary on Tsuchiya," *Eubios Journal of Asian and International Bioethics*, Vol. 11, No. 1, 2001

7. Ole Doering, "Comments on Inhumanity in the Name of Medicine: Old Cases and New Voices for Responsible Medical Ethics from Japan and China," *Eubios Journal of Asian and International Bioethics*, Vol. 11, No. 2, 2001, pp. 44-47

8. Yeruham Frank and Leavitt, "Is Asian Bioethics at Fault? Commentary on Tsuchiya, Morioka, and Nie," *Eubios Journal of Asian and International Bioethics*, Vol. 11,

No. 1, 2001, pp. 7-8

9. Michael Thomas, "Ethical Lessons of the Failure to Bring the Japanese Doctors' to Justice," *Eubios Journal of Asian and International Bioethics*, Vol. 13, No. 3, 2003, pp. 104-106

10. Jing-Bao Nie, "Let's Never Stop Bashing Inhumanity: A Reply to Frank Leavitt and an Appeal for Further Ethical Studies on Japanese Doctors' Wartime Experimentation," *Eubios Journal of Asian and International Bioethics*, Vol. 13, No. 5, 2003, pp. 163-166

11. Takashi Tsuchiya, "A Reply to Leavitt's Commentary — Let's Stop Bashing Japan," *Eubios Journal of Asian and International Bioethics*, Vol. 13, No. 5, 2003, pp. 167-168

12. Jing-Bao Nie, "The West's Dismissal of the Khabarovsk Trial as 'Communist Propaganda': Ideology，Evidence and International Bioethics," *Journal of Bioethical Inquiry*, Vol. 1, No. 1, 2004

13. Gregory Dean Byrd, *General Ishii Shiro: His Legacy Is That of Genius and Madman*, Thesis for the Degree of Master of Arts in History, East Tennessee State University, 2005

14. Jing-Bao Nie, "The United States Cover-up of Japanese Wartime Medical Atrocities: Complicity Committed in the National Interest and Two Proposals for Contemporary Action," The American Journal of Bioethics, Vol. 6, No. 3, 2006

15. Zachary D. Kaufmanr, "Transitional Justice Delayed Is Not Transitional Justice Denied: Contemporary Confrontation of Japanese Human Experimentation During World War II Through a People's Tribunal," *Yale Law & Policy Review*, Vol. 26, No. 2, 2008

16. Go Funai, *My Neighbor, My Enemy: Understanding the Protracted Conflict Between China and Japan*, Thesis for the Degree of Master of Arts, Georgetown University, 2009

17. Sharon Kaur, "Rather Than Responding to the Past, Shape the Future Instead," *The American Journal of Bioethics*, Vol. 15, No. 6, 2015, pp. 61-63

18. 平光吾一:《戦争医学の汚辱にふれて——生体解剖事件始末記》,《文芸春秋》1957年第6期，第41—45頁

19. 李仲来、杨岩、陈曙光:《哈尔滨郊区人为鼠疫疫源地鼠类种群动态分析》,《兽类学报》1999年第1期，第38—43页

20. 15年戦争と日本の医学医療研究会:《15年戦争と日本の医学医療研究会会誌》，2000—2020年

21. 陈曙光、张庆年、关琳:《哈尔滨鼠疫自然疫源地调查分析》,《中国地方病防治杂志》2000年第6期，第340页

22. 何卫东、张威:《医学人体实验法律控制问题》,《科技与法律》2002年第1期，第64—69页

23. 卞修跃:《侵华日军731细菌部队与“特殊输送”制度》,《中国社会科学院近代史研究所青年学术论坛（2002年卷）》，第200—225页

24. 一濑敬一郎著、张元明译:《细菌战诉讼一审判决的意义及今后的诉讼焦点》,《常德师范学院学报（社会科学版）》2003年第1期，第3—9页

25. 刘雅玲、陈玉芳:《常德细菌战疫死人数的七年调查——7643人的死亡名单是如何产生的》,《常德师范学院学报（社会科学版）》2003年第3期，第20—23页

26. 江田いづみ:《満州医科大学と“開拓衛生”》,《三田学会雑誌》2004年第7期，第109—121頁

27. 张连红:《为了正义和尊严——中国民间对日索赔》,《团结》2005年第5期，第6—12页

28. 土屋貴志:《15年戦争期の日本による医学犯罪》,《人権問題研究》2006年第6号，第41—65頁

29. 村岡潔:《人体実験論（1）——近代医学と人体実験の役割》,《社会福祉学部論集》2007年第3号，第89—104頁

30. 杨彦君:《1946年哈尔滨鼠疫流行、防治及其影响》,《学理论》2008年第12期，第65—67页

31. 末永恵子:《15年戦争期の大学における医学研究——旧満州医科大学を事例と

して》,《日本の科学者》2008年第2号，第72—77頁
32. 伊力娜:《満洲医科大学の内モンゴル地域における巡廻診療》,《国際文化論集》2009第41号，第203—234頁
33. 金新林:《侵华日军细菌战中国受害者诉讼研究》，上海师范大学硕士学位论文，2010年
34. 张志强:《731部队的又一罪证——吉林省档案馆公布日本关东宪兵队“特别移送”档案》,《中国档案》2010年第10期，第55—56页
35. 曹喜顺:《日本关东军七三一部队人体实验问题考察研究》，渤海大学硕士学位论文，2012年
36. 王希亮:《日本发现细菌战新资料的主要内容、史料价值及其意义》,《抗日战争研究》2012年第1期，第152—158页
37. 高建:《日本731部队与沈阳盟军战俘营》,《抗战史料研究》2012年第2期，第71—79页
38. 郭新虎、郭御剑:《日军潞安陆军医院罪行调查》,《党史文汇》2012年第3期，第55—58页
39. 高晓燕:《略论侵华日军在黑龙江建立的生化战基地》,《中日关系史研究》2013年第4期，第90—98页
40. 王玉芹:《“满洲医科大学”在内蒙古巡回诊疗及其实质》,《东北史地》2013年第5期，第75—78页
41. 王玉芹:《“满洲医科大学”在中国东北侵略罪行研究》,《日本问题研究》2014年第3期，第27—35页
42. 孙家红:《从“拒绝遗忘”到“正视历史”——1949年前苏联伯力城战犯审判摭论》,《社会科学论坛》2015年第11期，第219—223页
43. 奈须重雄、谢彩虹:《日军细菌战部队的建立及对华细菌战》,《军事历史研究》2015年第1期，第41—50页
44. 杨彦君:《关于七三一部队炭疽实验A报告的初步解读》,《北方文物》2015年第3期，第109—112页
45. 若田泰:《15年戦争下の医学犯罪》,《新しい薬学をめざして》2015年第44巻

第 7 号，第 203—234 頁。

46. 李伦、何瑛:《二战期间侵华日军人体实验的伦理审视》,《伦理学研究》2015 年第 5 期，第 11—17 页

47. 杨彦君:《反思与拷问：七三一部队医学暴行与伦理学犯罪》,《抗战史料研究》2016 年第 2 期，第 118—123 页

48. 张艳荣、杨薇、李志平:《日本 731 部队细菌战及人体实验研究报告概要解读》,《中华医史杂志》2016 年第 6 期，第 376—378 页

49. 刘莹莹:《“特别移送”问题初探——以佳木斯地区“特别移送”对象为中心》,《兰台世界》2016 年第 7 期，第 15—18 页

50. 刘莹莹:《七三一部队细菌战体系形成研究》，哈尔滨师范大学硕士学位论文，2017 年

51. 波多野澄雄著、孙凤龙译:《〈陆军军医学校防疫研究报告〉的历史意义》,《武陵学刊》2017 年第 1 期，第 106—108 页

52. 刈田启史郎著、谭天译:《关于日军第七三一部队“冻伤实验室”及冻伤实验的研究》,《日本侵华史研究》2017 年第 3 期，第 124—128 页

53. 杨彦君:《日本细菌战准备阶段的细菌实验——基于〈陆军军医学校防疫研究报告Ⅱ部〉的研究》,《医学与哲学》2017 年第 4 期，第 82—85 页

54. 杨彦君:《侵华日军细菌战研究回顾与展望》,《中国社会科学报（历史学专版）》2018 年 4 月 2 日。

55. 李函熹:《伪满时期日本关东宪兵队“特别移送”研究》，渤海大学硕士学位论文，2019 年

56. 肖利:《“满洲医科大学”历史考察》，哈尔滨师范大学硕士学位论文，2019 年

57. 鲁丹:《日军七三一部队长北野政次医学论文整理与研究》,《日本侵华南京大屠杀研究》2019 年第 1 期，第 30—44 页

58. 杨彦君:《七三一部队人员编成考》,《历史研究》2019 年第 3 期，第 180—188 页

59. 周丽艳:《“Q”报告与侵华日军细菌战》,《日本侵华南京大屠杀研究》2019 年第 4 期，第 69—79 页

60. 秦世强:《侵华日军第 100 细菌部队历史考察》，吉林大学博士学位论文，2021 年

61. 韩东育:《丸山真男的学术研究与对日本军国主义的反思》,《中国社会科学》2021 年第 11 期，第 180—203 页
62. 杨彦君:《他者视域下的医学暴行——二战期间医源性战争暴行的痛苦记忆与当代反思》,《医学与哲学》2021 年第 18 期，第 11—14 页
63. 鲁丹、赵倩:《从〈希尔报告〉看七三一部队人体实验》,《黑龙江档案》2021 年第 2 期，第 213—217 页
64. 杨彦君:《第二次世界大战后美苏围绕日本生物战情报的交涉》,《史林》2021 年第 5 期，第 171—181 页
65. 杨彦君:《〈关东军防疫给水部复七名簿〉释读》,《武陵学刊》2021 年第 6 期，第 127—132 页
66. 王彤竹:《美国馆藏日本细菌战调查报告初步释读》,《武陵学刊》2021 年第 6 期，第 133—138 页
67. 杨彦君:《关于日本医学暴行的海外伦理学争鸣》,《伦理学研究》2022 年第 3 期，第 110—117 页
68. 杨彦君:《七三一部队人体实验报告再解析——以美国馆藏史料为中心》,《抗日战争研究》2022 年第 3 期，第 81—90 页
69. 杨彦君:《海外关于七三一部队研究的焦点、视角与趋势》,《史学理论研究》2022 年第 4 期，第 125—134 页

七三一部队相关史证大事记

1925 年

6 月 17 日，《禁止在战争中使用窒息性、毒性或其他气体和细菌作战方法的议定书》（《日内瓦议定书》）在瑞士日内瓦签署。

1926 年

11 月 25 日，北野政次在日本东京帝国大学取得医学博士学位。

1927 年

6 月 24 日，石井四郎在日本京都帝国大学取得医学博士学位。

1928 年 4 月—1930 年 4 月

石井四郎赴欧洲搜集细菌战情报。

1931 年

9 月 18 日，日本关东军发动震惊中外的“九一八”事变。

1932 年

7 月 5 日，日本陆军省批准陆军军医学校设立细菌研究室（后改名为防疫研究室），石井四郎任主任。

11 月 21 日，石井四郎在陆军军医学校防疫研究室期间取得“细菌培养罐”发明专利。

12 月 8 日，日本陆军省批准经费 208989 日元用于扩建陆军军医学校防疫研究室。

1933 年

8 月，石井四郎在陆军军医学校防疫研究室基础上秘密组建石井部队，亦称加茂部队（即七三一部队前身），并在今五常市背荫河镇附设细菌实验基地。

12 月 8 日，时任关东军司令部参谋远藤三郎到背荫河细菌实验基地视察。

12 月 27 日，石井四郎取得“滤水器用应急停水装置”（石井式滤水器）发明专利。

1934 年

9 月 23 日，背荫河细菌实验基地发生东北抗日联军组织的越狱行动，人体实验的秘密被揭露。

1935 年

8 月 1 日，石井四郎晋升为陆军军医中佐。

1936 年

6 月 25 日，七三一部队将是日作为创设纪念日。

1937 年

7 月 7 日，日本发动全面侵略中国的卢沟桥事变。

1938 年

1 月 26 日，关东宪兵队发《关宪警第五八号》文件，规定特别移送办法。

6 月 30 日，关东军司令部发布了第一五三九号命令《关于在平房附近设立特别军事区域》，规定特别军事区域占地面积约 120 平方千米，其中七三一部队核心区域占地面积约 6.1 平方千米。

1939 年

4 月 18 日，荣第一六四四部队在南京编成，时称石井（四）部队。

是日，波第八六〇四部队在广州编成。

7月7日，关东军司令部发布第七八号作战命令，命令七三一部队携带器材前往海拉尔、将军庙一带参加诺门罕战役，七三一部队使用霍乱、伤寒和赤痢菌污染水源地——哈拉哈河，实施细菌作战。

是年，平房特别军事区域细菌战基地主体营建完成，加茂部队陆续迁往平房军事特别区域，原加茂部队本部作为第三部继续使用。

1940年

3月23日，“北支那”防疫给水部在北京重新编成，即为甲第一八五五部队。

4月29日，哈尔滨加茂部队防疫给水部编制《各队防疫给水班勤务令案》，规定了防疫给水部的一般操作规则、编制、职责和任务。

6月4日，七三一部队攻击吉林农安，使用鼠疫跳蚤0.005千克，第一次感染死亡8人，第二次感染死亡607人。

6月4—7日，七三一部队攻击吉林农安、大赉，使用鼠疫跳蚤0.01千克，第一次感染死亡12人，第二次感染死亡2424人。

7月25日，关东军司令部下达《关东军作战命令丙字第六五九号》，命令关东军野战铁道司令部沿铁道输送七三一部队“特种器材”。

7月26日，《关东军野战铁道司令部后勤命令第一七八号》命令哈尔滨、沈阳、锦州各分部长为七三一部队输送“特种器材”。

8月，“关东军防疫部”变更代号为“关东军防疫给水部”。

10月4日，七三一部队在浙江衢州实施鼠疫细菌战，使用鼠疫跳蚤8.0千克，第一次感染死亡219人，第二次感染死亡9060人。

10月27日，七三一部队在浙江宁波实施鼠疫细菌战，使用鼠疫跳蚤2.0千克，第一次感染死亡104人，第二次感染死亡1450人。

11月28日，七三一部队在浙江金华实施鼠疫细菌战，造成金华、义乌等地鼠疫流行。

12月2日，关东军司令官梅津美治郎大将下达《关作命甲第三九八号》，命令关东军防疫给水部设立牡丹江支部、林口支部、孙吴支部、海拉尔支部。

1941 年

是年初，关东军防疫给水部哈尔滨本部变更代号为“满洲第七三一部队”，牡丹江支部变更代号为“满洲第六四三部队”，林口支部变更代号为“满洲第一六二部队”，孙吴支部变更代号为“满洲第六七三部队”，海拉尔支部变更代号为“满洲第五四三部队”，大连支部变更代号为“满洲第三一九部队”。

3 月 1 日，石井四郎晋升为陆军军医少将。

7 月，“关东军特别大演习”，在“满洲”集结约 70 万兵力。

11 月 4 日，七三一部队对湖南常德进行鼠疫细菌攻击，使用鼠疫跳蚤 1.6 千克，第一次感染死亡 310 人，第二次感染死亡 2500 人。

1941 年

是年，国民政府卫生署防疫处处长容启荣撰写了《浙江鼠疫调查报告书》。

12 月 12 日，国民政府军政部战时卫生人员训练总所检验学组主任、中国红十字会总会救护总队部检验医学指导员陈文贵提交了《常德鼠疫调查报告书》。

1942 年

3 月 31 日，国民政府卫生署署长金宝善将日军在中国撒播细菌的情况整理成报告，题为《日本试图在中国发起细菌战》。

5 月 5 日，南方军防疫给水部暨荣字第九四二〇部队在南京编成，后转移到新加坡（通称号变更为“冈字第九四二〇部队”），北川正隆为部队长。

7 月 20 日，贵阳医学院王诗恒用英文撰写了《关于常德鼠疫及控制方案的报告》。

8 月 1 日，石井四郎调任“中国派遣军（太原）第一军”军医部部长，北野政次任七三一部队第二任部队长。

8 月 19—21 日，七三一部队攻击江西广信、广丰、玉山，使用鼠疫跳蚤 0.131 千克，第一次感染死亡 42 人，第二次感染死亡 2910 人。

9 月，国民政府卫生署防疫处处长容启荣撰写了《防治湘西鼠疫经过报告书》。

1943 年

2月1日，关东军总司令部下达《关总作命丙第九八号》，命令七三一部队前奉天盟军战俘营开展“防疫”；菊池齐、永山太郎等对英、美等国战俘实施了不同程度的“人体实验测试”。

3月12日，关东宪兵队司令部警务部发布关宪高第一二〇号命令《关于特别移送的通告》，明确规定了特别移送实施标准。

10月，大连黑石礁事件，大连宪兵队三尾丰、长沼节二等将王耀轩、王学年、李忠善、沈德龙特别移送至七三一部队。

1944 年

5月9日，关东军总司令官梅津美治郎大将到访七三一部队。

1945 年

1月1日，《关东军防疫给水部留守名簿》《关东军防疫给水部复七名簿》《登第一六四四部队留守名簿》《南方军防疫给水部留守名簿》《关东军军马防疫厂留守名簿》编成。

2月1日，《波字第八六〇四部队留守名簿》编成。

3月1日，石井四郎重任七三一部队长，晋升为陆军军医中将，北野政次调任“中国派遣军（上海）第十三军”任军医部部长。

8月9—14日，七三一部队销毁细菌战和人体实验犯罪证据，炸毁本部及支部主要建筑设施，经朝鲜半岛逃回日本。

8月15日，日本天皇裕仁以广播《终战诏书》的形式，宣布接受《波茨坦公告》，无条件投降。

8月29日，《甲第一八五五部队留守名簿》编成。

9月2日，日本外相重光葵、参谋总长梅津美治郎代表日本在东京湾密苏里号战列舰上签署投降书。

9月9日，日本代表冈村宁次在南京签字，向中国政府投降。

9月，美国德特里克基地桑德斯中校赴日本调查细菌战，桑德斯完成《日本科学情报调查报告》(即《桑德斯报告》)。

1946 年

2 月，美国德特里克基地汤普森中校赴日本调查细菌战，汤普森完成《关于日本生物战研究和准备状况的报告》(即《汤普森报告》)。

1947 年

6 月 20 日，美国德特里克基地费尔博士赴日本调查细菌战，完成《日本生物战活动最新资料概要》(即《费尔报告》)。

10 月 28 日，美国德特里克基地希尔赴日本调查细菌战，完成《关于生物战调查的总结报告》(即《希尔报告》)。

1949 年

12 月 25—30 日，苏联在哈巴罗夫斯克市设立滨海军区军事法庭，对山田乙三、梶塚隆二、川岛清、西俊英、柄泽十三夫、尾上正男、佐藤俊二、高桥隆笃、平樱全作、三友一男、菊地则光、久留岛祐司等 12 名日本战犯进行公开审判，即哈巴罗夫斯克审判（伯力审判）；判处这些战犯 2 年、3 年、10 年、12 年、25 年等有期徒刑。审判结束之后，苏联将《前日本陆军军人因准备和使用细菌武器被控案审判材料》以俄、中、德、英、日、韩等多国文字公开出版，全书涵盖起诉书、被告供词、证人证词、文件证据、公诉人演说词及判决书等内容。

1955 年

8 月 13 日，七三一部队第一个战友会“精魂会”成立。

1956 年

6—7 月，中华人民共和国最高人民法院特别军事法庭在沈阳和太原开庭公开审判 45 名日本战犯，七三一部队林口支部支部长榊原秀夫受审。

1957 年

11 月 15 日，七三一部队战友会“房友会”成立。

1959 年

10 月 9 日，石井四郎病死于东京。

1981 年

5 月 15 日，常石敬一的《消失的细菌战部队：关东军第 731 部队》由日本海鸣社出版发行。

7 月 19 日—10 月 3 日，日本作家森村诚一撰写的《恶魔的饱食》在《赤旗报》连载。

10 月，美国记者约翰·威廉·鲍威尔（John William Powell）在《原子科学家公报》上发表了《历史上被隐瞒的一章》一文，首次揭示了美国和日本围绕七三一部队细菌战情报的秘密交易。

11 月 30 日，森村诚一的《恶魔的饱食》由日本光文社发行，并被译成中文和俄文，在国际社会引起了强烈反响。

1982 年

12 月 1 日，哈尔滨市平房区文物管理所成立，哈尔滨市开始全面保护七三一部队旧址。

1983 年

3 月 7 日，七三一部队旧址列入黑龙江省级文物保护单位。

1984 年

12 月 6 日，七三一部队原队员吉村寿人出版《喜寿回顾》（私家版）。

1985 年

8 月 13 日，英国独立电视台播出了纪录片《七三一部队：天皇知道吗?》。

8 月 15 日，侵华日军第七三一部队罪证陈列馆首次对外开放。

1986 年

5 月 17 日，北野政次病死于东京，时年 92 岁。

1988 年

12 月，电影《黑太阳七三一》公映。

1989 年

7 月 22 日，日本陆军军医学校卫生学教室遗址处发现近百具人骨，民间团体“军医学校遗址发现人骨问题究明会”随后成立，常石敬一为代表。

9 月，中央档案馆、中国第二历史档案馆、吉林省社会科学院合编《日本帝国主义侵华档案资料选编·细菌战与毒气战》由中华书局出版。

是年，英国记者彼得·威廉姆斯（Peter Williams）和大卫·瓦雷斯（David Wallace）的《731 部队：二战时期日本的秘密生物战》由纽约自由出版社出版。

1991 年

8 月 20 日，田中明、松村高夫的《七三一部队作成资料》由日本不二出版社出版。

1993 年

6 月，吉见义明、伊香俊哉在日本防卫厅防卫研究所图书馆发现《井本日记》。

1994 年

5 月，常石敬一的《医学者们的组织犯罪：关东军第 731 部队》由日本朝日新闻社出版。

是年，谢尔顿·H. 哈里斯（Sheldon H. Harris）的《死亡工厂：1932—1945年日本生物战与美国的掩盖》由美国Routledge出版社出版，日文版于1999年由柏书房出版，中文版于2000年由上海人民出版社出版，2022年1月出版修订版。

1995年

7月15日，《恶魔的饱食》合唱团在埼玉县第一次公演。

7月31日，黑龙江省社会科学院、日本日中友好协会在哈尔滨共同举办了“反对侵略，维护和平”座谈会。

7月，辽宁省档案馆编《罪恶的“七三一”“一〇〇”：侵华日军细菌部队档案史料选编》由辽宁民族出版社出版。

8月7日，七三一部队人体实验受害者敬兰芝、王亦兵等向东京地方法院递交诉状，向日本政府提起诉讼；1999年9月22日，东京地方法院做出一审判决，2005年4月19日，东京高等法院做出二审判决，均承认七三一部队人体实验加害事实存在，但驳回了原告诉讼请求；2007年5月10日，日本最高法院做出“驳回上诉，对本案上诉不予受理”的最终裁定。

8月15日，侵华日军第七三一部队罪证陈列馆新馆建成，重新布展后对外开放。

1997年

8月11日，“侵华日军细菌战中国受害诉讼原告团”向日本东京地方法院递交诉状，对日本政府提起诉讼；2002年8月27日，东京地方法院做出一审判决，2005年7月19日，东京高等法院做出二审判决，两次判决均承认细菌战犯罪事实，但驳回原告诉讼请求；2007年5月9日，日本最高法院做出“驳回上诉，对本案上诉不予受理”的最终裁定。

1999年

8月2日，黑龙江省人民政府召开新闻发布会公布黑龙江省档案馆保存的特别移送档案66件。

12月，日本民间成立“七三一部队遗址登录世界遗产研究会”。是月，七三一部队展和毒气展合二为一，改名为“ABC企划委员会”，A为原子（Atom）、B为生物（Biological）、C为化学（Chemical）的英文缩写。

2000年

6月17日，十五年战争与日本医学医疗研究会成立。

7月，七三一部队遗址保护开发领导小组、哈尔滨电视台共同完成了赴日本跨国取证，采访七三一部队原队员20余人。

2001年

4月28日，哈尔滨市社会科学院设立七三一研究所。

9月6日，吉林省档案馆召开新闻发布会公布特别移送档案80余件。

9月18日，湖南文理学院细菌战罪行研究所成立。

10—11月，七三一部队遗址保护开发领导小组、哈尔滨报业集团共同完成第二次赴日本跨国取证。

12月，中国黑龙江省档案馆、中国黑龙江对外友好协会、日本ABC企划委员会共同编辑出版《“731部队”罪行铁证——关东宪兵队“特别输送”档案》。

2002年

12月7日，湖南文理学院召开“细菌战罪行国际学术研讨会”。

2003年

11月，近藤昭二的《731部队细菌战资料集成（CD-ROM）》由日本柏书房出版。

2004年

5月，陆军军医学校防疫研究室编《陆军军医学校防疫研究报告（第2部）》（8卷本，复刻版），由日本不二出版社发行。

2005 年

9 月 3 日，哈尔滨市社会科学院举办首次“侵华日军细菌战与毒气战国际学术研讨会”。

2006 年

5 月 25 日，侵华日军第七三一部队旧址列入全国重点文物保护单位。

10 月 18 日，中国哈尔滨市社会科学院、韩国碑林园、韩国忠清大学在韩国清州共同举办第二次“七三一部队罪行国际学术研讨会”。

11 月 18 日，湖南文理学院主办的“日本细菌战罪行国际学术研讨会”在常德召开。

2007 年

9 月 4 日，中国哈尔滨市社会科学院、蒙古国国防大学在蒙古国乌兰巴托市联合主办了“历史的教训与当今时代——二战期间化学和细菌武器实验国际研讨会”。

2008 年

8 月，《京都大学医学部病理学教研室百年史》刊行。

9 月 18 日，哈尔滨市社会科学院、侵华日军第七三一部队罪证陈列馆联合主办的第四次“七三一部队罪行国际学术研讨会”在哈尔滨召开。

2011 年

8 月 15—21 日，为纪念抗日战争胜利 65 周年，黑龙江省委宣传部、黑龙江电视台联合摄制的文献纪录片《日本细菌战》（7 集）在中央电视台纪录频道播出。

10 月 15 日，日本学者奈须重雄在日本东京举办的“细菌战受害者证言听证会”上，首次公布七三一部队军医少佐金子顺一等撰写的 8 篇细菌战报告。

2012 年

9 月，侵华日军第七三一部队旧址列入《中国世界文化遗产预备名单》。

11 月 17 日，“战争与医的伦理检证推进会”在京都大学百年纪念馆举办了“战争与医的伦理——德国与日本的检证史之比较”国际研讨会。

2013 年

10 月 10 日，七三一部队专题展在韩国独立纪念馆展出。

2014 年

2 月 27 日，十二届全国人大常委会第七次会议决定将 9 月 3 日设立为中国人民抗日战争胜利纪念日，将 12 月 13 日设立为南京大屠杀死难者国家公祭日。

7 月 25 日，西山胜夫的《战争与医学》，由日本文理阁出版。

2015 年

8 月 15 日，侵华日军第七三一部队旧址及新馆全面开放。

《侵华日军第七三一部队罪行实录》(60 册)，由中国和平出版社出版。

是日，十五年战争与日本医学医疗研究会编辑的《NO MORE 731：日本军细菌战部队——究明医学者及医生们的良心》，由日本文理阁出版。

8 月 31 日—9 月 2 日，中央电视台大型文献纪录片《731》(5 集)在中央电视台纪录频道播出。

9 月 24 日，哈尔滨市社会科学院、侵华日军第七三一部队罪证陈列馆联合主办的第五次“七三一部队罪行国际学术研讨会”在哈尔滨召开。

是日，为纪念抗日战争胜利 70 周年，日本民间团体“恶魔的饱食”合唱团受邀在哈尔滨音乐厅公演。

2016 年

8 月 15 日，十五年战争与日本医学医疗研究会编辑的《战争・731 与大学・医科大学》由日本文理阁出版。

8月25日，美国国家地理频道《纳粹世界大战之谜：秘密跳蚤炸弹》摄制组拍摄的七三一部队专题纪录片在欧美播出。

2017年

8月13日，日本广播协会（NHK）电视台播出纪录片《731部队的真相——精英医者与人体实验》。

12月29日，侵华日军第七三一部队罪证陈列馆、俄罗斯卫国战争中央博物馆在莫斯科联合举办“反人类暴行：侵华日军第七三一部队罪证展”。

2018年

1月21日，日本广播协会（NHK）电视台播出纪录片《七三一部队前编：人体实验是这样展开的》《七三一部队后编：原队员们的真实面目》。

5月，杨彦君、谭汝谦合著的《七三一部队：魔鬼实验室·东方奥斯威辛》（*Unit 731: Laboratory of the Devil, Auschwitz of the East*）由英国Fonthill Media出版。

12月，《侵华日军第七三一部队旧址——细菌实验室及特设监狱考古发掘报告》由科学出版社出版。

2019年

9月18日，加拿大多伦多大学罗伯特图书馆举办“战时亚洲的医学暴行”专题展览。

12月13日，国家公祭日哈尔滨分会场《七三一部队新发现、未公开史料展》在七三一部队旧址展出。

2021年

4月，杨彦君主编《关东军防疫给水部留守名簿》《甲第一八五五部队留守名簿》《关东军防疫给水部复七名簿》影印本由中央编译出版社、上海交通大学出版社联合出版。

7月，黑龙江省档案馆编《侵华日军关东宪兵队“特殊输送”档案汇编》由中华书局出版发行。

2022 年

2 月，常石敬一的《731 部队全史：石井机关与军学官产共同体》由日本高文研出版。

4 月，吉中丈志的《七三一部队与大学》由日本京都大学学术出版会出版。

7 月，杨彦君主编《南方军防疫给水部留守名簿》影印本由中央编译出版社、上海交通大学出版社联合出版。

2023 年

9 月 3—12 日，黑龙江广播电视台拍摄的 10 集纪录片《七三一真相》在中央电视台纪录频道播出。

2024 年

8 月 13 日，日本民间团体“大阪府保险医协会”到访侵华日军第七三一部队罪证陈列馆，原七三一部队少年班成员清水英男随团参观。

8 月 22 日，上海交通大学战争审判与世界和平研究院、上海交通大学出版社有限公司、侵华日军第七三一部队罪证陈列馆在哈尔滨签约设立“战争与医学文献出版基地”。

11 月，杭州师范大学主办的“追责侵华日军细菌战罪行——伯力审判 75 周年纪念工作坊”在杭州召开。

后 记

新西兰奥塔哥大学聂精保教授说：“每当思考、谈论和描写日本医学暴行及其战后处理这一令人沮丧的话题时，我就感到受害者的灵魂正在注视着我们每一个人。”一直以来，我也有同样的感受。谨以此书献给那些死于非命的人体实验受害者，祈祷他们的灵魂得以安息。

20年来，因为工作的关系，我与人体实验受害者家属王亦兵、李凤琴、张可伟等人有过数十次的见面和交流，他们的讲述、哭泣和惨痛经历在不同时期都曾给我带来触动。时至今日我依然记得，在他们的每一次回忆中，都曾提到父亲的背影、生活的艰辛、邻人的误解以及难以言说的痛苦，那种至亲突然被日本宪兵带走，苦苦寻找却又四处碰壁的无助，坚忍守候仍是杳无音讯的绝望，不知亲人是生是死的痛苦。这必是一种长期的精神折磨，我无法体味其间的艰辛与挣扎，正是受到他们的触动，激励着我坚持这项充满挑战的调查、研究和书写工作，由工作到职责，由职责到使命。

我曾在哈尔滨市社会科学院七三一问题国际研究中心、侵华日军第七三一部队罪证陈列馆工作多年，同事们给予我很多的支持和帮助。正是因为你们的支持，促使我能够不断取得一些学术成果，帮助我摆脱束缚、扬长避短、执着前行，也坚定了我“将研究进行到底”的信念。当然也不乏来自内外的掣肘，幸好都熬了过来，也无风雨也无晴。

这本书中收录了多篇已刊论文，这些论文先后发表于《历史研究》《史学理论研究》《伦理学研究》《抗日战争研究》《史林》《日本学刊》和《学习与探索》等学术期刊，在文章正式发表之前，吸纳了外审专家和责任编辑提出的真知灼见。本书的撰写过程中也得到了师友同人的帮助，感谢鲁丹、王彤竹、李昌浩、谭天在外文翻译和文献注释方面的鼎力襄助，李陈奇、温宏声、耿雪从考古学、文学、编辑视角提出的修订高见。感谢西山胜夫、吉中丈志、近藤昭二、森正孝、奈须重雄等日本学者提供了很多有价值的历史资料，使得本书在资料参引方面有更多的自由空间。感谢中华书局的编辑欧阳红和吴冰清，你们的精心编校为本书增色良多。感谢清华大学人文学院，我曾在清华园里重拾荒废的学业，于无声处，自强不息。感谢上海交通大学人文学院，我将在思源湖畔追随前辈的脚步，于心安处，饮水思源。

杨彦君于东晖园

2025年6月3日